NOSSA LUZ INTERIOR

Michelle Obama

Nossa luz interior
Superação em tempos incertos

TRADUÇÃO
Débora Landsberg
Denise Bottmann
Fernanda Abreu

Copyright © 2022 by Michelle Obama
Publicado mediante acordo com Random House, uma divisão da Penguin Random House LLC.

Grafia atualizada segundo o Acordo Ortográfico da Língua Portuguesa de 1990, que entrou em vigor no Brasil em 2009.

Título original
The Light We Carry: Overcoming in Uncertain Times

Capa
Christopher Brand

Foto de capa
Miller Mobley

Preparação
Sibelle Pedral

Revisão
Bonie Santos
Adriana Moreira Pedro

Dados Internacionais de Catalogação na Publicação (CIP)
(Câmara Brasileira do Livro, SP, Brasil)

Obama, Michelle
 Nossa luz interior : Superação em tempos incertos / Michelle Obama ; tradução Débora Landsberg, Denise Bottmann, Fernanda Abreu. — 1ª ed. — Rio de Janeiro : Objetiva, 2022.

 Título original: The Light We Carry : Overcoming in Uncertain Times.
 ISBN 978-85-390-0741-7

 1. Advogadas afro-americanas – Autobiografia 2. Cônjuges de presidentes – Estados Unidos – Autobiografia 3. Memórias autobiográficas 4. Obama, Michelle, 1964- I. Título.

22-128252   CDD-920.72

Índice para catálogo sistemático:
1. Mulheres : Autobiografia   920.72
Cibele Maria Dias – Bibliotecária – CRB-8/9427

[2022]
Todos os direitos desta edição reservados à
EDITORA SCHWARCZ S.A.
Praça Floriano, 19, sala 3001 — Cinelândia
20031-050 — Rio de Janeiro — RJ
Telefone: (21) 3993-7510
www.companhiadasletras.com.br
www.blogdacompanhia.com.br
facebook.com/editoraobjetiva
instagram.com/editora_objetiva
twitter.com/edobjetiva

*A todos que usam a própria luz para
garantir que outros ganhem visibilidade*

Este livro é dedicado à minha mãe e ao meu pai,
Marian e Fraser, que incutiram em mim os princípios que
há muito me ajudam a lidar com o mundo. A sabedoria deles
fez do nosso lar um espaço onde eu me sentia vista e ouvida,
onde podia tomar minhas próprias decisões, onde pude me tornar o tipo
de pessoa que gostaria de ser. Eles estavam sempre ao meu lado, e seu
amor incondicional me ensinou que eu tinha voz desde o comecinho da
minha vida. Sou muito grata a eles por terem acendido minha luz interior.

Se alguém da sua árvore genealógica era um problema,
Centenas não eram:

Os maus não vencem — não no final,
Por mais ruidosos que sejam.

Simplesmente não estaríamos aqui
Se assim fosse.

Você é feito, basicamente, dos bons.
Com essa ideia em mente, você nunca caminha só.

Você é a grande notícia do século.
Você é o bom que se apresentou

Em meio a tudo isso, embora muitos dias
Digam o contrário.

— Alberto Ríos,[1]
em "A House Called Tomorrow" [Uma casa chamada amanhã]

Sumário

Introdução 13

PARTE UM

1. O poder das pequenas coisas 29
2. Decifrando o medo 51
3. Comece pela gentileza 71
4. Alguém me vê? 79

PARTE DOIS

5. Minha Mesa da Cozinha 103
6. Boa parceria 127
7. Esta é minha mãe 155

PARTE TRÊS

8. Nós por inteiro 179
9. A armadura que usamos 201
10. Sair por cima 219

Agradecimentos 243
Canais de ajuda 247
Notas 249
Créditos das imagens 253

NOSSA LUZ INTERIOR

Meu pai me ajudando a me refrescar em um verão tórrido no South Side.

Introdução

A certa altura da minha infância, meu pai começou a usar bengala para manter o equilíbrio ao caminhar. Não lembro exatamente quando esse objeto apareceu na nossa casa, no South Side de Chicago — eu devia ter quatro ou cinco anos na época —, mas de repente ela estava ali, fina e resistente, feita de madeira escura polida. A bengala foi uma das primeiras concessões à esclerose múltipla, doença que fazia meu pai mancar fortemente da perna esquerda. Aos poucos, em silêncio, e talvez muito antes de ele receber um diagnóstico oficial, a esclerose múltipla foi minando seu corpo, corroendo o sistema nervoso central e enfraquecendo suas pernas enquanto ele seguia com a vida de sempre: trabalhava na estação de tratamento de água da cidade, administrava a casa com minha mãe, tentava criar filhos bons.

A bengala ajudava meu pai a subir os degraus que levavam ao nosso apartamento e a percorrer os quarteirões da cidade. No fim da tarde, ele a encostava no braço da poltrona reclinável e parecia se esquecer dela enquanto assistia a jogos na TV, escutava jazz no aparelho de som ou me botava no colo para perguntar como tinha sido meu dia na escola. Eu era fascinada com a empunhadura curva da bengala, a ponteira preta emborrachada, o barulho oco que fazia ao tocar o chão. Às vezes tentava usá-la, imitando os movimentos do meu pai, andando pela sala mancando, na esperança de entender como seria estar no lugar dele. Mas eu era pequena e a bengala muito grande, e eu acabava por incorporá-la como um acessório cenográfico nas minhas brincadeiras de faz de conta.

Da forma como a enxergávamos na minha família, a bengala não simbolizava nada. Era apenas uma ferramenta, assim como a espátula de minha mãe era útil na cozinha ou o martelo de meu avô servia para arrumar uma prateleira ou um varão de cortina quebrado. Era um objeto funcional, uma proteção, algo em que se apoiar quando necessário.

O que não queríamos admitir era que o estado de meu pai aos poucos ia piorando, o corpo se rebelando contra si mesmo sem fazer alarde. Papai sabia. Mamãe sabia. Meu irmão mais velho, Craig, e eu éramos apenas crianças na época, mas as crianças não são bobas. Embora nosso pai brincasse de pega-pega com a gente no quintal e comparecesse aos nossos recitais de piano e partidas da Liga Infantil, nós também sabíamos. Começávamos a entender que a doença dele nos deixava mais vulneráveis, menos amparados como família. Em caso de emergência, seria mais difícil que ele saísse correndo e nos salvasse de um incêndio ou de um intruso. Estávamos aprendendo que a vida fugia ao nosso controle.

Vez ou outra, a bengala também deixava nosso pai na mão. Ele calculava mal um passo, ou seu pé se enrolava em uma dobra do tapete, e de repente tropeçava e caía. Naquele instante em que a imagem congelava, com seu corpo suspenso no ar, tínhamos um vislumbre de tudo o que esperávamos não ver — sua vulnerabilidade, nossa impotência, a incerteza e os tempos difíceis que logo viriam.

O barulho de um homem-feito caindo no chão é ensurdecedor — algo inesquecível. Sacudia nosso apartamento apertado como um terremoto, e corríamos para acudi-lo.

"Fraser, cuidado!", minha mãe dizia, como se suas palavras pudessem desfazer o que tinha acontecido. Craig e eu usávamos nosso vigor juvenil para ajudar nosso pai a se reerguer, tateando para pegar a bengala e os óculos no chão, como se nossa pressa de levantá-lo pudesse apagar a imagem de sua queda. Como se algum de nós fosse capaz de consertar a situação. Esses momentos me deixavam preocupada, com medo, consciente do que íamos perder e de como seria fácil que isso acontecesse.

Em geral, meu pai simplesmente ria, minimizando a queda, dando a entender que não tinha problema sorrir ou fazer piada. Parecia haver um pacto entre nós: precisávamos esquecer esses momentos. Na nossa casa, o riso também era uma ferramenta muito usada.

Agora, adulta, sei que a esclerose múltipla impacta milhões de pessoas no mundo inteiro. A doença corrói o sistema imunológico, atacando-o por dentro, confundindo amigo com inimigo, o próprio organismo com outro. Ela tumultua o sistema nervoso central, eliminando a capa protetora das fibras nervosas chamadas axônios, expondo seus prolongamentos delicados.

Se a esclerose múltipla causava dor no meu pai, ele não dizia nada. Se as humilhações de sua deficiência lhe tiravam o ânimo, raramente demonstrava. Não sei se ele sofreu quedas quando não estávamos por perto — na estação de tratamento de água, no caminho de ida ou de volta da barbearia —, embora seja lógico pensar que sim, pelo menos de vez em quando. Todavia, os anos passaram. Meu pai ia trabalhar, voltava para casa, continuava sorrindo. Talvez fosse uma espécie de negação. Talvez apenas fizesse parte das regras segundo as quais queria viver. *Você cai, se levanta e segue em frente.*

Agora percebo que a deficiência de meu pai foi uma primeira lição muito importante sobre a sensação de ser diferente, de se viver neste mundo com uma característica que não se pode escolher. Ainda que não déssemos ênfase a isso, essa peculiaridade estava sempre presente. Minha família a carregava. Nós tínhamos preocupações que outras famílias não pareciam ter. Éramos atentos de uma forma que os outros não precisavam ser. Ao sair, verificávamos os obstáculos em silêncio, calculando a energia que meu pai teria que gastar para atravessar um estacionamento ou abrir caminho pelas arquibancadas nas partidas de basquete de Craig. Medíamos distância e elevação de outro jeito. Víamos séries de degraus, calçadas cobertas de gelo e meios-fios altos de outro jeito. Avaliávamos praças e museus pelo número de bancos, lugares onde um corpo cansado pudesse repousar. Aonde quer que fôssemos, calculávamos os riscos e procurávamos pequenas providências que ajudassem meu pai. Contávamos cada passo.

Quando uma ferramenta deixava de funcionar para ele, sua utilidade neutralizada pela força da doença, saíamos e achávamos outra — a bengala substituída por um par de muletas, as muletas substituídas por um carrinho motorizado e uma van adaptada, cheia de alavancas e com um sistema hidráulico para compensar os movimentos que o corpo dele já não era capaz de fazer.

Meu pai amava alguma dessas coisas? Achava que resolviam todos os seus problemas? De jeito nenhum. Mas precisava delas? Sim, sem sombra de dúvida. É para isso que servem essas ferramentas. Elas nos ajudam a ficar de pé, a manter o equilíbrio, melhoram nossa aptidão para conviver com a incerteza. Nos ajudam a lidar com as mudanças, a resistir quando a vida parece fugir ao nosso controle. E nos ajudam a seguir em frente, apesar dos incômodos, apesar de nos sentirmos expostos.

Tenho pensado muito nessas coisas — no que carregamos conosco, no que nos mantém de pé perante as incertezas e em como encontramos e nos apegamos a nossas ferramentas, sobretudo em tempos de caos. Também venho pensando no que significa ser diferente. Fico perplexa com a quantidade de gente que luta contra a ideia de ser diferente e com a centralidade que nossas percepções sobre a diferença continuam a ter em nossas conversas mais gerais sobre o tipo de mundo no qual queremos viver, sobre as pessoas em quem confiamos, sobre quem valorizamos e quem deixamos para trás.

Essas questões são complicadas, é claro, e têm respostas complicadas. E "ser diferente" pode ser definido de inúmeras formas. Mas vale a pena dizer, em defesa de quem sente na pele: não é nada fácil achar um caminho em um mundo coalhado de obstáculos que outros não conseguem ou não querem enxergar. Quando é diferente, a pessoa tem a impressão de se movimentar de acordo com outro mapa, outro conjunto de desafios de navegação que não o de quem a cerca. Às vezes, tem a sensação de não ter mapa nenhum. Não raro, a diferença é percebida antes da pessoa: os outros veem *a coisa* antes de ver *a pessoa*. À pessoa resta a tarefa de superar. E superar, quase por definição, é exaustivo.

Como resultado disso — é uma questão de sobrevivência, na verdade —, a gente aprende, assim como minha família aprendeu, a estar atenta. Descobre como poupar energia para contar cada passo. E no cerne disso há um paradoxo enlouquecedor: a diferença condiciona a pessoa a ser cautelosa, embora exija coragem.

Começo a trabalhar neste livro exatamente assim, ao mesmo tempo cautelosa e destemida. Quando lancei *Minha história*, em 2018, fiquei surpresa — desconcertada talvez expresse melhor o que senti — pela reação. Eu tinha mergulhado no livro a fim de compreender meu período como primeira-dama dos Estados Unidos e minha vida de modo geral. Não compartilhei só os episódios alegres e glamorosos, mas também as situações mais difíceis que enfrentei — a morte do meu pai quando eu tinha 27 anos, a perda da minha melhor amiga de faculdade, as dificuldades que Barack e eu tivemos para engravidar. Revisitei algumas experiências nocivas que tive como jovem preta. Fui franca quanto à dor que senti ao sair da Casa Branca — um lar que aprendemos a amar — e ver o legado do trabalho duro de meu marido como presidente nas mãos de um sucessor imprudente e indiferente.

Dar voz a isso tudo me pareceu meio arriscado, mas também foi um alívio. Durante meus oito anos como primeira-dama, me mantive vigilante e cautelosa, muito atenta ao fato de que Barack, nossas duas filhas e eu estávamos sob os olhares da nação inteira, e que, como pretos em uma casa historicamente branca, não podíamos nos dar ao luxo de cometer erro algum. Eu tinha que usar minha plataforma para fazer uma diferença significativa, de tal modo que os problemas de que tratava fossem bem resolvidos e oferecessem um bom complemento às políticas do presidente. Precisava proteger nossas filhas e ajudá-las a viver com um mínimo de normalidade; e ainda apoiar Barack, que às vezes suportava o que parecia ser o peso do mundo. Eu tomava todas as decisões com um cuidado extremo, considerando todos os riscos, avaliando todos os obstáculos, fazendo o possível para aumentar as chances de os membros da minha família crescerem como pessoas e não apenas como símbolos do que os outros amavam ou odiavam no nosso país. A tensão era genuína e implacável, mas não desconhecida. Mais uma vez, eu contava os passos.

Escrever *Minha história* foi como soltar o ar dos pulmões. Marcou o início da fase seguinte de minha vida, embora eu não tivesse ideia do rumo que tomaria. Também foi o primeiro projeto só meu — sem vínculos com Barack, com seu governo, com a vida de nossas filhas ou com a minha carreira anterior. Adorei a independência, mas também me senti muitíssimo vulnerável, exposta de maneiras que me eram inéditas. Uma noite, pouco antes da publicação do livro, estava deitada, sem conseguir dormir, na nossa casa pós-Casa Branca, em Washington, imaginando essa versão mais sincera da minha história chegando às prateleiras das livrarias e das bibliotecas, traduzida para dezenas de línguas diferentes, esmiuçada por críticos do mundo inteiro. Eu tinha um voo para Chicago na manhã seguinte, dando início a uma turnê que me levaria a 31 cidades ao longo do ano seguinte, diante de plateias de até 20 mil pessoas. Fixei o olhar no teto do quarto, as dúvidas girando dentro da minha cabeça.

Será que me expus demais? Será que vou aguentar? Vou estragar tudo? E se eu estragar?

Atrás desses pensamentos havia algo mais profundo, mais primitivo, mais permanente e completamente aterrorizante — a questão fundamental, sobre a qual repousam todas as dúvidas. As cinco palavras que atormentam até as pessoas mais talentosas e poderosas que conheço, cinco palavras que me perseguem desde que era uma menina no South Side de Chicago: *Eu sou boa o suficiente?*

Naquele momento, minha única resposta era: *Não sei.*

Foi Barack quem enfim pôs minhas ideias no lugar. Naquela noite, insone e também agitada, subi até o escritório dele, onde meu marido ainda trabalhava à luz do abajur. Ele me escutou com toda a paciência quando descarreguei todas as dúvidas que passavam pela minha cabeça, detalhando o que podia dar errado. Assim como eu, Barack ainda estava processando a jornada que levara nossa família à Casa Branca. Assim como eu, ele tinha as próprias dúvidas e preocupações, a própria sensação — por mais esporádica e irracional que fosse — de talvez não ser bom o suficiente. Ele me entendia como ninguém.

Depois que expus todos os meus medos, Barack simplesmente garantiu que o livro era ótimo e eu também. Ele lembrou que a ansiedade era natural quando realizávamos algo novo e grandioso. Depois me abraçou e encostou a testa na minha. Era só disso que eu precisava.

Eu me levantei na manhã seguinte e levei *Minha história* para a estrada. Foi o início de um dos períodos mais felizes e revigorantes da minha vida até aqui. O livro recebeu críticas excelentes e, para minha surpresa, bateu recordes de vendas mundo afora. Dediquei um tempo da turnê para visitar grupos pequenos de leitores, para encontros em centros comunitários, bibliotecas e igrejas. Ouvir todos os pontos de contato entre as histórias dos outros e as minhas foi uma das partes mais gratificantes dessa experiência. À noite, o público lotava os estádios onde eu falaria — às dezenas de milhares. A energia em cada espaço desses era eletrizante: música nas alturas, pessoas dançando nos corredores, tirando selfies e se abraçando enquanto esperavam que eu subisse ao palco. E sempre, ao me sentar com um moderador para noventa

A turnê do livro *Minha história* foi uma das experiências mais significativas da minha vida.

minutos de conversa, eu exprimia minhas verdades sem meias-palavras. Não precisava me conter, pois estava de bem com a história que contava, me sentia aceita pelas experiências que fizeram de mim quem eu era e tinha a esperança de ajudar os outros a também se sentirem mais aceitos.

Foi divertido. Foi uma alegria. Mas foi mais que isso.

Quando olhava para toda aquela gente, via algo que confirmava o que eu sabia ser verdade a respeito de meu país e do mundo de forma geral. Via uma plateia colorida, repleta de diferenças, e que era melhor por causa disso. Naqueles espaços, a diversidade era reconhecida e celebrada. Eu via diferentes idades, raças, gêneros, etnias, identidades, roupas, tudo que se possa imaginar — pessoas rindo, batendo palmas, chorando, compartilhando. Acredito sinceramente que muitas daquelas pessoas estavam ali por razões que iam muito além de mim ou do meu livro. Minha impressão é de que iam, pelo menos até certo ponto, para se sentirem menos sozinhas no mundo, para experimentarem uma sensação de pertencimento. A presença delas — a energia, o calor e a diversidade nesses lugares — ajudavam a contar uma história. As pessoas estavam ali, creio eu, porque dava uma sensação boa — uma sensação ótima, na verdade — misturar nossas diferenças no mesmo ambiente.

Duvido que naquela época alguém fosse capaz de imaginar a magnitude do que estava para acontecer. Quem conseguiria prever que a união de que desfrutávamos naqueles eventos estava, a bem da verdade, à beira da súbita extinção? Quem adivinharia que uma pandemia nos obrigaria, de uma hora para outra, a abrir mão de abraços casuais, sorrisos sem máscaras e interações tranquilas com desconhecidos? Pior ainda, que ela desencadearia um longo período de sofrimento, perdas e incertezas que chegaria a todos os cantos do mundo? Se soubéssemos disso, o que teríamos feito de diferente? Não tenho ideia.

O que sei é que esses tempos nos deixaram hesitantes e inseguros. Fizeram com que mais pessoas ficassem cautelosas, vigilantes, menos unidas. Muitas estão sentindo pela primeira vez algo que milhões e milhões de outras são obrigadas a sentir todos os dias: a sensação de desequilíbrio, de ausência de controle, e uma incerteza genuína em relação ao futuro. No decorrer dos últimos anos, suportamos períodos inauditos de isolamento, graus inconcebíveis de luto e uma sensação generalizada de imprevisibilidade difícil de conviver.

Embora a pandemia talvez tenha redefinido de maneira chocante os ritmos do cotidiano, manteve intocados males mais antigos, mais arraigados. Vimos pretos desarmados serem mortos pela polícia — ao saírem de uma loja de conveniência, a caminho da barbearia, durante patrulhas de trânsito. Vimos crimes de ódio infames contra americanos de ascendência asiática e membros da comunidade LGBTQIAPN+. Presenciamos a intolerância e o fanatismo se tornarem cada vez mais aceitáveis, e autocratas com sede de poder fechando as garras sobre nações do mundo inteiro. Nos Estados Unidos, um presidente se manteve imóvel enquanto policiais jogavam gás lacrimogênio em milhares de pessoas reunidas pacificamente em frente à Casa Branca para pedir por menos ódio e mais justiça. E depois de americanos comparecerem às urnas em massa para tirar esse presidente do cargo por meio do voto, de maneira justa e determinada, testemunhamos uma turba de rebeldes raivosos atravessando violentamente os ambientes mais sagrados de nosso sistema político, crentes de que tornavam nosso país grandioso derrubando portas e urinando no tapete de Nancy Pelosi.

Fiquei com raiva? Fiquei, sim.

Fiquei desanimada em alguns momentos? Também fiquei.

Fico abalada sempre que vejo ódio e intolerância sob o disfarce de um slogan político populista que fala de grandiosidade? Pode apostar que sim.

Mas estou sozinha? Felizmente, não. Quase todo dia ouço pessoas, de perto e de longe, dizerem que estão tentando encontrar um caminho apesar desses obstáculos; que estão poupando energia, se apegando aos entes queridos e fazendo o possível para continuar destemidas neste mundo. Volta e meia converso com gente que luta contra a sensação de ser diferente, que se sente subestimada ou invisível, esgotada pelo esforço necessário para resistir e superar, com a impressão de que sua luz perdeu a intensidade. Conheci jovens do mundo todo que tentam encontrar uma voz e criar espaço para a autenticidade em seus relacionamentos e seus locais de trabalho. São cheios de dúvidas: como estabelecer vínculos significativos? Quando e como erguer a voz para abordar um problema? O que é "se elevar" quando estamos para baixo?

Muitas das pessoas que escuto tentam buscar sua potência dentro de instituições, tradições e estruturas que não foram construídas para elas, esquadrinhando minas terrestres e fronteiras no mapa, muitas delas mal definidas e difíceis de se enxergar. As punições aos que não conseguem evitar esses obstáculos podem ser devastadoras. Essas coisas podem ser imensamente confusas e perigosas.

É normal que me peçam respostas e soluções. Desde que meu último livro foi publicado, ouvi inúmeras histórias e recebi diversas perguntas ao conversar com várias pessoas sobre como e por que enfrentamos injustiças e incertezas. Já me perguntaram se não tenho, escondida em algum cantinho, uma fórmula para lidar com essas situações, algo que as ajude a atravessar a névoa, que facilite a superação. Acredite, eu entendo o quanto tal fórmula seria útil. Adoraria elaborar uma lista de passos claros, sucintos, para ajudá-las a vencer todas as incertezas e correr para o pódio que gostariam de alcançar. Quem dera fosse tão simples. Se tivesse uma fórmula, eu a entregaria de bom grado. Mas tenha em mente que às vezes também passo a noite em claro me perguntando se sou boa o suficiente. Assim como todo mundo, eu me pego pensando em como superar obstáculos. Além do mais, sabe esses pódios que tantos de nós perseguimos? A esta altura já cheguei a alguns deles e digo a quem interessar que também encontrei dúvidas, incertezas e injustiças — na verdade, elas vicejam por lá.

A questão é que não existe fórmula. Não existe mágica. Não creio na existência de soluções satisfatórias ou de respostas concisas para os grandes problemas da vida. Por natureza, a experiência humana as desafia. Nossos corações são complexos demais, nossas histórias são confusas demais.

O que posso proporcionar é um vislumbre da minha caixa de ferramentas. O objetivo deste livro é mostrar ao leitor o que guardo nela e por quê, o que uso profissional e pessoalmente para não sair do prumo e manter a autoconfiança, o que me ajuda a seguir em frente mesmo em épocas de muita ansiedade e estresse. Algumas das minhas ferramentas são hábitos e exercícios, enquanto outras são objetos de verdade. O restante são atitudes e crenças decorrentes da minha vida pessoal e de experiências pelas quais passei, meu processo contínuo de construir "minha história". Não pretendo que este seja um manual prático. O que o leitor encontrará nestas páginas é uma série de reflexões sinceras sobre o que minha vida me ensinou até aqui, as alavancas e os sistemas hidráulicos que me permitem seguir em frente. Vou apresentar a vocês algumas das pessoas que me amparam e compartilhar lições que aprendi com mulheres incríveis acerca de como enfrentar injustiças e incertezas. Algumas vezes, vou falar do que ainda me derruba e de onde me apoio para me reerguer. Também vou revelar algumas atitudes de que abri mão ao longo do tempo, depois de compreender que ferramentas são diferentes de mecanismos de defesa, e que elas são muito mais úteis.

Não é preciso dizer que nem todas ajudam em todas as situações, e tampouco se aplicam a todas as pessoas. Algo que para nós é potente e eficaz pode não ser potente e eficaz nas mãos do seu chefe, da sua mãe ou do seu companheiro de vida. Uma espátula não serve para trocar um pneu furado; uma chave de roda não serve para fritar um ovo. (De qualquer modo, fique à vontade para provar que estou errada.) As ferramentas são aprimoradas com o tempo, com base nas nossas circunstâncias e no nosso amadurecimento. O que funciona em uma fase da vida pode não funcionar em outra. Mas eu acredito na utilidade de aprender a identificar os hábitos que nos mantêm centrados e com os pés no chão, bem como aqueles que provocam ansiedade e alimentam nossas inseguranças. Minha expectativa é de que você encontre aqui ideias nas quais se basear — selecionando as que são úteis, descartando as que não são — à medida que for identificando, reunindo e refinando o próprio repertório de ferramentas.

Por fim, gostaria de esmiuçar algumas ideias sobre poder e sucesso, reenquadrando-as para que você tenha uma percepção mais clara de tudo o que está ao seu alcance e se sinta mais encorajado para desenvolver suas forças. Acredito que todos temos uma luz interior, algo único e individual, uma chama que deve ser protegida. Quando conseguimos reconhecer nossa própria luz, nos sentimos autorizados a usá-la. Quando aprendemos a estimular o que é único nas pessoas que nos cercam, nos tornamos mais capazes de construir comunidades compassivas e gerar mudanças relevantes. Na primeira parte deste livro, vou examinar o processo de encontrar força e luz dentro de si. A segunda parte é uma reflexão sobre nossas relações com os outros e nossos conceitos de lar. A terceira tem o intuito de abrir um debate sobre como podemos assumir, proteger e fortalecer nossa própria luz, sobretudo em tempos desafiadores.

Ao longo destas páginas, vamos conversar sobre a busca de três formas de poder: o pessoal, o comunitário e o poder de superação das sensações de dúvida e impotência. Não estou sugerindo que seja simples nem que não haverá dezenas de obstáculos no caminho. Tenha em mente, também, que tudo o que sei, todas as diversas ferramentas nas quais me apoio, só chegou às minhas mãos por tentativa e erro, depois de anos de prática e reavaliação constantes. Passei décadas aprendendo, cometendo erros, fazendo ajustes e corrigindo meu rumo durante a caminhada. Avancei devagar até onde estou hoje.

Caso você seja uma pessoa mais jovem e esteja lendo isto, seja paciente consigo. Sua jornada longa e interessante está apenas no começo e nem sempre será tranquila. Você passará anos coletando dados sobre quem é e como funciona, e só aos poucos desenvolverá autoconhecimento e se sentirá mais seguro. Descobrir e usar a própria luz é um processo lento.

Aprendi que não há problema em admitir que nossa autoestima é envolta em vulnerabilidade e que nosso traço comum, como seres humanos nesta terra, é o ímpeto de tentar melhorar, sempre, apesar de tudo. Nós nos tornamos mais corajosos na claridade. Quem conhece a própria luz conhece a si mesmo. Conhece a própria história de maneira sincera. Na minha experiência, esse tipo de autoconhecimento estimula a autoconfiança, que gera serenidade e capacidade de pôr as coisas em perspectiva, que por fim traz a habilidade de criar vínculos significativos com os outros. Para mim, esse é o alicerce de tudo. Uma luz alimenta a outra. Uma família forte dá força a outras. Uma comunidade engajada pode estimular as outras. Esse é o poder da nossa luz interior.

No começo, este livro foi concebido como uma companhia para leitores que estivessem atravessando períodos atribulados — uma companhia útil e reconfortante, eu esperava, para quem estivesse entrando em uma nova fase da vida: uma formatura ou um divórcio, uma mudança de carreira ou um diagnóstico médico, o nascimento de um filho ou a morte de uma pessoa próxima. Minha ideia era observar essas mudanças basicamente de fora, examinando os desafios impostos pelo medo e pela incerteza do ponto de vista distante de uma sobrevivente, falando a partir da perspectiva de quem — chegando aos sessenta anos — conseguiu manter-se sã e salva.

Eu devia ter sido menos ingênua, é claro.

Os últimos anos nos atiraram em uma torrente profunda e nos mantiveram submersos, sem dar nenhuma trégua. Foi diferente de tudo que muitos já viveram, uma vez que a maioria das pessoas da minha idade ou mais novas do que eu nunca tinham passado por uma pandemia nem visto bombas caírem sobre a Europa, nem uma época em que mulheres não têm o direito fundamental de tomar decisões bem informadas sobre seus próprios corpos. Vivíamos em ambientes relativamente protegidos. Já não é mais assim. A incerteza continua a se infiltrar em quase todos os recônditos de nossas vidas, se manifestando de formas tão amplas quanto uma ameaça de bomba nuclear e tão particulares quanto o som da tosse de um filho. Nossas instituições foram abaladas, nossos organismos falharam: pessoas que trabalham nas áreas de saúde e educação chegaram a níveis impensáveis de estresse. Jovens adultos relatam um grau inédito de solidão, ansiedade e depressão.[1]

Estamos travando uma luta para saber em quem e no que confiar, onde depositar nossa fé. E a dor sem dúvida permanecerá conosco. Pesquisadores estimam que mais de 7,9 milhões de crianças no mundo perderam seus cuidadores — a mãe, o pai ou os avós — para a covid-19.[2] Nos Estados Unidos, mais de 250 mil crianças — a maioria em comunidades negras — enfrentaram a morte do cuidador principal ou secundário devido ao vírus. Me parece impossível imaginar o impacto de tudo isso — todos esses esteios agora desaparecidos.

Talvez demoremos para retomar o equilíbrio. As perdas vão reverberar por anos. Ficaremos abalados inúmeras vezes. O mundo continuará ao mesmo tempo lindo e destruído. As incertezas não vão sumir.

Mas quando o equilíbrio é impossível, somos provocados a evoluir. No meu último livro, falei de como minha jornada me ensinou que na vida poucas coisas são fixas — os marcos tradicionais que nos habituamos a ver como inícios e fins nada mais são do que etapas de uma trajetória bem mais longa. Nós mesmos estamos sempre em movimento, em desenvolvimento. Estamos sempre mudando. Não paramos de aprender nem quando estamos cansados de aprender, nem de mudar mesmo quando estamos exaustos de mudar. Poucos são os resultados garantidos. Todo dia temos a tarefa de nos tornarmos uma nova versão de nós mesmos.

Enquanto continuamos enfrentando os desafios da pandemia, lidando com questões de injustiça e instabilidade e nos preocupando com um futuro incerto, me questiono se não é hora de pararmos de perguntar "Quando isso vai acabar?". Talvez seja o momento de começarmos a pensar em uma série de questionamentos diferentes, mais práticos, sobre continuarmos de pé diante dos desafios e das mudanças: como podemos nos adaptar? Como ficarmos mais à vontade, menos paralisados, em meio às incertezas? Que ferramentas podem nos sustentar? Onde buscar novos pilares que nos sirvam de apoio? Como criar segurança e estabilidade para os outros? E se trabalharmos lado a lado, o que podemos superar juntos?

Como já disse, não trago todas as respostas, mas gostaria de ter essa conversa. É importante pensarmos nisso juntos. Eu gostaria de deixar aberto o espaço para um diálogo mais abrangente, mais vasto. Acho que é assim que ficamos mais firmes sobre nossos próprios pés.

Parte um

Nada pode apagar a luz que vem de dentro.[1]
— MAYA ANGELOU

O tricô me mostrou como acalmar uma mente ansiosa.

1. O poder das pequenas coisas

Às vezes só nos damos conta de uma ferramenta depois que ela passa a funcionar para nós. E às vezes são as menores ferramentas que nos ajudam a entender os maiores sentimentos. Aprendi isso faz uns anos, quando encomendei algumas agulhas de tricô sem refletir sobre por que precisava delas.

Foi durante as primeiras semanas turbulentas de pandemia. Eu estava na nossa casa em Washington, DC, e fazia compras pela internet, sem planejamento algum, estocando itens como jogos de tabuleiro, materiais de arte, comida e papel higiênico, sem saber como as coisas ficariam, total e mansamente ciente do fato de que compras por impulso são a reação clássica dos americanos às incertezas. Ainda tentava compreender como tínhamos passado, aparentemente de um minuto para o outro, da "vida normal" a uma emergência global absoluta. Ainda tentava compreender o fato de que centenas de milhões de pessoas de repente corriam sério risco de morte. E que a atitude mais segura e mais generosa que o restante de nós poderia tomar na época era ficarmos quietinhos em casa.

Dia após dia, eu assistia aos noticiários, perplexa com a enorme injustiça de nosso mundo. Estava incrustada nas manchetes, na perda de empregos, na contagem dos mortos e nos bairros em que as sirenes das ambulâncias mais gritavam. Li matérias sobre funcionários de hospitais que tinham medo de ir para casa ao fim do expediente, apavorados com a possibilidade de infectar seus familiares. Vi as imagens de caminhões frigoríficos estacionados nas ruas das cidades, preparados para estocar cadáveres. Vi casas de shows convertidas em hospitais de campanha.

Sabíamos pouco e temíamos muito. Tudo parecia colossal. Tudo parecia muito importante.

Tudo *era* colossal. Tudo *era* muito importante.

Difícil não se deixar tomar pela consternação.

Passei os primeiros dias fazendo contato com os amigos para ver se estavam bem e me certificando de que minha mãe, que hoje está na casa dos oitenta anos e mora sozinha em Chicago, conseguiria comprar mantimentos de modo seguro. Nossas filhas voltaram da faculdade para casa, ambas abaladas pelo que estava acontecendo e um pouco relutantes em deixar os amigos. Dei um abraço apertado nas duas e garanti que aquilo era passageiro, que em breve elas estariam de volta às festas barulhentas e à preocupação com as provas de sociologia, comendo macarrão instantâneo em suas residências estudantis. Eu disse isso para me ajudar a acreditar. Disse porque sei que faz parte do papel de mãe — dar uma luzinha de certeza mesmo quando as próprias pernas estão bambas, mesmo quando no fundo nos inquietamos com coisas bem maiores do que devolver as filhas aos braços de seus amigos. Mesmo preocupada, a gente exprime as melhores esperanças em voz alta.

À medida que o tempo passava, nossa família ia criando uma rotina tranquila, sedimentada pelos jantares mais demorados de nossas vidas. Tentávamos processar as notícias trocando ideias sobre o que tínhamos ouvido ou lido — as estatísticas sombrias do dia ou as mensagens alarmantemente erráticas vindas da Casa Branca, nosso antigo lar. Jogamos os jogos de tabuleiro que eu tinha comprado, montamos alguns quebra-cabeças e nos acomodamos no sofá para ver filmes. Sempre que achávamos algo digno de risos, nós ríamos. Caso contrário, tudo nos pareceria assustador demais.

Sasha e Malia continuaram os estudos pela internet. Barack estava ocupado com a escrita de suas memórias presidenciais e cada vez mais focado nas próximas eleições americanas, que em breve decidiriam se Donald Trump cumpriria um segundo mandato. Enquanto isso, eu botava minha energia em uma iniciativa que tinha ajudado a criar em 2018, chamada When We All Vote [Quando todos nós votamos], cujo objetivo era empoderar eleitores e aumentar o número de pessoas que compareçam às urnas. A pedido de nosso prefeito, participei de uma campanha de serviço público com o enfático nome de Stay Home DC [Fique em casa DC], estimulando os moradores da cidade a se isolarem e a se testarem em caso de algum mal-estar. Gravei mensagens de incentivo que seriam transmitidas a exaustos trabalhadores de prontos--socorros. E, na tentativa de amenizar um bocadinho do peso que, eu sabia, muitos pais e mães estavam aguentando, lancei uma série de vídeos semanais em que lia livros infantis para as crianças.

Nem de longe senti que bastava.

Sem dúvida não bastava.

Era uma realidade que muitos de nós enfrentávamos na época: nada parecia bastar. Havia buracos demais para tapar. Em comparação com a enormidade da pandemia, todas as iniciativas pareciam minúsculas.

Acredite, não tenho ilusões quanto a minha sorte e meus privilégios nessa situação. Entendo que ser forçada a se isolar durante uma emergência mundial devastadora não é um martírio, sobretudo se pensarmos no que tantos vivenciaram naquele período. Minha família fez exatamente o que muitos foram instruídos a fazer em prol da segurança geral — se preparou para enfrentar uma tempestade destruidora.

Para mim esse momento de quietude e isolamento foi um grande desafio, assim como sei que foi para muitos outros. Foi como abrir um alçapão para uma montanha de preocupações que eu não conseguia entender nem controlar.

Àquela altura, tinha passado minha vida inteira atarefada — me *mantendo* ocupada —, em certa medida, penso eu, para assegurar uma sensação de controle. No trabalho e em casa, sempre vivi cumprindo listas, programações e planos estratégicos. Eram como um mapa, um jeito de saber para onde eu estava indo e como chegar lá da maneira mais eficiente possível. Também era um pouquinho obcecada com a ideia de progredir e medir esse progresso. É possível que eu já tenha nascido com esse ímpeto. Talvez eu o tenha herdado de meus pais. Eles afirmavam sua fé inabalável em que Craig e eu tínhamos talento para a grandeza, mas também deixavam claro que não fariam as coisas por nós, crentes de que seria melhor que as realizássemos por conta própria. Também é provável que parte dessa diligência fosse fruto das circunstâncias, do fato de que, no nosso bairro da classe trabalhadora, as oportunidades raramente caíam do céu. Era preciso procurá-las. Às vezes, a bem da verdade, era necessário caçá-las com obstinação.

E eu não via problema em ser obstinada. Passei anos mergulhada na busca por resultados. Cada novo espaço onde entrava se tornava um campo de provas. Minha vida agitada era como uma medalha que eu tinha conquistado. Acompanhava meu progresso por meio dos números — meu coeficiente de rendimento, minha posição entre os alunos da classe — e era recompensada por isso. Trabalhando em uma firma de advocacia especializada em direito empresarial, no 47º andar de um arranha-céu de Chicago, aprendi a espremer o máximo de horas remuneradas dentro dos dias, semanas e meses. Minha vida se tornou uma pilha de horas meticulosamente calculadas, embora minha felicidade começasse a minguar.

Nunca fui de ter hobbies. De vez em quando, me deparava com alguém — em geral, mulheres — tricotando nos aeroportos e nos auditórios universitários, ou no ônibus, a caminho do trabalho. No entanto, nunca dei muita atenção a isso, nem ao tricô, nem à costura ou ao crochê, nem a nada do gênero. Estava ocupada demais acumulando horas e monitorando meu desempenho.

O tricô estava ali, entretanto, entranhado no meu DNA. Ao que consta, sou descendente de costureiras. Segundo minha mãe, todas as mulheres da família dela tinham aprendido a manusear agulhas e fios, a coser, a fazer crochê e a tricotar. Menos por paixão e mais por praticidade: costurar era uma salvaguarda simples contra a miséria. Sabendo fazer ou remendar roupas, a pessoa sempre tinha como ganhar dinheiro. Havia poucas coisas na vida em que se podia confiar, e as próprias mãos eram uma dessas coisas.

Minha bisavó Annie Lawson — que conheci como "Mamaw" — ficou viúva ainda jovem, mas conseguiu garantir seu sustento e o de dois filhos em Birmingham, no Alabama, remendando as roupas dos outros. Era assim que botava comida na mesa. Por razões parecidas, os homens da família de minha mãe aprenderam carpintaria e também a consertar sapatos. A família inteira compartilhava recursos, renda, casas. Por isso minha mãe cresceu em uma casa com pai e mãe, seis irmãos e também, por alguns anos, com Mamaw, que se mudou de Birmingham para Chicago e continuou costurando, fazendo sobretudo ajustes em peças de brancos ricos. "Não tínhamos nada em excesso", minha mãe diz, "mas sempre sabíamos que íamos comer."

Nos meses de verão, Mamaw guardava a máquina de costura Singer na mala e ia de ônibus até o norte da cidade, onde uma das famílias para as quais trabalhava tinha uma casa de veraneio de frente para um lago. Ela passava alguns dias lá. Ninguém da nossa família conseguia imaginar como seria esse lugar — com veleiros balançando na água, crianças vestindo roupas de linho e vários meses de férias —, mas sabiam que fazia calor, que a Singer era pesada e que àquela altura Mamaw já não era uma jovenzinha.

Aquele esforço imenso fazia com que seu filho — meu avô Purnell Shields, a quem mais tarde daríamos o apelido de "Southside" — perguntasse em voz alta, em tom de desaprovação, por que pessoas com dinheiro para bancar uma casa de veraneio não podiam comprar uma máquina de costura para essa casa, poupando Mamaw da inconveniência de carregar aquele peso todo. Mas, é claro, não havia como fazer essa pergunta de forma bem-educada aos responsáveis. E, de qualquer modo, a resposta já estava clara: não era que não pudessem. É que simplesmente não *faziam* aquilo. Era bem provável que a ideia nem lhes passasse pela cabeça. E, portanto, Mamaw ia carregando a Singer de um lado para o outro no decorrer do verão, cuidando das roupas alheias.

Minha mãe nunca se esqueceu dessa história. Ela a conta sem moralismos, mas nas entrelinhas há um lembrete silencioso, transmitido de geração em geração, do peso que nossa família, nosso povo, carregou ao longo do tempo — de tudo o que precisaram consertar, servir, remendar e arrastar para conseguir sobreviver.

Eu não pensava nessas coisas quando era jovem, mas instintivamente sentia parte desse peso. Ele estava presente, embutido no meu empenho implacável, uma responsabilidade que eu sentia em nome de outros, de ir além, fazer mais e ceder menos. E acho que minha mãe também sentia isso. Quando meu pai declarou que Craig e eu devíamos aprender a remendar os furos de nossas meias, minha mãe foi logo rebatendo: "Eu quero que eles se concentrem nos estudos, não nas meias, Fraser. Assim, um dia eles vão poder comprar todas as meias de que precisarem".

Acho possível dizer que cresci concentrada exatamente nisso, buscando uma vida de meias compradas e não de meias remendadas. Eu me esforçava para ter sucesso, mudando de carreira não uma, mas algumas vezes. Saí do culto das horas remuneradas e arranjei empregos que me aproximavam da minha comunidade, embora não fossem menos agitados. Virei mãe, uma alegria imensurável que acrescentava uma nova série de variáveis à pista com obstáculos onde eu me sentia correndo todos os dias. Assim como muitas mães, eu planejava, organizava, arrumava a bagunça e economizava. Decorei a ordem dos corredores da Target e da Babies R Us para maximizar minha eficiência. Com muito cuidado, criei processos e sistemas que davam certo — para a nossa família, para o meu trabalho, para minha própria saúde e sanidade —, revisitando e reformulando-os continuamente enquanto as crianças cresciam, enquanto a carreira política de Barack nos engolfava e eu seguia adiante, tentando obter minhas próprias conquistas.

Se me vinha uma divagação, uma mágoa não resolvida ou um sentimento inclassificável, eu geralmente o guardava em uma gaveta mental e deixava lá, pensando que o retomaria depois, em um momento menos atribulado.

O excesso de tarefas traz benefícios tangíveis. Passar oito anos na Casa Branca confirmou essa ideia, já que o nível brutal de responsabilidades — agir, reagir, representar, comentar, consolar — raramente dava trégua. Como primeira-dama, me acostumei a atuar no âmbito da grandiosidade — grandes questões, grandes eventos, grandes plateias, grandes resultados. E a grandiosidade, claro, anda de mãos dadas com a agitação. O ritmo vertiginoso deixava tanto Barack como eu, para não falar dos que trabalhavam ao nosso lado, com pouco tempo para pensar em pontos negativos. Formávamos uma engrenagem enxuta, incapaz de se dar ao luxo de engasgar. De certo modo, estava tudo muito claro, o que nos ajudava a ter uma perspectiva ampla, vasta e de modo geral otimista. Nesse sentido, manter-se ocupado é uma espécie de ferramenta. É como vestir uma armadura: se alguém está atirando flechas na sua direção, suas chances de ser atingido são menores. Simplesmente falta tempo.

Os primeiros meses de pandemia, no entanto, demoliram tudo isso. Arrancaram a estrutura de meus dias. As listas, os cronogramas e planos estratégicos nos quais sempre me apoiei de repente estavam cheios de cancelamentos, adiamentos e gigantescos "talvez". Quando amigos telefonavam, quase sempre era para conversar sobre o que os deixava ansiosos. Todos os planos para o futuro agora vinham acompanhados de um asterisco. O futuro *em si* parecia estar acompanhado de um asterisco. A sensação era parecida com a que eu tinha quando criança diante da vulnerabilidade de meu pai sempre que ele caía; aquela fração de segundo em que a precariedade de tudo se expunha a nós.

Alguns desse velhos sentimentos retornaram. Justamente quando tinha a impressão de haver entendido as coisas, ali estava eu outra vez me sentindo desorientada e sem controle. Era como se estivesse em uma cidade sem placas com os nomes das ruas e sem pontos de referência. Viro à direita ou à esquerda? Onde fica o centro? Estava desorientada. E assim tinha perdido também uma parte da minha armadura.

Agora percebo que é exatamente isso o que as grandes tempestades fazem: elas violam nossos limites e estouram nossos "encanamentos". Derrubam estruturas e inundam nossas rotas e caminhos habituais. Arrancam as placas e, ao ir embora, deixam uma paisagem transformada, uma pessoa transformada, sem outra alternativa que não seja achar um jeito novo de seguir adiante.

Hoje sei disso, mas durante um tempo eu só via a tempestade.

A preocupação e o isolamento me deixaram introvertida, me fizeram recuar. Redescobri todas as questões mal resolvidas que tinha escondido nas gavetas da minha mente, todas as dúvidas que havia guardado em algum canto. Depois que ressurgiram, não dava para ignorá-las. Nada parecia se encaixar. Nada parecia terminado. A organização que eu sempre tinha apreciado foi substituída por uma sensação confusa de mal-estar. Algumas de minhas questões eram específicas — *os empréstimos que eu fizera para pagar a faculdade de Direito tinham valido a pena? Estava errada ao me afastar de uma amizade complicada?* —, porém outras eram mais abrangentes e mais indigestas. Era impossível não voltar à escolha que nosso país tinha feito, de substituir Barack Obama por Donald Trump. *O que isso queria dizer?*

Barack e eu sempre tentamos viver sob os princípios da esperança e do trabalho duro, optando por ignorar o que era ruim em prol do que era bom, acreditando que a maioria compartilhava metas comuns e que avanços poderiam ser feitos e medidos ao longo do tempo, por mais graduais que fossem. Claro, talvez essa fosse uma história entusiástica, otimista, mas investimos nela. Dedicamos nossas vidas a ela. E levamos nossa família negra, honesta e otimista até a Casa Branca. Ao longo dessa trajetória encontramos milhões de americanos que pareciam pensar do mesmo jeito. Durante oito anos, tentamos viver sob esses princípios em voz alta, admitindo que tínhamos chegado tão longe apesar — e talvez até a despeito — da intolerância e da tendenciosidade tão arraigadas na vida americana. Compreendemos que nossa presença como pretos na Casa Branca trazia uma mensagem sobre o que era possível, por isso dobramos a aposta na esperança e no trabalho duro, tentando exercer plenamente essa possibilidade.

Quer tenha sido uma censura direta a tudo isso ou não, o pleito de 2016 doeu. *Ainda* doía. Fiquei profundamente abalada ao ouvir o homem que substituiu meu marido no cargo de presidente usar ofensas racistas sem rodeios e sem pedir desculpas, tornando aceitáveis o egoísmo e o ódio, se recusando a condenar supremacistas brancos ou a apoiar pessoas que se manifestavam pedindo justiça racial. Foi um choque ouvi-lo falar de diferenças como se fossem ameaças. Me pareceu algo mais, e algo bem mais horrível, do que uma simples derrota política.

Por trás disso tudo havia um fluxo de pensamentos desmoralizante: *não tinha sido o suficiente. Nós não tínhamos bastado. Os problemas eram grandes demais. Os buracos eram gigantescos demais, impossíveis de preencher.*

Sei que especialistas e historiadores continuarão a opinar sobre o resultado daquela eleição, atribuindo tanto a culpa quanto os créditos, analisando as personalidades, os aspectos econômicos, a mídia dividida, os trolls e os robôs, o racismo, as disparidades, o pêndulo oscilante da história — todos os motivos, banais e enormes, para acabarmos onde acabamos. Tentarão criar uma lógica mais abrangente a respeito do que aconteceu e do porquê, e meu palpite é de que isso vai ocupar as pessoas por muito tempo. Mas enfiada na minha casa, nos assustadores meses iniciais de 2020, eu não via lógica em nada disso. O que eu via era um presidente cuja falta de integridade se refletia na contagem crescente de mortos. E cujos números nas pesquisas ainda eram razoáveis.

Continuei o trabalho que vinha fazendo — discursando em eventos virtuais para aumentar o número de eleitores registrados, apoiando boas causas, reconhecendo a dor dos outros —, mas na vida pessoal eu achava cada vez mais difícil acessar minha própria esperança ou sentir que poderia fazer alguma diferença de fato. Fui convidada por lideranças do Partido Democrata a falar na convenção nacional do partido, em meados de agosto, mas ainda não tinha firmado o compromisso de fazê-lo. Sempre que pensava nisso, me sentia paralisada, tomada pela frustração e pelo sofrimento por tudo o que, como país, já tínhamos perdido. Não conseguia imaginar o que dizer. Eu me sentia tomada pelo abatimento e pela melancolia. Nunca tinha lutado contra nada parecido com depressão, mas esse parecia ser o caso, de uma forma mais amena. Era menos capaz de ser otimista ou pensar de maneira razoável sobre o futuro. O pior é que sentia que estava à beira do ceticismo — tentada a concluir que era impotente, a ceder à ideia de que, no que diz respeito a problemas épicos e grandes preocupações, nada poderia ser feito. Foi contra esse pensamento que mais tive que lutar: nada me parecia reparável ou passível de conclusão. *Então para que se dar ao trabalho de tentar?*

Era assim que eu me sentia quando por fim peguei as duas agulhas próprias para iniciantes que tinha encomendado pela internet. Lutava contra a desesperança — contra a impotência — quando pela primeira vez enrolei o fio grosso cinza que havia comprado em uma agulha, prendendo-o com um nó corrediço antes de começar a segunda volta.

Também tinha comprado alguns manuais de tricô, mas ao folheá-los achei difícil traduzir os diagramas das páginas em movimentos manuais. Portanto fui para o YouTube e encontrei (como todo mundo) um verdadeiro mar de tutoriais e uma comunidade mundial de tricoteiros apaixonados que oferecem horas de instruções pacientes e dicas engenhosas. Sozinha no sofá da sala, minha cabeça ainda tomada pela ansiedade, fiquei vendo outras pessoas tricotarem. Comecei a imitar. Minhas mãos acompanhavam as mãos delas. Tricotávamos e fazíamos laçadas, fazíamos laçadas e tricotávamos. Depois de um tempo, algo interessante começou a acontecer. Meu foco se estreitou; minha mente sentiu um leve jorro de bem-estar.

Durante todas as décadas em que me mantive ocupada, sempre presumi que minha cabeça tinha pleno controle de tudo, inclusive do que minhas mãos faziam. Nunca me passou pela cabeça deixar que as coisas seguissem o fluxo contrário. Mas foi isso que o tricô fez: inverteu o fluxo. Afivelou meu cérebro agitado no banco de trás e permitiu que minhas mãos dirigissem o carro durante um tempo. Me desviou da minha ansiedade a ponto de me trazer algum alívio. Sempre que eu pegava as agulhas, sentia a configuração se alterar, meus dedos fazendo o trabalho, minha cabeça no encalço.

Tinha me entregado a algo que era menor do que meu medo, menor do que minhas preocupações e minha raiva, menor do que a impotência esmagadora que eu sentia. Algo naquele movimento minúsculo e preciso, repetitivo, no ritmo delicado daquelas agulhas que se tocavam, conduzia meu cérebro em uma nova direção. Me botava em uma estrada que me levava de uma cidade destruída a uma encosta pacata, rumo a um lugar de onde eu via tudo com mais clareza, de onde podia enxergar alguns pontos de referência outra vez. Ali estava meu belo país. Ali estavam a gentileza e o encantamento de pessoas ajudando os vizinhos, entendendo o sacrifício dos trabalhadores essenciais, cuidando dos filhos. Ali estava a multidão marchando pelas ruas, decidida a não deixar a morte de mais um preto passar despercebida. Ali estava a oportunidade de uma nova liderança, se tivéssemos um número suficiente de eleitores. E ali estava minha esperança. Eu finalmente podia vê-la outra vez.

Foi dessa perspectiva privilegiada e tranquila que consegui deixar para trás o sofrimento e a frustração e reaver a convicção que havia perdido — minha fé na nossa capacidade de nos adaptar, fazer mudanças e sobreviver. Meus pensamentos se voltaram para o meu pai, para Southside, para Mamaw e para nossos ancestrais antes deles. Pensei em tudo que tinham sido obrigados a remendar, consertar e carregar ao longo do tempo. A fé deles vinha da crença de que a vida seria melhor para os filhos e os netos. O que mais podíamos fazer que não fosse honrar a luta deles, os sacrifícios que fizeram? O que mais podíamos fazer além de desbastar as injustiças que existem no âmago da vida americana?

Demorei bastante a elaborar o discurso da convenção, e finalmente sabia o que gostaria de dizer. Transformei meus pensamentos em palavras, revisei-as algumas vezes e um dia, no início de agosto, me sentei para gravar em uma salinha alugada, com poucas pessoas ao meu redor. Fixei o olhar na lente escura da câmera de vídeo e falei o que mais desejava falar para o meu país. Falei com tristeza e veemência sobre o que tínhamos perdido e o que ainda poderíamos recuperar. Disse, da maneira mais objetiva possível, que Donald Trump não estava à altura dos desafios enfrentados pelo nosso país e pelo mundo. Falei da importância de se ter empatia pelos outros, de rechaçar o ódio e a intolerância, e instei todo mundo a votar.

Sob certos aspectos, era uma mensagem simples. E, ao mesmo tempo, me parecia o discurso mais intenso que eu já tinha feito.

Também foi minha primeira vez fazendo um discurso importante sem a presença de uma plateia, o que significava que não havia palco, não havia salva de palmas, não havia confete caindo do teto nem abraço em quem viria depois. Assim como boa parte de 2020, foi tudo meio esquisito e solitário. No entanto, fui para a cama naquela noite sabendo que tinha conseguido sair daquele lugar sombrio e extrair alguma coisa do momento que estava vivendo. Talvez mais do que nunca, tinha vivenciado o tipo de clareza vulcânica que advém quando a pessoa fala do fundo de seu ser.

O estranho é que não tenho certeza se eu teria chegado nesse ponto sem o período de quietude forçada e a estabilidade que encontrei no tricô. Precisei recorrer a algo pequeno, uma miudeza, para voltar a pensar grande. Abalada pela enormidade de tudo o que estava acontecendo, precisei que minhas mãos me reapresentassem ao que era bom, simples e factível. E isso foi grandioso.

Hoje em dia, tricoto enquanto converso com minha mãe pelo telefone, durante reuniões pelo Zoom com minha equipe no escritório e nas tardes de verão, quando amigos vêm desfrutar o pátio nos fundos de nossa casa. Ao tricotar, os jornais noturnos a que assisto me deixam um pouco menos estressada. O tricô tornou certas horas do dia menos solitárias e me ajudou a ser mais racional ao pensar no futuro.

Não estou aqui para dizer que tricotar é a cura de todos os males. O tricô não vai acabar com o racismo, erradicar um vírus ou vencer a depressão. Não vai criar um mundo mais justo, desacelerar a mudança climática ou remediar o que já está arruinado. É pequeno demais para isso.

Tão pequeno que mal parece relevante.

E isso é parte do meu argumento.

Entendi que às vezes é mais fácil lidar com as coisas grandes se as colocamos deliberadamente ao lado de algo pequeno. Quando tudo começa a parecer colossal e, portanto, assustador e intransponível; quando chego ao ponto de sentir, pensar ou ver demais, aprendi a tomar a decisão de me voltar para as pequenas coisas. Nos dias em que meu cérebro não apreende nada além de catástrofe e destruição, em que me sinto paralisada pelo *não pertencimento* e minha agitação começa a despertar, pego as agulhas de tricô e dou às minhas mãos a chance de assumir o controle. De nos tirar do apuro com os cliques baixinhos das agulhas se tocando.

No tricô, quando se cria o primeiro ponto de um projeto novo, dizemos "colocar os pontos". Quando a peça é terminada, se "arremata". Descobri que esses dois atos causam uma satisfação imensa — são os pontos inicial e final de algo controlável e finito. Eles me dão uma sensação de completude em um mundo que será para sempre caótico e incompleto.

Sempre que sua situação começar a parecer intransponível, sugiro que tente ir na direção oposta — em direção às pequenas coisas. Procure algo que o ajude a reorganizar os pensamentos, um cantinho de contentamento em que possa viver por um tempo. E não estou falando de se sentar passivamente diante da televisão ou rolar a tela do celular. Ache uma atividade que exija de sua mente, mas também use o corpo. Mergulhe no processo. E se perdoe por fugir da tempestade por um tempo.

Talvez, assim como eu, você exija demais de si mesmo. Talvez considere todos os problemas urgentes. Talvez queira fazer coisas grandiosas na vida, se lançar a um projeto audacioso, sem perder nem um segundo de seu tempo. Isso é ótimo, e não é errado querer coisas grandiosas. Mas, de vez em quando, desejamos desfrutar do prazer de uma pequena façanha. É preciso dar um passo para trás e descansar o cérebro de todos os problemas complicados e pensamentos exaustivos. Pois os problemas complicados e pensamentos exaustivos jamais vão desaparecer, quase sempre inacabados e capazes de nos desestabilizar. Os buracos serão sempre grandes; as respostas sempre virão devagar.

Portanto, nesse meio-tempo, reivindique uma pequena vitória. Entenda que não faz mal ser produtivo em um grau menor, investir em desafios adjacentes a seus objetivos grandiosos e sonhos mais vastos. Encontre algo que possa concluir de maneira ativa e se entregue, ainda que não traga nenhum benefício imediato a mais ninguém além de você. Que tal passar uma tarde instalando um papel de parede no banheiro, assando pão, decorando as unhas ou fazendo bijuterias? Que tal duas horas seguindo meticulosamente a receita de frango frito de sua mãe, ou dez horas fazendo uma réplica em miniatura da Catedral de Notre-Dame de Paris? Ofereça a si mesmo a dádiva de se deixar absorver por algo.

Uma das coisas que fiz assim que saí da Casa Branca foi ajudar a fundar um programa sem fins lucrativos chamado Girls Opportunity Alliance, para apoiar adolescentes e líderes da sociedade civil que trabalham na promoção da educação de outras meninas mundo afora. No final de 2021, graças a esse programa, passei um tempo com um grupo de jovens mulheres estudantes do ensino médio do South Side e do West Side de Chicago, algumas com apenas catorze anos. Em uma quinta-feira, depois da aula, me sentei em círculo com cerca de uma dúzia dessas meninas, que compartilharam suas histórias. Eu me vi nelas — fui criada nas mesmas ruas, no mesmo sistema de educação pública, às voltas com os mesmos problemas — e tinha esperanças de que elas se vissem em mim.

Como muitas estudantes no mundo inteiro, aquelas garotas tinham perdido mais de um ano de educação presencial para a pandemia e continuavam incomodadas com isso. Algumas mencionaram parentes falecidos em decorrência da covid-19. Uma jovem descreveu o sentimento de devastação que percebia entre os colegas de escola. Outra tinha acabado de perder o irmão devido à violência armada e se esforçava para conter os soluços só de pronunciar essas palavras. Muitas disseram que andavam estressadas, que tentavam compensar o tempo perdido, o ímpeto perdido — tudo que os meses de tristeza e inércia tinham custado não só para elas, mas também para suas famílias e comunidades. As perdas eram genuínas, os desafios pareciam imensos.

"Estou muito chateada porque me tiraram metade do meu segundo ano e meu penúltimo ano inteiro", declarou uma jovem.

"Foi muito solitário", disse outra.

"Logo ficou extenuante", acrescentou uma terceira.

A primeira garota retomou a palavra. O nome dela era Deonna. Tinha tranças grossas e bochechas salientes e já havia anunciado alegremente para o grupo que amava cozinhar e falar. A limitação mais difícil trazida pela pandemia, ela disse, fora impedi-la de ver qualquer coisa além do quarteirão onde vivia. "A verdade é que a gente não tem muitas oportunidades de sair, explorar, olhar coisas diferentes", explicou. "E boa parte do que a gente vê é tiroteio, drogas, jogatina, gangues. Então o que é que a gente devia aprender?"

Ela acrescentou que passava o tempo cuidando da avó, trabalhando em um emprego de meio período, evitando os encrenqueiros do quarteirão e terminando a escola para poder cursar uma faculdade de artes culinárias. E estava *cansada*.

"Tudo mói a gente", ela disse, mas ao encolher os ombros por um instante, Deonna pareceu recuperar a alegria. "Mas eu sei que consigo, então não é tão estressante assim..." Ela olhou para o restante do grupo — para as outras meninas, que faziam que sim com a cabeça — e alinhavou um último comentário: "Mas é".

Nesse momento, todo mundo sorriu, concordando com movimentos de cabeça.

Entendi o que Deonna estava dizendo, essa ideia que todas concordávamos: o vaivém interno em relação a quão sofrido estava sendo para cada uma de nós. O dia pode parecer difícil e não difícil; o desafio pode parecer gigantesco, e talvez superável, e duas horas depois se tornar esmagador outra vez. Depende não só das circunstâncias, mas também do humor, da atitude, da postura — tudo isso pode mudar em um instante. Ficamos animadas e abatidas pelos fatores mais insignificantes — se o sol está brilhando, se o nosso cabelo está bonito, se dormimos bem, se comemos ou não comemos, se alguém se dá ao trabalho de nos lançar um olhar gentil ou não. Podemos admitir em voz alta, ou não, todas as outras forças que derrubam muitos de nós, as condições sociais construídas por gerações de opressão sistêmica. Mas é claro que elas existem.

No que diz respeito a compartilhar dores ou remoer perdas, muitas de nós tomam cuidado com o que dizem, sabendo que as palavras podem ser interpretadas como uma vitimização, o que, para uma jovem preta decidida a saltar os obstáculos historicamente instalados e chegar a ambientes novos, pode parecer uma má ideia, uma perda de tempo precioso. Sentimos culpa por reclamar porque sabemos que há quem enfrente um cenário pior do que o nosso. Então o que fazemos? Projetamos nossa força para que o mundo veja, em geral resguardando o restante — nossas vulnerabilidades, nossas preocupações — dos olhares alheios. No fundo, por dentro, no entanto, estamos em uma gangorra, balançando entre as sensações de *eu consigo* e *é pesado demais*.

Como diria Deonna: não é tão estressante assim, mas é.

Várias estudantes com quem me encontrei em Chicago nesse dia expressaram preocupações com problemas mais vastos. Declararam se sentir culpadas por não poderem fazer mais — por suas famílias, seus bairros, por todos os caquinhos do nosso país e as partes doentes do nosso planeta, por todas as coisas que precisam ser corrigidas. Estavam conscientes das coisas grandes, sentindo-se impotentes e até certo ponto paralisadas. Além disso, tinham vergonha de se sentir paralisadas. Temos sorte, é claro, de haver no mundo garotas de quinze e dezesseis anos com tamanha maturidade, compaixão e interesse, mas vamos refletir sobre esse fardo enorme e pesado que elas levam e trazem da escola todo dia. Como não pareceria pesado demais?

Recebo e-mails e cartas o tempo todo, de pessoas que me escrevem com senso de urgência, exprimindo sonhos grandes e sentimentos grandes. Um número incrível de remetentes faz uma ou às vezes duas das seguintes declarações:

Eu quero fazer a diferença.
Eu quero mudar o mundo.

Essas mensagens transbordam vigor e boas intenções e geralmente partem de jovens que expressam certa angústia por tudo o que veem e querem consertar, tudo o que pretendem realizar. Há também uma sensação de que tudo precisa acontecer depressa, obviamente uma particularidade da juventude e do entusiasmo. Mais ou menos uma semana depois de George Floyd ser assassinado, em 2020, li o que uma jovem chamada Iman me escreveu. "Quero mudar o sistema inteiro *agora*", ela dizia. "Meu ímpeto é de consertar tudo." Ela tinha apenas quinze anos.

Uma adolescente chamada Tiffany, da Flórida, há pouco tempo resumiu seus sonhos: "Quero dominar o mundo com música, dança e interpretação. Quero dominar o mundo que nem a Beyoncé, *mas ser ainda maior*". Ela se sentia compelida a cumprir seu destino na vida, encher de orgulho seus pais, avós e ancestrais. "Quero fazer tudo", ela afirmou, acrescentando em seguida: "Mas às vezes minha saúde mental atrapalha meus planos".

E eis o que digo não só para Tiffany, mas para todo mundo, jovem ou não, que esteja em busca de um propósito de vida em meio a tudo o que é grandioso, aterrador e urgente no mundo: *sim, é exatamente isso. Quando se quer fazer a diferença, quando se quer mudar o mundo, a saúde mental às vezes atrapalha os planos.*

A saúde se baseia no equilíbrio. O equilíbrio se baseia na saúde. Precisamos ser muito cuidadosos e vigilantes com nossa saúde mental.

Sua mente está operando as alavancas de maneira constante e imperfeita, tentando manter você equilibrado enquanto você vai entendendo o que fazer com seu entusiasmo, suas ambição e seus sonhos grandiosos, bem como suas mágoas, limitações e seus medos. Talvez ela pise no freio e tente reduzir seu ritmo de vez em quando. Talvez envie sinais de perigo ao perceber um problema — se está tentando ir rápido demais ou trabalhando de modo insustentável, ou se se está enredado em pensamentos desordenados ou padrões nocivos de comportamento. Preste atenção a como está se sentindo. Observe os sinais de seu corpo e de sua mente. E não tenha medo de procurar ajuda caso você ou alguém que conhece esteja enfrentando dificuldades. Há vários recursos e ferramentas que podem auxiliar (listei alguns no fim deste livro). São muitas as pessoas que buscam apoio para manter a saúde mental, conversando com terapeutas ou psicopedagogos, recorrendo ao disque ajuda ou se consultando com profissionais de saúde. Saiba que você nunca está sozinho.

Não há problema em andar a passos lentos, repousar um pouco e expor suas dificuldades em voz alta. Não há problema em priorizar o próprio bem-estar, em transformar o descanso em hábito. No que diz respeito a fazer diferença no mundo, descobri que também é benéfico desmembrar metas gigantescas, de tudo ou nada, em partes. Assim, a gente fica menos propenso ao aturdimento ou à exaustão, ou a se entregar à sensação de futilidade.

Nada disso é uma derrota. Derrota é deixar o excelente virar inimigo do bom — quando ficamos tão absortos na enormidade de tudo que nos paralisamos antes mesmo de começar, quando os problemas parecem tão grandes que desistimos de dar passos menores, administrando o que está de fato sob nosso controle. Não se esqueça de priorizar as coisas que você pode fazer, mesmo que seja para sustentar sua energia e ampliar suas possibilidades. Talvez você esteja focado em terminar o ensino médio. Talvez esteja sendo extradisciplinado com suas finanças para que tenha mais opções no futuro. Talvez esteja construindo relações seguras com os outros para que possa ter mais apoio ao longo do tempo. Lembre-se de que resolver grandes problemas ou alcançar a glória muitas vezes leva anos. Acho que Tiffany estava tentando me dizer que há momentos em que não consegue juntar a energia e o fogo necessários para dominar o mundo e superar Beyoncé. Também imagino que Iman tenha achado difícil manter, ao longo do tempo, o ímpeto vigoroso de *mudar o sistema inteiro agora*.

É por isso que precisamos nos lembrar de sempre colocar as pequenas coisas ao lado das grandes. Uma é boa companheira da outra. Pequenas tarefas ajudam a preservar nossa felicidade, a evitar que ela seja consumida por tudo o que é grandioso. E quando nos sentimos bem, ficamos menos paralisados. Pesquisas mostram que as pessoas mais felizes são mais propensas a tomar medidas a respeito de problemas sociais relevantes do que as menos felizes.[2] Isso reforça a ideia de que não há problema em cuidar do próprio bem-estar com o mesmo vigor que aplicamos às nossas convicções mais ardorosas. Quando nos permitimos comemorar as pequenas vitórias, considerá-las importantes e significativas, começamos a entender a natureza gradativa da mudança — um voto pode ajudar a transformar nossa democracia; criar um filho íntegro e amado pode ajudar a transformar uma nação; educar uma menina pode melhorar um vilarejo inteiro.

Quando eu morava na Casa Branca, na primavera plantávamos o que era chamado de horta "três irmãs" no jardim do Gramado Sul, misturando sementes de milho, feijão e abóbora. Trata-se de um método tradicional e engenhoso dos nativos americanos para cultivar alimentos, usado há centenas de anos e baseado na ideia de que cada tipo de planta tem algo vital a oferecer às outras: o milho cresce para o alto e oferece uma estaca natural para o feijão escalar. O feijão fornece nitrogênio, um nutriente que ajuda as outras plantas a crescerem com mais eficiência, e a abóbora fica rente ao solo, com suas folhas largas e extensas, evitando as ervas daninhas e mantendo a umidade da terra. As plantas crescem em ritmos diferentes, e os legumes são colhidos em épocas diferentes. Mas a mistura cria um sistema de proteção e benefícios mútuos — a planta alta e a rasteira trabalhando juntas. Não é apenas o milho, nem só o feijão, mas o milho, o feijão e a abóbora combinados que produzem uma colheita saudável. O equilíbrio vem da associação.

Passei a pensar tanto na minha vida quanto em nossa comunidade mais ampla nesses termos. Estamos aqui para compartilhar benefícios e proteção. Nosso equilíbrio repousa sobre esse ideal, sobre a riqueza dessas combinações. Se começo a me sentir desequilibrada, se me sinto desamparada ou impotente, tento fazer um balanço do que há no meu jardim, do que plantei e do que ainda preciso acrescentar. O que está alimentando meu solo? O que está evitando as ervas daninhas? Estou cultivando tanto as plantas altas quanto as rasteiras?

Isso se tornou uma prática valiosa para mim, outro tipo de ferramenta com que posso contar: aprendi a reconhecer e apreciar o equilíbrio quando o encontro — a aproveitar e observar os momentos em que me sinto mais centrada, mais focada, mais lúcida — e a pensar analiticamente sobre o que me ajudou a chegar àquele ponto. Descobri que quando a pessoa consegue ler a si mesma dessa maneira, é capaz de perceber o desequilíbrio interior e procurar a ajuda necessária. Começa a observar os próprios sinais de alerta e a lidar com eles antes que as coisas fujam do controle. Acabei de brigar com uma pessoa que amo? Estou preocupada com algo que não tenho como controlar? Meu medo está começando a tomar conta de mim?

Depois de identificar o desequilíbrio, primeiro reviro meu arsenal de tratamentos, tentando diversas abordagens para voltar aos trilhos. Muitos deles são pequenas coisas. Às vezes basta uma caminhada ao ar livre, a transpiração do exercício físico ou uma boa noite de sono. Ou juntar forças para fazer algo tão simples quanto arrumar a cama. Ou literalmente tomar um banho e vestir roupas dignas. Outras vezes, preciso de um longo passeio com uma amiga, ou passar um tempo sozinha anotando meus pensamentos. Em certos casos, vejo que preciso parar de evitar alguma coisa — um projeto ou alguma interação — que andei protelando. Às vezes percebo que sou ajudada ao ajudar — ao fazer alguma coisa, por menor que seja, para facilitar ou alegrar o dia de alguém. Com frequência, só preciso restaurar o ânimo com uma boa gargalhada.

Ao conversar com as jovens de Chicago naquele dia, perguntei o que tinham feito para contrabalançar as perdas, a inércia e os estresses da pandemia, que pequenas coisas lhes trouxeram alívio. Em certo sentido, estava tentando ajudá-las a dar nome a seus desequilíbrios e a identificar quais ferramentas tinham para pacificar seu espírito e se estabilizar. E assim deixamos para trás o papo sobre grandes preocupações, sobre todas as angústias que já estavam sobre a mesa. O desânimo sumiu. As respostas vieram facilmente. Elas começaram a rir mais. Algumas estudantes falaram de como a dança e a música as ajudaram a aguentar a situação. Outras disseram o mesmo sobre esportes. Uma menina chamada Logan declarou, orgulhosa, que tinha decorado todos os versos de todas as canções de *Hamilton*, só porque deu vontade.

São esses pequenos rearranjos que nos ajudam a desfazer os maiores nós. São as práticas "só porque deu vontade" que nutrem nosso solo. Pequenas vitórias, segundo descobri, também podem ser cumulativas. Um empurrãozinho muitas vezes gera outro, um ato de equilíbrio produz outros. Podemos nos conduzir aos poucos rumo a atitudes mais grandiosas e mais impactantes. Às vezes basta tentarmos algo novo, concluirmos uma tarefa aparentemente insignificante.

Vi isso em uma menina de catorze anos chamada Addison. Ela nos contou que, durante os terríveis primeiros meses de pandemia, começou a fazer vídeos para falar com entes queridos que não poderia visitar, o que acabou por inspirá-la a traçar um plano de negócios e lançar a própria empresa de produção cinematográfica. E em Madison, que, assoberbada pelo tumulto e pelo luto na esteira da morte de George Floyd, voluntariou-se para ajudar em campanhas de arrecadação de alimentos e faxinas comunitárias. Ela se deu conta de que esse trabalho a ajudava a se sentir mais grata e com os pés mais no chão. E também havia Kourtney, que revelou ter passado meses em casa antes de perceber que "precisava sair da minha caixinha e fazer alguma coisa". Então ela aproveitou a oportunidade, concorreu ao grêmio estudantil (virtualmente) e perdeu. "Mas eu concorri!", ela anunciou ao grupo, triunfante por ter tentado. Sua campanha política malograda lhe trouxe uma onda inesperada de autoconfiança, que a motivou a criar um grupo juvenil que trabalha nos projetos assistenciais do bairro.

Esse é o poder das pequenas coisas, em que os passos intermediários importam, em que é um alívio se engajar no que está bem diante do próprio nariz, e em que um início pode facilmente levar a um fim.

É assim que voltamos de *Está pesado demais* para *Eu consigo*.

É assim que continuamos crescendo.

Quando começamos algo novo, nem sempre vemos para onde estamos indo. É preciso nos acostumarmos à ideia de não saber como as coisas vão terminar. No tricô, damos o primeiro ponto e seguimos um diagrama — uma série de letras e números que talvez pareça enigmática e ilegível para quem não tricota. O diagrama nos diz quais pontos fazer, em qual ordem, mas leva um tempo para vermos algo se formando — para que o desenho se torne visível na trama. Até então, movemos as mãos e seguimos os passos. Nesse sentido, é uma espécie de ato de fé.

O que me faz pensar que o tricô não é tão banal, no final das contas. Praticamos nossa fé das maneiras mais triviais. Ao praticá-la, lembramos o que é possível. Com isso, estamos dizendo *eu posso*. Estamos dizendo *eu me importo*. Não desistindo.

Com o tricô, assim como em muitos aspectos da vida, aprendi que o único jeito de se chegar a uma resposta mais abrangente é fazendo um ponto após o outro. A gente tricota, tricota, tricota, até terminar uma fileira. Tricota uma segunda fileira acima da primeira, e a terceira acima da segunda, e a quarta acima da terceira. E mais cedo ou mais tarde, com paciência, começa a vislumbrar a peça em si. Enxerga uma espécie de resposta — aquela coisa que se esperava —, uma nova estrutura tomando forma nas nossas mãos.

Pode ser um gorrinho verde para presentear uma amiga em um chá de bebê. Ou um suéter de gola redonda para o marido nascido no Havaí que sofre com os rigores do inverno. Ou uma blusinha de lã de alpaca com belas alças espiraladas que fica linda na bela pele negra da sua filha de dezenove anos quando ela sorri, pega as chaves do carro e passa correndo por você, saindo pela porta, rumo a este mundo caótico e sempre imperfeito.

E por um minuto ou dois, você entende que importa, sim — que aquilo que fez é totalmente suficiente.

Talvez isso conte como um avanço.

Pelo menos gosto de pensar que sim.

Então agora vamos colocar os pontos de tricô na agulha.

ACIMA: O wookiee Chewbacca, personagem peludo da saga *Star Wars* que na foto está perto de Barack, assustou Sasha a tal ponto que ela se fechou no quarto e só saiu quando garantimos que ele já tinha ido embora da festa de Halloween. ABAIXO: Nossa família vestida para a festa de Halloween da Casa Branca no ano seguinte — dessa vez, o Chewbacca não foi convidado.

2. Decifrando o medo

Quando era criança, meu irmão, Craig, adorava coisas assustadoras. Não parecia se abalar com elas. À noite, deitava-se na cama, no quarto que dividíamos na Euclid Avenue, e ficava escutando um programa de rádio AM dedicado a histórias de fantasmas até cair no sono. Através da divisória fina que separava a cama dele da minha, eu ouvia o radialista com voz de barítono narrar contos sobre cemitérios e zumbis, sótãos escuros e capitães do mar mortos, pontuando as histórias com efeitos sonoros perturbadores — rangido de portas, gargalhadas tétricas e gritos de horror.

"Desliga!", eu berrava da minha cama. "Que troço insuportável."

Mas ele não desligava. Muitas vezes, já estava dormindo.

Craig também adorava um programa de TV chamado *Creature Features*, que nas noites de sábado reprisava filmes cult de monstros. Às vezes, contrariando meu juízo, eu me juntava a ele, os dois enrolados em cobertas no sofá, absortos em clássicos antigos como *O lobisomem*, *Drácula* e *A noiva de Frankenstein*. Ou melhor, *eu* era absorvida pelos filmes; Craig não. Eu os sentia nos ossos. Ficava com o coração acelerado quando caixões se abriam e corpos eram arrebatados. Chorava de pavor quando múmias ganhavam vida.

Enquanto isso, meu irmão apenas sorria, encantado, mas tranquilo, o que me parecia bizarro. Quando rolavam os créditos, era normal que tivesse desmaiado de sono.

Craig e eu assistíamos aos mesmos filmes, lado a lado, mas era nítido que nossas experiências eram diferentes. Tinha tudo a ver com a maneira como filtrávamos o que víamos. Na época, eu não tinha filtro nenhum: quando via monstros, só sentia medo. Com a vantagem de ser uns anos mais velho, Craig conseguia enxergar tudo através de uma lente mais ampla, com mais contexto. Isso lhe permitia curtir os monstros, se entregar ao fascínio deles sem nunca ser sequestrado pelo terror. Ele conseguia decifrar o que estava diante dele: atores fantasiados de monstros. Estavam em uma tela de TV, e apesar de sua irmã caçula estar em pânico, ele permanecia seguro, sentado no sofá.

Para ele, não era nada; para mim era um verdadeiro inferno.

No entanto, eu sempre voltava. Passadas umas poucas semanas, me jogava no sofá ao lado de Craig e me acomodava para mais uma rodada de *Creature Features* — em certa medida, atraída pela vontade de ficar perto do meu irmão mais velho sempre que surgia a oportunidade, mas também, acho hoje, pela ideia de que, assim como ele, eu aprenderia a olhar para os zumbis e os monstros e ficar mais confortável diante do medo.

Nunca adquiri esse amor pelos filmes de terror que meu irmão tinha. Até hoje, não me interesso por esse tipo de emoção. Mas, ao longo do tempo, entendi o valor de enfrentar o medo e a ansiedade, me esforçando para me sentir confiante em situações que me amedrontam.

Tive a sorte de crescer em um ambiente razoavelmente seguro e estável, entre pessoas em quem podia confiar. Tenho consciência de que isso me deu parâmetros para entender como é se sentir seguro e estável — uma vantagem que nem todo mundo teve a felicidade de experimentar. Tem muita coisa que não vejo e muita coisa que não sei sobre como outros vivenciam o medo. Não precisei sobreviver a abusos, por exemplo. Não vi guerras de perto. Minha segurança física foi ameaçada de tempos em tempos, mas felizmente nunca violada. No entanto, sou uma pessoa negra nos Estados Unidos. Sou uma mulher em um mundo patriarcal. E sou uma figura pública, o que me expôs às críticas e aos julgamentos alheios, em alguns momentos me tornando alvo de raiva e ódio. Às vezes luto contra os meus nervos. Tenho uma sensação de risco que preferiria que não existisse. Como muita gente, hora ou outra preciso me convencer a ser corajosa ao aparecer em público, expressar minhas opiniões ou ao começar algo novo.

De modo geral, o que estou descrevendo aqui é um medo abstrato — o medo de passar vergonha ou da rejeição, preocupações com a possibilidade de que as coisas deem errado ou de que alguém se machuque. O que fui percebendo, também, é que o risco faz parte da experiência humana, independentemente de aparência ou do lugar onde se viva. Talvez o encontremos de maneiras diversas e com diferentes relevâncias, mas ninguém está imune. O *Oxford English Dictionary* define "risco" como "probabilidade de perdas, danos ou insucessos". Quem de nós não anda por aí atento a esses perigos? Quem não se preocupa com perdas, danos ou insucessos? Processamos nossos medos o tempo inteiro, tentando distinguir as emergências verdadeiras das fabricadas. Trata-se de um desafio sobretudo em um ambiente midiático no qual, muitas vezes, o medo é usado como instrumento de vendas. Em janeiro de 2022, por exemplo, reagindo ao aumento de crimes violentos, o canal Fox News exibia letreiros onde se lia INFERNO APOCALÍPTICO TOMA CONTA DE CIDADES AMERICANAS e ESTAMOS ASSISTINDO AO COLAPSO DA CIVILIZAÇÃO EM TEMPO REAL, basicamente criando seu próprio filme de terror.[3] Se alguma dessas coisas fosse verdade, seria impossível sabermos como reagir. Pareceria assombroso pensar que algum de nós sairia de casa um dia ou que sobreviveríamos até 2023.

Mas sobrevivemos, estamos aqui, continuaremos aqui.

Sim, vivemos uma época complicada. E sim, até a cobertura legítima das notícias pode ser bastante assustadora. No entanto, quando o medo se torna paralisante, quando nos rouba a esperança e a força pessoal, aí é que resvalamos para o desastre de fato. É por isso que recomendo prestar muita atenção em como avaliamos nossas preocupações e aprendemos a processar o medo. As escolhas que fazemos nesses momentos, creio eu, não raro determinam o desenrolar de nossas vidas.

A meta não é se despir totalmente do medo. Conheci muita gente corajosa na vida, de heróis do cotidiano a gigantes como Maya Angelou e Nelson Mandela — pessoas que, de longe, talvez pareçam imunes a ele. Já me sentei ao lado de (e também vivi com) líderes mundiais que tomam regularmente, sob forte pressão, decisões que podem pôr em perigo ou salvar vidas alheias. Conheço músicos que conseguem expor sua alma em estádios cheios, ativistas que arriscaram a própria liberdade e segurança a fim de proteger os direitos dos outros, artistas cuja criatividade é alimentada por uma audácia extrema. Se perguntássemos a eles, acho que não se definiriam como destemidos. O que têm em comum, na minha opinião, é a capacidade de conviver com o risco, de não se desestabilizar e de pensar claramente diante dele. Aprenderam a ficar confortáveis com o medo.

O que significa sentir um grau confortável de medo? Para mim, a ideia é simples. É aprender a lidar com ele de maneira sábia, encontrando um meio de deixar que nossos nervos nos conduzam, em vez de nos petrificar. É se acalmar diante dos zumbis e monstros inevitáveis da vida para poder combatê-los com mais racionalidade, confiando na própria avaliação quanto ao que é nocivo e o que não é. Quando se vive assim, não se está plenamente confortável nem totalmente amedrontado. Aceitamos que existe uma zona intermediária e aprendemos a agir dentro dela, despertos e conscientes, e não a frear os passos.

Uma das minhas lembranças mais antigas é de ter sido escolhida para atuar em uma peça que minha tia-avó Robbie estava montando na igreja dela, quando eu tinha mais ou menos quatro anos. Eu me lembro de ter ficado empolgada com a ideia, pois teria que usar um belo vestido de veludo vermelho e sapatos de couro envernizado. Minha única responsabilidade seria rodopiar alegremente diante da árvore de Natal no palco.

No entanto, quando compareci ao ensaio, me deparei com um imprevisto. Robbie e sua equipe de senhoras diligentes da igreja tinham enfeitado o cenário com glitter e objetos, acomodando em volta da árvore presentes de Natal e bichos de pelúcia imensos, quase do meu tamanho. Bem ao lado de onde eu ficaria, destacava-se uma tartaruga verde, assustadora, de cabeça inclinada e olhos enormes de feltro preto. A visão daquela tartaruga acionou gatilhos dentro da minha cabeça. Não sei o porquê, mas fiquei petrificada. Lutando para conter as lágrimas, me recusei a subir ao palco.

Olhando para trás, nossos medos de infância podem parecer meio bobos, e os meus não eram exceção. Também surgem como uma reação instintiva ao desconhecido, ao que não somos capazes de entender: *que estrondo é esse no céu? O que será que vive na escuridão debaixo da minha cama? Quem é essa pessoa diferente das que eu vejo todo dia na escola?* Sob essas perguntas existe outra série de perguntas, também instintivas, que moldam a reação da mente infantil: *será que essa coisa nova vai me machucar? Será que devo confiar nela? Não seria melhor gritar e sair correndo?*

Sasha ainda estremece ao lembrarmos de nossa primeira festa de Halloween na Casa Branca, quando abrimos as portas para famílias de militares e centenas de outros convidados e celebramos a data com petiscos, fantasias e artistas. Como a maioria — inclusive nossas duas filhas — tinha menos de dez anos, o evento foi planejado para não ser assustador, oferecendo apenas uma diversão leve. Mas eu tomei a decisão desastrosa e *quase* imperdoável de convidar um punhado de personagens de *Star Wars* para a festa.

Levando em consideração o tempo que a pequena Sasha passou soluçando alto depois de botar os olhos no wookiee Chewbacca, seria de se imaginar que eu tinha convidado o diabo em pessoa. Para ela, não importava que o homem de macacão peludo fosse tranquilo e gentil, ou que nenhuma outra criança da festa estivesse incomodada com sua presença. Minha filha, em geral valente, simplesmente entrou em pânico. Ela fugiu da festa e passou as horas seguintes escondida no quarto, relutando em sair até garantirmos a ela, dezenas vezes, que Chewbacca já tinha ido embora.

O wookiee dela foi minha tartaruga. Eram intrusos em nossa compreensão ainda incipiente de como as coisas deveriam ser.

Se pararmos para pensar, é muito comum que o medo surja dessa forma, como uma reação inata à desordem e à diferença, à intrusão de algo novo ou intimidante em nosso campo de percepção. Pode ser totalmente racional em alguns casos e totalmente irracional em outros. E é por isso que a forma como aprendemos a filtrá-lo é importantíssima.

No caso da minha participação na peça natalina, me lembro de ter que tomar uma decisão muito difícil, que me foi apresentada pela minha tia-avó Robbie. Ela era muito prática, tinha pouco tempo, estava lidando com um grupo inteiro de artistas e não mimava ninguém: eu poderia me acostumar aos bichos de pelúcia ao lado da árvore de Natal do palco e usar uma estrela que girava no meu vestido vermelho diante de uma grande plateia ou poderia me sentar no colo da minha mãe e ver a peça acontecer sem mim. Pelo que me lembro, Robbie deu o recado encolhendo os ombros — a escolha era minha. Eu é que arcaria com as consequências. Poderia atuar ou não. Para ela, dava na mesma. Tia Robbie não cederia ao meu medo tirando a tartaruga do palco.

Depois de mais lágrimas e mais cara feia, engoli o choro, subi ao palco e, com o coração acelerado, me aproximei da árvore. Imagino que tenha sido um indício do quanto eu amava aquele vestido de veludo vermelho e do quanto queria exibi-lo. Agora compreendo como a postura clara de Robbie me ajudou. Ela me deu a oportunidade de avaliar minhas opções e examinar a lógica do meu medo. Talvez de caso pensado, ou apenas por estar atarefada demais para se preocupar com aquilo, ela me permitiu decifrar meu medo, ciente, é claro, de que a tartaruga não representava perigo.

Quando cheguei perto do ponto designado, ao lado da árvore, fiquei surpresa ao perceber que a tartaruga não era tão grande quanto eu imaginara. De perto, os olhos não pareciam tão cruéis. Eu a enxergava exatamente como era: um objeto macio, inerte e nada ameaçador — talvez até meio fofinho. Não havia perigo, somente novidade. Na minha cabeça infantil, estava processando o medo de pisar em um palco desconhecido. Era uma sensação incômoda, confesso, mas que diminuía a cada segundo, à medida que a familiaridade se instalava. Depois que superei esse sentimento, fiquei leve, livre para rodopiar de peito aberto.

E foi justamente o que fiz. No dia da apresentação, consta que entrei com tanta gana no palco — minha saia esvoaçando, meu rosto erguido, extasiado — que meus pais derramaram lágrimas de tanto rir a peça inteira. Para mim, aquele ensaio na igreja acabou se revelando um ensaio para todos os momentos da vida. Foi minha primeira tentativa de sobrepor meus pensamentos aos meus nervos.

Acho que muitos de nós passamos décadas caminhando de um lado para o outro nesse mesmo terreno psicológico, fixando o olhar em uma tartaruga ou em outra, hesitando em subir em um palco ou em outro. O medo é fisiologicamente potente e nos atinge como uma onda de eletricidade, deixando o corpo em estado de alerta. Muitas vezes nos joga em situações novas, quando conhecemos pessoas novas e sentimentos novos. Prima próxima do medo, a ansiedade é mais difusa e talvez ainda mais potente por sua capacidade de agitar nossos nervos mesmo quando não há uma ameaça direta, quando estamos apenas imaginando o que pode dar errado, temerosos do que *pode ser*.

Mas à medida que passamos da infância à maturidade, as perguntas continuam basicamente as mesmas. *Estou seguro? O que está em jogo? Posso permitir que meu mundo se torne um pouquinho maior abraçando algo novo?*

As novidades quase sempre exigem um grau extra de cautela. Mas aí é que está: às vezes damos espaço demais aos nossos medos. É fácil achar que uma pontada de tensão ou uma onda de ansiedade são deixas para recuarmos, não sairmos do lugar e evitarmos experiências novas.

Conforme amadurecemos, nossas reações ao medo, ao estresse e a tudo o que é intimidante ganham mais nuances. Talvez já não saiamos correndo como fazíamos quando crianças, mas ainda nos poupamos de algum jeito. A fuga é o equivalente adulto ao grito da criança. Pode ser a escolha de não se candidatar a uma promoção no trabalho. De não cruzar um ambiente para se apresentar a alguém que se admira. De não se inscrever em um curso que será desafiador ou embarcar em uma conversa com alguém cujas posições políticas ou religiosas desconhecemos. Ao tentar se poupar da preocupação e do mal-estar de assumir um risco, a pessoa pode estar desperdiçando uma oportunidade. Ao se agarrar apenas ao que já conhece, ela apequena o próprio mundo. Rouba de si mesma chances de amadurecer.

Acho que sempre vale a pena o questionamento: estou com medo porque estou de fato correndo perigo ou simplesmente porque estou diante do novo?

Decifrar o medo implica parar para refletir sobre os próprios instintos, examinando do que nos afastamos e do que estamos mais dispostos a nos aproximar, e, talvez o mais importante, *por que* nos afastamos ou nos aproximamos.

Essas perguntas também podem se traduzir em questões sociais mais amplas. Quando evitamos o novo ou diferente e não questionamos nossos impulsos, ficamos mais propensos a procurar e privilegiar a mesmice em nossas vidas. Nos agrupamos em comunidades baseadas na mesmice; abraçamos o conformismo como um tipo de conforto, um jeito de evitar o medo. No entanto, quando mergulhados nela, nos surpreendemos ainda mais com a diferença. Estranhamos qualquer coisa — ou qualquer pessoa — que não nos seja bastante familiar.

Se o medo é uma reação à novidade, podemos cogitar que a intolerância muitas vezes seja uma reação ao medo. Por que é normal alguém atravessar a rua ao ver um garoto preto de capuz? Por que alguém põe a casa à venda depois que uma família de imigrantes se muda para a casa ao lado? O que leva uma pessoa a se sentir ameaçada quando vê dois homens se beijando na rua?

Acho que nunca fiquei tão ansiosa na vida quanto na primeira vez que Barack me disse que queria concorrer à presidência dos Estados Unidos. A ideia me pareceu aterradora. O pior talvez tenha sido o fato de que ele deixou claro, ao discutirmos o assunto, ao longo de algumas semanas no final de 2006, que a decisão cabia a mim. Ele me amava, precisava de mim e éramos parceiros. Isso significava que, caso eu julgasse a iniciativa arriscada demais ou achasse que causaria problemas demais à nossa família, estava nas minhas mãos pôr um ponto final naquela história.

Eu só precisava dizer não. E acredite, embora uma infinidade de pessoas ao nosso redor insistisse para Barack se candidatar, eu estava pronta para encerrar aquilo. No entanto, sabia que antes eu devia a ele — e a nós — no mínimo uma avaliação sincera da escolha. Tive que superar aquele primeiro choque. Tive que peneirar as preocupações para encontrar meus pensamentos mais racionais. Essa ideia aparentemente absurda e intimidante me acompanhou por algumas semanas. Estava comigo no caminho até o escritório e enquanto malhava na academia. Estava comigo quando eu colocava nossas filhas para dormir e me deitava ao lado de meu marido à noite.

Entendia que Barack queria ser presidente. Tinha certeza de que seria um ótimo presidente. Ao mesmo tempo, eu mesma não gostava da vida política. Gostava do meu trabalho. Queria dar a Sasha e Malia uma vida organizada e tranquila. Não era fã de perturbações e imprevisibilidades, e sabia que uma campanha as traria aos montes. Também sabia que estaríamos nos expondo a julgamentos. *Muitos* julgamentos. Quem se candidata à presidência está basicamente pedindo para ser aprovado ou reprovado por meio do voto.

Posso dizer que foi amedrontador.

Dizer "não" seria um alívio, eu falava para mim mesma. Se eu dissesse "não", tudo continuaria como estava. Permaneceríamos no aconchego da nossa casa, na nossa cidade, nos empregos que já tínhamos, cercados por pessoas que já conhecíamos. Não haveria mudança de escola, mudança de residência, mudança nenhuma.

E ali estava, enfim exposta, a coisa que meu medo tentava justificar: eu não queria mudanças. Não queria incômodo, incerteza nem perda de controle. Não queria meu marido concorrendo à presidência porque não tinha como prever — não havia como imaginar, na verdade — o que haveria do outro lado. Eu tinha preocupações legítimas, é claro, mas do que tinha medo de verdade? Do novo.

Essa constatação me ajudou a pensar com mais lucidez. Tornou a ideia um pouco menos absurda, menos intimidante. Consegui elucidar minhas aflições de modo a torná-las menos paralisantes. Fazia anos que eu me treinava para agir assim — desde o meu encontro com aquela tartaruga no palco da tia Robbie — e Barack também. Lembrei a mim mesma que nós dois já tínhamos passado por inúmeras mudanças, inúmeras novidades. Quando adolescentes, havíamos deixado a segurança de nossas famílias para fazer faculdade. Tínhamos trocado de carreira. Tínhamos sobrevivido sendo os únicos pretos em incontáveis salas onde entramos. Barack já tinha perdido e vencido eleições. Tínhamos lidado com a infertilidade, com a morte de nossos pais e com o cansaço de criar filhas pequenas. Essas incertezas tinham nos deixado ansiosos? A novidade havia criado incômodo? Claro, muitas vezes. No entanto, não tínhamos nos provado mais competentes, mais flexíveis a cada passo dessa trajetória? Sim. Na verdade, já estávamos bastante experientes àquela altura.

Foi isso que fez com que eu caísse em mim.

É estranho pensar que meu medo poderia ter mudado o rumo da história. Mas não mudou. Eu disse "sim".

Mais do que tudo, eu não queria conviver com a versão alternativa daquela história. Não queria ser parte da família que se senta à mesa de jantar e fala dos caminhos não trilhados e do que teria acontecido. Não queria um dia ter que dizer às minhas filhas que em certo momento o pai delas poderia ter virado presidente — que ele possuía a confiança de muita gente e a coragem de tentar fazer algo enorme, mas que eu havia rejeitado a possibilidade, fingindo ser pelo bem de todos quando, na verdade, estava apenas protegendo meu próprio comodismo, meu interesse em permanecer onde estava.

Eu me sentia ao mesmo tempo meio compelida e meio provocada pelo legado de meus dois avôs, pretos orgulhosos que haviam trabalhado muito e cuidado bem de suas famílias, mas cujas vidas tinham sido circunscritas pelo medo — muitas vezes um medo tangível e legítimo — e cujos mundos, consequentemente, tinham sido limitados. Southside, o pai de minha mãe, achava difícil confiar em qualquer um que não fosse da família e quase impossível confiar em quem fosse branco, o que significava que evitava muita gente, inclusive médicos e dentistas, em detrimento do próprio bem-estar. Vivia aflito com a segurança dos filhos e netos, certo de que nos fariam mal caso nos afastássemos muito de casa, e enquanto isso seus dentes apodreciam e os primeiros sintomas de seu câncer de pulmão eram negligenciados. Sua casa, a poucos quarteirões do lar da minha infância, era seu palácio, um ambiente seguro e alegre onde se ouvia jazz e todos riam, comiam bem e se sentiam amados. Raramente víamos Southside em outro lugar.

Meu outro avô, Dandy, tinha um temperamento diferente. Era menos brincalhão, menos gregário que Southside, mas desconfiava igualmente do mundo. Sua dor era mais visível e andava de mãos dadas com o orgulho. As duas coisas às vezes borbulhavam ao mesmo tempo e se manifestavam em forma de ira. Assim como Southside, Dandy tinha nascido no Sul segregado, perdido o pai precocemente e migrado para Chicago na esperança de uma vida melhor. E eis que havia se deparado não só com a Grande Depressão, mas com a realidade de um Norte dominado pelo mesmo sistema de castas raciais vigente no Sul. Sonhava em fazer faculdade, mas tinha passado boa parte da vida como diarista, lavando louça, trabalhando em lavanderias e alinhando os pinos de um boliche. Consertando, remendando, carregando.

Apesar de terem inteligência e habilidade para exercer funções sindicalizadas — Dandy como eletricista, Southside como carpinteiro —, meus dois avôs não tiveram acesso a empregos estáveis porque os sindicatos da época raramente permitiam o ingresso de pretos. Embora tenha sido criada com uma consciência apenas parcial do que o racismo havia custado para os meus quatro avôs — as portas que lhes eram fechadas, as humilhações das quais não falavam —, eu entendia que havia poucas alternativas a não ser aceitar os limites impostos a eles. Eu também vi o impacto desses limites, o quanto estavam entranhados na psique dos meus avôs.

Eu me lembro de um dia, bem no começo da minha adolescência, em que Dandy me levou ao médico porque minha mãe estava trabalhando. Ele foi me buscar de carro na Euclid Avenue, com roupa de sair e a mesma fanfarrice e o mesmo orgulho que sempre exibia quando o visitávamos em seu apartamento. Mas já no trajeto rumo ao centro reparei em seu maxilar tenso e nos punhos cerrados ao volante. Ele dobrou à esquerda timidamente em uma rua que imaginava ser de mão dupla, até eu corrigi-lo. Momentos depois, mudou de pista de modo brusco, instigando a motorista ao lado a dar uma guinada e sentar a mão na buzina, o que induziu Dandy a ultrapassar um sinal vermelho.

Se meu avô fosse de beber, eu teria pensado que estava embriagado. Mas não era o caso. Me dei conta de que estava petrificado, envolvido em uma missão estranha, em uma parte estranha da cidade, os nervos à flor da pele. Devia ter uns 65 anos na época, mas não tinha prática nenhuma em dirigir além dos poucos quarteirões que percorria em seus passeios rotineiros pelo bairro. Era como se o medo em pessoa estivesse ao volante. E não estava dirigindo bem.

Nossas dores se transformam em medos. Nossos medos se transformam em limites.

Para muitos de nós, essa pode ser uma herança pesada, transmitida por várias gerações. É muita coisa para tentar rechaçar, para tentar desaprender.

Meus pais eram frutos dos próprios pais, ou seja, geralmente eram cautelosos, pragmáticos, tomavam cuidado ao assumir riscos e tinham plena ciência dos perigos suscitados pelo fato de serem pretos tomando novos rumos. Ao mesmo tempo, testemunharam o impacto dos limites de seus pais, a relativa pequenez de seus universos. Hoje em dia, fico atônita ao pensar em todas as oportunidades que teria perdido se tivesse dito não à candidatura de Barack à presidência — todas as pessoas que eu jamais teria conhecido, todas as experiências que não teria vivido, tudo que nunca teria aprendido sobre meu país e meu mundo se tivesse deixado o medo me atrapalhar. É mérito de meus pais ter feito o possível para quebrar o ciclo de medo, para evitar que os medos deles nos contaminassem. Queriam mais, queriam algo diferente para os filhos — uma zona mais vasta de conforto onde poderíamos transitar —, e isso se manifestava na forma como nos ajudavam a decifrar nossos medos.

Quando, ainda menina, eu ficava apavorada com o barulho dos trovões nas tardes úmidas do verão em Chicago, meu pai me abraçava e esmiuçava a mecânica do clima. Explicava que os estrondos eram apenas pilares de ar inofensivo se chocando e que havia formas de não ser atingido por relâmpagos, ficando longe de janelas e da água, por exemplo. Nunca me falou para superar meu medo, tampouco o menosprezou, dizendo que era irracional ou bobo. Só usou informações sérias para desenredar a ameaça e me dar ferramentas para ficar segura.

Enquanto isso, minha mãe dava o exemplo, aparentemente imperturbável diante de quase tudo que eu considerava apavorante. Ela varria aranhas horrorosas para fora de casa. Enxotava os cães furiosos que se lançavam da varanda da família Mendoza sempre que andávamos pelo quarteirão. E de manhã cedinho, em um fim de semana, quando Craig e eu pusemos fogo na torradeira com biscoitos Pop-Tarts enquanto meus pais ainda dormiam, minha mãe se materializou em um instante, tirou a torradeira da tomada e calmamente tacou aquele treco fumacento na pia.

Mesmo sonolenta, de roupão, ela era uma deusa da competência. E a competência, segundo aprendi, é o que existe no verso do medo.

Craig e eu crescemos rodeados de ameaças que não eram abstratas. O South Side de Chicago não era a Vila Sésamo. Sabíamos que era preciso evitar alguns quarteirões perigosos. Tínhamos perdido vizinhos em incêndios. Vimos pessoas sendo despejadas quando as dívidas aumentavam e o salário não. Minha família tinha incontáveis motivos para se manter alerta — provavelmente, mais do que eu era capaz de perceber quando criança. Mas meus pais nos mostraram como sopesar essa vigilância — desvendar a mecânica do que nos assustava, tentar entender quando o medo nos protegia e quando nos refreava.

Meus pais empurraram a mim e a meu irmão na direção da competência, criando oportunidades para que tivéssemos a sensação de segurança e maestria sempre que dominávamos algo novo. Acho que percebiam a competência como uma forma de segurança: saber como dar um passo à frente apesar do temor era uma proteção por si só. A função deles era nos mostrar que era possível. Fiquei apavorada nas primeiras vezes que tive que ir e voltar da escola sozinha, por exemplo, mas minha mãe insistia que era hora de eu aprender. Eu estava no jardim de infância, tinha cinco anos — idade suficiente para achar que minha mãe tinha ficado maluca. Será que ela realmente acreditava que eu era capaz disso?

Mas foi exatamente o que ela me obrigou a fazer. Minha mãe entendia a importância de deixar seus próprios medos de lado e me oferecer o poder da minha própria competência, mesmo sendo tão pequena. E como ela tinha fé em mim, eu também tinha fé em mim mesma. Por mais amedrontada que estivesse, me sentia orgulhosa e independente, o que se tornou importante no assentamento dos tijolos que me formaram como um ser humano autônomo.

Eu me lembro de cada passo tenso que dei naquele primeiro percurso de um quarteirão e meio até a escola. E me lembro com igual clareza do rosto da minha mãe quando acelerei no último trecho de minha volta para casa.

Ela estava me esperando, parada no gramado, o pescoço esticado para me ver dobrando a esquina e entrando na nossa rua. Entendi que ela também estava um pouco ansiosa com aquilo tudo. Também sentia um quê de medo.

Mas o medo não a detivera. E agora não me deteria. Ela tinha me mostrado o que era sentir um grau confortável de medo.

Essa ideia permaneceu comigo enquanto criava minhas duas filhas. Me fez parar para pensar inúmeras vezes enquanto lidava com o ímpeto feroz e profundamente arraigado de protegê-las de tudo que fosse assustador e nocivo no mundo. A cada passo do caminho, quis afugentar seus inimigos, anular os riscos e escoltá-las quando passassem perto de algo ameaçador. É um instinto básico, eu sei, e fruto do meu medo. Então prefiro tentar fazer como minha mãe e ficar plantada no gramado enquanto elas encontram o próprio caminho, tornando-se pessoas autoconfiantes e independentes, construindo a própria segurança ao fazer coisas sozinhas. Eu as observo indo embora e espero voltarem, apesar dos meus nervos em frangalhos e do coração saindo pela boca. Pois o que minha mãe me mostrou foi que, se tentarmos evitar que nossos filhos sintam medo, também os impediremos de se sentirem competentes.

Vá com uma colherada de medo e volte com um carrinho cheio de competência. Essa era a doutrina da Euclid Avenue nº 7436. Foi o que tentei transmitir às minhas filhas, embora continue arrastando minhas preocupações. Ainda sinto um grau confortável de medo.

Quando Craig e eu não estávamos assistindo a filmes de monstros, às vezes víamos o famoso dublê de motociclista Evel Knievel na televisão. É provável que ele tenha sido o herói americano mais curioso de todos os tempos. Vestia um macacão de couro branco decorado com estrelas e listras, tentando se parecer com Elvis Presley, e fazia manobras arriscadas, como saltar de moto sobre fileiras de carros estacionados e ônibus intermunicipais ou se lançar sobre um cânion em Idaho. Era imprudente, mas cativante. Evel Knievel acertava alguns saltos e caía em outros. Quebrou muitos ossos, sofreu várias concussões, às vezes era atropelado pela própria moto, mas sempre conseguia sair só mancando. Era um milagre ou um desastre? Ninguém na época parecia disposto a definir. Apenas continuávamos acompanhando aquele homem tentando voar em sua enorme Harley-Davidson.

Foi mais ou menos assim que me senti em 2007, depois de dizer sim à campanha presidencial de Barack — como se de repente estivéssemos suspensos no ar, em cima de uma moto, indiferentes à lei da gravidade e à pressão do senso comum.

As pessoas falam em "lançar" uma campanha política, e agora entendo o porquê. É exatamente essa a sensação que se tem — uma rápida aceleração rumo ao ar rarefeito. A rampa de lançamento é curta e íngreme. Você e seus entes queridos são arremessados de repente para o alto, planando de um jeito deliberadamente sensacional, atraindo os olhares do público.

Para mim, era todo um novo padrão de incerteza. Afinal, sou fruto de meus pais e meus avós, o que significa que não sou de saltos nem de voos, mas sim uma pessoa que sobe escadas com cautela, de degrau em degrau. Como boa capricorniana, gosto de sentir o terreno antes de dar o próximo passo. Já no alto, entretanto, na estratosfera da aceleradíssima corrida presidencial, não existe terreno. O ritmo é ligeiro demais, a altitude estonteante demais, a exposição grande demais. Para não mencionar o fato de que nossas duas filhas estavam conosco na moto voadora maluca.

Foi nessa época que adquiri ainda mais intimidade com minha mente temerosa, aquela parte implacável de mim que vive dizendo não, que nada jamais poderia dar — jamais daria — certo. Inúmeras vezes, tive que me convencer a não dar ouvidos a ela. Porque se desse, sabia exatamente o que aconteceria: meus nervos sucumbiriam. Minha fé me abandonaria. Meu cérebro se apegaria à impossibilidade de tudo, e despencaríamos.

Daquela altitude improvável, de cair o queixo, eu olharia para baixo e localizaria a área exata de terra onde iríamos nos estatelar. Só com meus pensamentos eu já era capaz de dar início à queda.

Está aí outra coisa que devemos reconhecer: a dúvida vem de dentro. Nossa mente temerosa está quase sempre tentando agarrar o volante e mudar nosso rumo. Sua única função é ensaiar a catástrofe, nos meter medo até fugirmos da oportunidade e atirar pedras nos nossos sonhos. Ela curte nos ver assoberbados e desconfiados, pois assim é mais provável que fiquemos em casa, no sofá, passivos, sem correr risco nenhum. Isso significa que desafiar o medo quase sempre envolve desafiar parte de si. Para mim, trata-se de um aspecto vital do ato de decifrar: é preciso aprender a identificar e em seguida domar algo dentro de nós. É preciso superar esses medos por meio do treino. Quanto mais treino, melhor a pessoa fica. Cada salto que dei tornou o salto seguinte mais fácil.

Em uma entrevista à CBS News, Lin-Manuel Miranda descreveu sua ansiedade pré-apresentação como uma espécie de "propelente de foguete".[4] Na primeiríssima vez que subiu ao palco, ainda no começo do ensino fundamental, para dublar uma canção de Phil Collins em um show de talentos da escola, ele sentiu uma dor de estômago muito forte. Naquele instante, compreendeu que estava diante de uma escolha importante: o que fazer com o medo. "Percebi que podia sucumbir a ele ou enfrentá-lo", disse. "E é assim que vejo o nervosismo. É uma fonte de estímulo... Ou você o enfrenta e deslancha ou você sucumbe e dá adeus aos seus sonhos."

Isso me fez lembrar da primeira vez que Lin-Manuel se apresentou na Casa Branca, convidado para o nosso primeiro sarau de poesia, em 2009. Tinha 29 anos e estava nitidamente nervoso. Terminou às pressas uma canção na qual vinha trabalhando para comparecer ao nosso evento. Era a peça que se tornaria o primeiro número do musical de sucesso colossal *Hamilton*, mas Lin-Manuel estava bem no comecinho desse projeto, ainda fazendo testes, sem saber se daria certo. Seria sua primeira vez cantando um rap sobre Alexander Hamilton diante de uma plateia — uma plateia muito intimidadora, aos olhos dele — e não fazia ideia de qual seria o resultado. Tinha dito a si mesmo que, se a canção não fizesse sucesso naquela noite, talvez jogasse o projeto inteiro no lixo.

Era o medo falando dentro da cabeça dele. O recado era previsível: *fracasse e tudo estará perdido*. A mente temerosa adora se manifestar em momentos de grande estresse e com um plano claro: ela quer vetar tudo. Não embarca nas nossas fantasias.

Naquela noite, quando Lin-Manuel pisou no palco e se apresentou com seu musical ainda incipiente às duzentas pessoas reunidas no East Room, todas vestidas com roupas elegantes, os nervos dele eram um turbilhão. Seus olhos iam de um lado para o outro. Ele diz que estava procurando a saída para o caso de precisar fugir.[5] E gaguejava um pouco, ainda espantado porque sua voz parecia soar em um tom esquisito.

Tempos depois, ele rememorou a experiência em uma entrevista a um podcast. "Fiquei muito nervoso", declarou, "e a primeira coisa que fiz, que foi um erro, foi cruzar o olhar com o presidente dos Estados Unidos.[6] E aí eu me dei conta: *não posso olhar pra ele, dá medo demais.*" Ao que consta, ele então olhou para mim e também me considerou assustadora. Mas em seguida olhou para minha mãe. Ela estava sentada em uma cadeira do outro lado de Barack e — isso não me surpreende de forma nenhuma — algo na expressão dela informou a ele que tudo correria bem.

O que aconteceu em seguida pareceu histórico. Acompanhado do pianista Alex Lacamoire, Lin-Manuel interpretou um rap de três minutos de modo eletrizante, deslumbrando a plateia com seu imenso domínio de palco e sua visão totalmente nova sobre os Pais Fundadores. Ao terminar, ele sorriu, acenou e saiu do palco, depois de transformar seu medo em algo inesquecível, deixando todos nós sem palavras, perplexos.

O que tínhamos visto era alguém enfrentando seus medos.

Foi de tirar o fôlego. E naquele momento, penso eu, havia uma mensagem mais abrangente sobre o que é possível quando achamos um jeito de converter o medo em propelente de foguete.

Não temos como evitar que nossos nervos tomem a dianteira sempre que nos aproximamos do desconhecido, sempre que ultrapassamos uma nova fronteira e sentimos que com isso os riscos aumentaram. Pense só: quem fica totalmente à vontade no primeiro dia de escola? Quem não chega ao primeiro dia em um emprego novo com uma colherada de medo? Ou a um primeiro encontro? Quem não sente o impacto ao entrar em um ambiente repleto de estranhos ou se posicionar publicamente sobre um assunto importante? São momentos de nítido desconforto que volta e meia a vida nos impinge. Mas também podem ser emocionantes.

Por quê? Porque não sabemos o que há do outro lado daquela experiência inicial. E a jornada para chegar lá pode ser transformadora.

Como alguém vai encontrar a alma gêmea se não for a um encontro? Como avançar na carreira sem assumir um novo emprego ou se mudar de cidade? Como aprender e crescer se o medo nos impede de sair da casa para cursar uma faculdade? Ou de entrar em uma sala repleta de pessoas novas, ou viajar para um novo país, ou fazer amizade com alguém cuja cor da pele é diferente da nossa? É no desconhecido que a possibilidade reluz. Quem não se arrisca, não leva uns solavancos, tira de si oportunidades de se transformar.

Posso me permitir tornar meu mundo um pouquinho maior? Creio que a resposta quase sempre é sim.

Até hoje, ainda fico meio chocada por Barack e eu termos conseguido aterrissar nossa motocicleta voadora — por termos chegado e sobrevivido a oito anos de Casa Branca. Mas, sabe-se lá como, conseguimos. O lado ruim é que isso não eliminou o medo e as dúvidas da minha vida. O lado bom é que já não me deixo intimidar tanto pelos meus próprios pensamentos.

Passei a acreditar que vale a pena conhecer nossa mente temerosa. Por quê? Bom, para começar, porque ela jamais nos deixará. É impossível despejá-la. Está mais ou menos entranhada na nossa psique e vai nos acompanhar em todos os palcos onde pisarmos, em todas as entrevistas de emprego que fizermos, em todos os namoros que começarmos. Ela existe e não vai se calar. A mente temerosa é aquele mesmo ímpeto de autopreservação que tínhamos quando crianças — o mesmo conjunto de instintos que levava você a cair no choro durante uma trovoada ou a abrir o berreiro ao ser obrigado a se sentar no colo do Papai Noel do shopping —, só que agora ele se tornou mais adulto e mais sofisticado, assim como nós. Como muitas vezes nós a forçamos a aguentar situações incômodas na vida, ela está bastante chateada.

Como eu já disse, ela quer que desçamos da moto e fiquemos no sofá de casa.

Nossa mente temerosa é basicamente uma companheira de vida que não escolhemos. E, para ser bem clara, ela tampouco nos escolheu. Porque *você é péssimo, é um fracasso, não é lá muito inteligente e nunca faz nada direito. Então, falemos sério, por que alguém te escolheria para o que quer que seja?*

Parece familiar? A mim, sim.

A esta altura, convivo há 58 anos com a minha mente temerosa. Não nos damos bem. Ela me perturba. Gosta de me ver fraca. Tem uma pasta enorme, abarrotada, com todos os erros e passos em falso que cometi na vida e está sempre analisando o universo em busca de outras provas dos meus fracassos. Detesta minha aparência, sempre, não importa o que eu faça. Não gosta do e-mail que mandei para um colega. Também não gosta do comentário que fiz no jantar de ontem. Acha inacreditáveis as bobagens que vivo dizendo. Todo dia ela tenta me dizer que não sei o que estou fazendo. Todo dia eu tento rebater. Ou pelo menos ignorá-la evocando pensamentos mais positivos. Mas nem assim ela vai embora.

Ela é todos os monstros que já vi. E também sou eu.

Ao longo do tempo, entretanto, fui aceitando melhor sua presença. Não estou exatamente feliz com isso, mas admito que ela ocupa um imóvel dentro da minha cabeça. Na verdade, concedi a ela cidadania plena, no mínimo porque assim fica mais fácil dar nome a ela e assim decifrá-la. Em vez de fingir que não existe ou viver tentando derrotá-la, passei a conhecer minha mente temerosa tão bem quanto ela me conhece. E só isso já afrouxou suas garras e abrandou sua dissimulação. Já não caio tão facilmente na emboscada quando surgem os solavancos. Minha mente temerosa é barulhenta, mas quase sempre ineficaz — mais trovão do que raio — e, portanto, seus planos são inofensivos.

Sempre que a lenga-lenga do pessimismo e das autocríticas se avoluma dentro do meu cérebro, quando minhas dúvidas começam a se acumular, tento parar por um instante e ser realista. Tenho treinado dar um passo para trás e me dirigir ao meu medo com intimidade, sem oferecer a ele nada além de um encolher de ombros meio amistoso e algumas palavras reconfortantes:

Ah, oi. É você de novo.
Obrigada pela visita. Por me deixar tão alerta.
Mas estou vendo você.
Você não é nenhum monstro para mim.

Um mero abraço é uma das ferramentas mais poderosas que temos para demonstrar alegria pela presença do outro.

3. Comece pela gentileza

Tenho um amigo chamado Ron que começa o dia dando oi a si mesmo no espelho. Faz isso sem ironia, muitas vezes em voz alta.

Soube disso não por Ron, mas por sua esposa, Matrice.

Matrice me conta que já acordou com a voz do marido dando um bom-dia entusiasmado ao próprio reflexo no espelho do banheiro.

"Eeeei, amigo!" é o que ele diz.

Matrice o imita perfeitamente, como é habitual em esposas. E na voz dela imitando a dele, ouve-se a lufada do afeto renovado de Ron por si mesmo no começo do dia. Ele é muito carinhoso. Parece estar dando um oi a um colega de trabalho querido ou a um amigo de longa data que apareceu do nada. Como se fosse uma surpresa agradável a pessoa ter aparecido para acompanhá-lo no que quer que o dia guarde para ele.

Matrice diz que, até para ela, entreouvir essas palavras da cama é o melhor jeito de acordar.

Na primeira vez que ela mencionou esse hábito de Ron, eu ri. Boa parte da graça vinha do fato de ser fácil imaginá-lo agindo assim. Ron é um homem brilhante e bem-sucedido, alguém que cativa os outros num instante. Tem autoestima sem ser presunçoso. Emana cordialidade, carisma e autoconfiança. Já foi prefeito de uma cidade grande. Tem filhos lindos e uma família feliz. Tem um sorriso largo, jeitão tranquilo e postura invejável.

Ao pensar nisso, entretanto, me dei conta de que o "Eeeei, amigo!" de Ron era mais do que um mero exercício divertido. Há algo importante nesse tipo de hábito. Ele nos permite um vislumbre de alguém acolhendo a própria postura, alguém optando por começar o dia sendo gentil consigo mesmo.

Ron, é claro, é homem. Portanto, talvez possamos supor que se aproxime do espelho bem menos preocupado com a aparência do que muitos de nós. Para muita gente, principalmente quem não é homem, o espelho é assustador. Muitas de nós achamos difícil chegar perto dele com tranquilidade, sobretudo assim que acordamos. Às vezes somos implacáveis na avaliação que fazemos de nós mesmas. É comum termos assimilado comentários negativos sobre nossa aparência, mensagens que nos deixaram com a sensação de que somos objetificadas, inadequadas, invisíveis. Também se espera mais das mulheres no que diz respeito ao cuidado e ao estilo, o que exige de nós um ritual mais complexo, mais dispendioso e mais demorado. Só depois de cumpri-lo nos sentimos mais à vontade para ir ao trabalho ou simplesmente para sair de casa e enfrentar um novo dia.

Em muitas manhãs, acendo a luz do banheiro, dou uma olhada e sinto uma vontade desesperadora de apagá-la. Cara a cara comigo mesma, meu impulso é de começar a catalogar meus defeitos, ver apenas o que está ressecado e inchado, reparar apenas no que poderia e deveria ser melhor. Ao me avaliar, imediatamente me alieno. Começo o dia dividida — uma parte de mim é crítica, a outra é palhaça. Uma de nós morde, a outra se magoa. A sensação é péssima. É difícil me livrar dela.

E é disso que quero falar aqui — da possibilidade de abraçar a gentileza. Imagino que, assim como todo mundo, meu amigo Ron volta e meia pareça exausto e inchado diante do espelho. Ele também tem um monte de defeitos que sem dúvida se beneficiariam de inspeção e escrutínio. Mas o que ele enxerga primeiro, o que *escolhe reconhecer*, é uma pessoa inteira, alguém que ele fica genuinamente feliz em ver. Ao contrário de muita gente, Ron já percebeu que a autodepreciação não é um bom alicerce para se começar um novo dia.

O "Eeeei, amigo!" de Ron tem uma certa potência tranquila. É eficiente, não tem falsa bravata e é secreto (ou era, até Matrice me falar dele). O mais importante é que não é uma avaliação. Não leva a nenhum comentário adicional, como "Você está um lixo" ou "Por que você não se esforça mais?" Diante do espelho, Ron redireciona qualquer ímpeto de se julgar ou se chicotear. Ele se recusa a partir para a autocrítica e prefere começar com um recado simples, pleno de compaixão e aprovação.

Se pararmos para pensar, é exatamente isso que tentamos desesperadamente arrancar dos outros — pais, professores, chefes, amantes etc. — e ficamos arrasados quando não conseguimos. Para mim, parte da beleza do "Eeeei, amigo!" está em não ser muito ambicioso. Não conta como discurso motivacional. Não exige veemência nem eloquência, tampouco a crença de que o dia será magnífico, repleto de novas oportunidades e crescimento positivo. Trata-se de mera saudação simpática — duas palavras ditas em tom carinhoso. Por essa razão, talvez seja algo que mais gente possa imitar.

Em um programa de TV para o Clube do Livro da Oprah, muitos anos atrás, a saudosa escritora Toni Morrison, ganhadora do prêmio Nobel, falou de algo relevante que havia descoberto sobre criar filhos — e, de modo mais geral, sobre ser adulta na presença de crianças, e talvez até sobre ser humana. "Quando uma criança entra, seja seu filho ou o filho de outra pessoa", ela perguntou à plateia naquele dia, "o seu rosto se ilumina? É isso que elas estão buscando."[7]

Os dois filhos de Morrison já eram adultos àquela altura, mas ela não se esquecia do que havia aprendido. "Quando meus filhos eram pequenos e entravam num ambiente, eu olhava para eles para ver se tinham abotoado as calças, se tinham penteado o cabelo, se tinham puxado as meias para cima", ela disse. "Você acha que seu afeto e o amor profundo que tem por eles está na cara porque você está cuidando deles. Não está. Quando te veem, eles veem a face crítica. *O que é que tem de errado agora?*"

Como mãe, ela havia descoberto que a face crítica se impõe acima de qualquer outra coisa, independentemente do afeto e do amor profundo que vêm junto. Em uma competição ombro a ombro, a face crítica sempre vence, e até uma criança de quatro anos se pergunta o que está fazendo de errado. Muitos de nós passamos a vida inteira reparando nas faces críticas ao redor, nos sentindo bombardeados por julgamentos, nos perguntando o que estamos fazendo de errado e internalizando as respostas de formas nocivas que vão nos acompanhar pelo resto da vida. É muito comum que voltemos esse olhar crítico para nós mesmos. Nos castigamos com *o que está errado* antes de sequer termos a chance de vislumbrarmos *o que está certo*.

O que nos leva à segunda parte da epifania de Toni Morrison: não há mal algum — é até importante, às vezes — em fazer a balança pender na direção oposta. Com os filhos, Morrison aprendeu a amenizar os julgamentos e começar por algo mais carinhoso, mais verdadeiro, mais imediato — o rosto iluminado, uma sensação irrestrita de alegria, o reconhecimento não do cabelo penteado ou das meias em ordem, mas da pessoa inteira diante dela. "Porque quando eles entravam, eu ficava feliz em vê-los", ela explicou. "É uma bobagem, entende?"

Ela aprendeu a começar pela alegria, não só com os filhos, mas com todas as crianças. Assim como Ron, fazia questão de começar pela gentileza.

Não quero dizer que Toni Morrison mimava os filhos e rebaixou as expectativas que tinha em relação a eles. Não quero dizer que criou meninos incapazes de cuidar de si ou que viviam buscando a aprovação alheia. Creio que seja justamente o contrário, na verdade. Morrison estava fazendo pelos filhos o que meus pais fizeram por mim: ela transmitia a eles uma mensagem de pertencimento. Validava a luz deles, o brilho singular dentro de cada um — literalmente mostrando aos filhos que esse brilho existia e pertencia a eles mesmos, era uma força que poderiam carregar sozinhos.

Vale a pena dizer, é claro, que é difícil recebermos mensagens de alegria e pertencimento na vida, e é raro que sejam transmitidas sem rodeios. Na escola, no trabalho, e mesmo em família e nos relacionamentos amorosos, somos rotineiramente convocados a provar nosso valor, condicionados a acreditar que precisamos passar por uma série de testes a fim de ganhar a aprovação alheia ou progredir na vida. Raro é o chefe que tem plena confiança no funcionário em seu primeiro dia no cargo, ou o colega de trabalho que nos olha com alegria sempre que chegamos ao escritório. Nem mesmo o melhor parceiro de vida do mundo consegue demonstrar contentamento ao tirar o lixo ou ir trocar fraldas.

Mas a questão é que, quando alguém se ilumina por nós, não nos esquecemos. A sensação perdura. Ainda me recordo da srta. Seals, minha professora de terceira série, que sempre parecia genuinamente feliz ao ver os alunos. Quando abraçamos a gentileza, quando alguém nos cumprimenta com uma alegria irrestrita ou confia que teremos sucesso, o resultado pode ser duradouro, estimulante. Quantos de nós se lembram do rosto daquele professor, pai ou mãe, treinador ou amigo que nos recebia acima de tudo com alegria? Pesquisas revelam que, quando os professores reservam um tempo para receber cada um dos alunos na porta, o nível de engajamento acadêmico em sala de aula aumenta em 20% e a rebeldia diminui.[8] É o conceito mais simples do mundo, na verdade: a alegria acalenta. É um presente. Quando alguém se alegra ao nos ver, nossos pés ficam mais firmes. Fica mais fácil termos atitude. E carregamos esse sentimento conosco.

As crianças nos mostram que a necessidade de alegria é instintiva em tempo integral. São como ímãs de ternura. Na Casa Branca, recebíamos grupos de crianças todos os anos no dia de Take Your Child to Work [Leve Seu Filho Para o Trabalho]. Centenas vinham passear pela cozinha, conhecer nossos cachorros, Bo e Sunny, e dar uma olhada no veículo presidencial blindado conhecido como "The Beast". Antes de irem embora, eu me sentava com elas no East Room e passava um tempo respondendo as perguntas que tivessem. As crianças levantavam a mão e esperavam que eu as chamasse. Perguntavam coisas como "Qual é a sua comida preferida?" e "Por que você faz tanta ginástica?" e "Aqui tem piscina?" e "O presidente é legal?".

Em uma dessas visitas, uma menina chamada Anaya levantou a mão. Quando a chamei, ela ficou de pé e perguntou minha idade (a resposta na época era 51 anos). Então me elogiou, dizendo que eu parecia nova demais para tanta idade. Aos risos, gesticulei para que ela se aproximasse e lhe dei um abraço enorme, apertado.

Na mesma hora, mais mãos se ergueram. Quando a sessão foi encerrada, parecia que muitas das perguntas restantes haviam sido substituídas por apenas uma.

"Posso ganhar um abraço, por favor?", perguntou outra criança que chamei.

E mais outra: "Posso ganhar um abraço?".

Esse pedido foi seguido por vozes se elevando no salão inteiro, um coro de crianças pedindo: "Eu também, eu também, eu também!".

Aquelas crianças pareciam entender naturalmente que um abraço era a lição mais relevante daquele dia — uma sensação de que se lembrariam por muito mais tempo do que qualquer palavra que eu pudesse pronunciar, do que qualquer informação que pudesse oferecer. Acima de tudo, elas queriam a emoção, a sensação de minha alegria sincera por estarem ali. E a verdade é que eu também queria. A alegria é recíproca. Como primeira-dama, conheci mais adultos do que crianças, mas foram as crianças que alimentaram minha alma e recarregaram minhas baterias nos dias em que me senti esgotada. Encontrá-las foi uma das melhores coisas do meu papel. Eu sabia muito bem que, para muitas crianças do mundo, ninguém se iluminaria. Sentia que uma das minhas tarefas como primeira-dama era ser uma luz para cada uma das crianças que encontrava, pois talvez elas não vissem outra. Meu rosto se iluminava por elas exatamente como se iluminava ao ver minhas filhas, ciente de que poderia, com minha alegria, mostrar a elas que eram relevantes — que eram valorizadas.

Nos próximos capítulos, vamos examinar o que precisamos fazer para encontrar e nutrir relações construídas a partir da alegria — como identificar as pessoas capazes de criar estabilidade no seu mundo e se tornar uma delas para quem está ao seu redor. Também vamos falar dos desafios não só de sermos vistos com alegria, mas de sermos vistos, de modo geral. Muitos de nós lutamos contra a sensação de invisibilidade ou pelejamos para superar estereótipos a fim de sermos reconhecidos plenamente como indivíduos. Mas, por enquanto, quero deixar este lembrete sucinto: o crescimento verdadeiro começa com a alegria que sentimos quando vemos a nós mesmos.

Então voltemos ao Ron se cumprimentando no começo de cada novo dia — às duas palavras pronunciadas em tom carinhoso diante do espelho. Ele faz questão de colocar a alegria em primeiro plano, à frente das críticas. E com isso se torna literalmente seguro de si.

É fácil nos esquecermos de que podemos fazer isso por nós mesmos. Somos capazes de fazer uma entrega em domicílio de aprovação e gentileza até mesmo para a pessoa fatigada e imperfeita que observamos no espelho. Reconhecemos nossa própria luz, *quem* realmente somos. Há muitos livros sobre a força da gratidão, e por um bom motivo: porque dá certo. Não é preciso muita coisa, na verdade. Talvez apenas o hábito. Talvez tomar mais cuidado para não nos diminuirmos quando vemos o nosso reflexo, notar a rapidez com que os pensamentos negativos sobre nós mesmos aparecem e tratar de substituí-los pela sua maneira delicada de dizer "Eeeei, amigo", seja ela qual for.

Ultimamente, tenho tentado despertar de manhã e me presentear com um começo gentil — de maneira consciente, proposital, capturar aquele primeiro pensamento autodepreciativo ou de teor negativo que me passa pela cabeça e empurrá-lo para longe. Depois convidar um segundo pensamento, melhor e mais terno, mais intencional, mais simpático comigo mesma. E o escolho como ponto de partida. Meu segundo pensamento costuma ser bem simples. Não raro, é apenas um reconhecimento tranquilo, mas grato, de que mais uma vez cheguei ao início de um novo dia.

Lembre-se de que a meta é pouco ambiciosa. Começar com gentileza não necessariamente é começar de modo grandioso. Não é necessário fazer grandes declarações sobre o que pretendemos realizar ao longo do dia, descobrir uma fonte profunda de autoconfiança ou fingir que somos invencíveis. Nada disso tem que ser feito em voz alta; tampouco precisa acontecer em frente ao espelho. Estamos apenas tentando, de uma forma ou de outra, ignorar o crítico interno e empurrar a alegria para os holofotes, fazer nosso olhar se deparar — ainda que metaforicamente — com uma pitada de carinho, enunciar um cumprimento amistoso. Talvez seja preciso superar a vergonha, ou quem sabe as risadinhas do cônjuge no quarto.

De qualquer modo, Ron continua agindo assim. Ele se levanta de manhã e traz à tona algo potente e estabilizador. Ele se cumprimenta com uma mensagem que diz: *você está aqui, e esse é um feliz milagre, então vamos lá.* Acho isso lindo.

Ainda assim, Matrice e eu rimos disso. Achamos meio fofo.

"Eeeei, amiga!", passamos a dizer uma à outra, só porque é divertido.

"Eeeei, amigo!", chamei Ron do outro lado da sala, na vez seguinte em que o vi.

Como ele é um cara seguro, desenvolto, que sabe ser simpático consigo mesmo, Roger não se constrangeu.

Ele apenas sorriu e me disse as mesmas palavras.

Minha altura jamais passava despercebida — aqui estou eu, no centro da última fila, a menina mais alta da minha classe na Bryn Mawr Elementary School.

4. Alguém me vê?

Você já teve a sensação de que não interessa a ninguém? De que existe em um mundo no qual você é invisível?

Aonde quer que eu vá, encontro pessoas que me contam de suas batalhas para serem aceitas como são, seja na escola, no trabalho ou em suas comunidades. Elas têm a impressão de não se encaixarem no ambiente onde estão, e isso é algo que as inibe. É uma sensação que conheço e com a qual tenho convivido durante boa parte de minha vida.

Quase todo mundo no planeta passou por essa experiência em algum momento — aquela consciência incômoda de que não somos adequados a certo espaço, de que somos vistos como intrusos. Mas para aqueles que são percebidos como diferentes — por causa de raça, etnia, peso, gênero, por ser queer, ter uma deficiência, ser neurodivergente ou por qualquer outro motivo ou qualquer combinação deles — essa sensação não surge e desaparece: ela pode ser aguçada e implacável. Conviver com ela dá muito trabalho. Tentar entender o que a causa e o que fazer pode ser um esforço árduo, no mínimo.

Grande parte das minhas primeiras lembranças de me sentir diferente não têm nada a ver com o fato de ser preta. No bairro onde fui criada, a cor da minha pele era basicamente normal. Eu frequentava uma escola onde havia crianças de todo tipo, de várias origens, e essa diversidade parecia criar mais espaço para quem éramos.

No entanto, eu era alta. E a altura virou uma característica indesejável.

Eu me destacava por meu tamanho. "Alta" se tornou o rótulo que primeiro grudavam em mim e não saía por nada deste mundo. Não era algo que eu pudesse dispensar ou disfarçar. Já apareci alta no meu primeiro dia de jardim de infância e continuei crescendo desde então, chegando à altura que tenho hoje — um metro e oitenta — por volta dos quinze anos.

No ensino fundamental, temia o chamado inevitável da professora sempre que íamos sair para o recreio, tínhamos treinamento contra incêndios ou nos preparávamos para uma apresentação da escola: "Pois bem, crianças, formem uma fila por altura!". A ordem estava implícita: *começava com o mais baixo, terminava com o mais alto.*

Embora saiba que não era a intenção dos professores, esses pedidos alimentavam a estranheza que eu já sentia, como se fosse publicamente alocada às periferias. Era como se eles dissessem: *Seu lugar é do lado de fora*. Isso criou uma feridinha dentro de mim, um carocinho de ódio de mim mesma que por um tempo me impediria de abraçar meus pontos fortes. Como criança alta, eu era relegada ao fundo na maioria dos grupos, cantando na terceira fila do coro da terceira série. Estava sempre na última fileira. A atenção dada à minha altura me trouxe uma nova inibição, uma leve sensação de alteridade. Algumas vezes eu cruzava um ambiente imersa na minha esquisitice, minha mente concentrada em um único pensamento: *eu sou a menina alta a caminho do final da fila.*

Percebo agora que na verdade eram dois pensamentos simultâneos, duas mensagens que, combinadas, se tornavam extremamente venenosas: *eu me destaco* e *eu não importo*.

A altura não tinha serventia para mim. Já meu irmão se beneficiava dela: aos treze anos ele já era grande o bastante para conquistar o próprio espaço em meio a homens-feitos nas quadras de basquete da praça em frente à nossa casa. Era aplaudido pela força e pelo atletismo. Transformou-a em uma ferramenta útil, que o ajudava a fazer amigos e ganhar respeito no bairro. Que o ajudou a ser aceito na faculdade, criando vínculos não só com os outros atletas, que tornaram sua aceitação mais suave, mas também com os auxiliares do time, que atuavam como mentores e o estimulavam a criar ainda mais laços. A altura e a força de Craig acabariam levando-o a uma carreira bem-sucedida como treinador.

Em mim, no entanto, essa mistura de altura com força parecia menos uma vantagem e mais um fardo. Como era menina, não entendia o que fazer com isso. Lembro-me de ter assistido às Olimpíadas de 1976 e ficado obcecada com a ginasta romena Nadia Comăneci, que maravilhou o mundo inteiro ao conquistar uma inédita "nota 10" na ginástica artística por sua execução perfeita da série de barras assimétricas. E não só isso: ela repetiu o feito mais seis vezes, vencendo nas barras e na trave e depois ganhando a medalha de ouro no conjunto de aparelhos. A força dela me tirava o fôlego. Sua postura era impressionante. Ao ver a gana com que perseguia a perfeição, algo se agitou dentro de mim. Antes de Nadia Comăneci, a nota 10 era quase uma abstração, talvez um milagre, mas ela havia demonstrado que era uma meta alcançável — era um grau novo de excelência. O equivalente esportivo de se pisar na Lua.

Melhor ainda, Nadia tinha apenas catorze anos. Na verdade, tecnicamente ela tinha catorze e meio, e na época eu tinha doze e meio. Me senti instigada pela diferença de idade. Eu nunca havia feito ginástica olímpica, mas qual a importância disso? A mim interessava o fato de ter dois anos inteiros para chegar à forma de Nadia, e então eu passaria cal nas mãos e arrebentaria nas competições internacionais. Nadia virou meu novo parâmetro em termos de idade. A única coisa que eu pensava era: *pois bem, é assim que uma menina de catorze anos e meio tem que ser.*

Resolvi mirar naquela mesma direção, imaginando que eu também chegaria à Lua.

Com as bênçãos de minha mãe, me matriculei em uma aula de "acrobacias" que acontecia uma vez por semana na Mayfair Academy, o estúdio onde eu fazia aulas de dança. A Mayfair tinha sido fundada no final dos anos 1950 por um bem-sucedido dançarino de sapateado e coreógrafo afro-americano do South Side. Ele desejava oferecer às crianças de sua comunidade o tipo de acesso à dança e ao movimento que tinha visto nos bairros brancos e mais abastados do norte da cidade. Aquele estúdio pequeno era o que havia de mais próximo de um centro de ginástica olímpica no South Side, mas não era exatamente equipado para o esporte. Não tinha traves de equilíbrio nem solo acolchoado, não tinha instrutores nem piscinas de espuma de látex, não tinha mesa para salto nem barras. Havia apenas um colchão em que eu e uma dezena de aspirantes a Nadia praticávamos nossas cambalhotas e espacates.

Durante boa parte do ano letivo, treinei minha parada de mão, minha estrela, minha rondada. Às vezes conseguia fazer uma ponte para trás com abertura de pernas, mas era raro. A distribuição do meu peso corporal parecia ser um obstáculo inato ao movimento. Passava cinco minutos empacada em uma ponte desajeitada, os músculos do braço tremendo enquanto tentava em vão suspender minhas pernas magricelas de gafanhoto acima do corpo arqueado, mal conseguindo dar o impulso correto ou encontrar um ponto de equilíbrio. Por fim, afundava de costas no chão.

Comecei a me sentir deslocada entre minhas companheiras de acrobacias. Mais difícil ainda era ver alunas novas — a maioria, meninas de corpos esguios pelo menos quinze centímetros mais baixas que eu — chegarem com seus collants recém-comprados e dominarem rapidamente movimentos que eu não conseguia aprender.

No começo era um pouco constrangedor. Depois se tornou humilhante.

Por fim, admitindo que meu lançamento ao espaço estava cancelado, me aposentei oficialmente da ginástica olímpica aos quinze anos.

Eu não era a Nadia. Jamais seria.

A verdade é que eu não tinha corpo para ser uma Nadia. Meu centro de gravidade era alto demais; meus braços e pernas eram compridos demais para todas aquelas transições e giros. Eu era simplesmente alta demais para ter sucesso na ginástica, e além do mais, obter acesso ao tipo de equipamento especializado e ao treinamento necessário para progredir provavelmente teria levado minha família à falência. Não interessava meu nível de motivação. Não interessava se a série de notas 10 de Nadia tinha desencadeado um ímpeto dentro de mim, uma ânsia de me provar, uma sensação de que eu também era capaz de fazer coisas incríveis. Tinha escolhido uma ótima heroína, mas um caminho impossível.

Então, o que deveria fazer com minha força? Eu era uma criança forte vinda de uma família forte, mas "forte" não era um rótulo muito aplicado a meninas, não no sentido positivo. Não era algo a se prezar ou cultivar. Eu tinha um corpo forte, personalidade forte, garra forte. No entanto, essa força não parecia fazer muito sentido fora das paredes de nossa casa tão acolhedora. Eu tinha a sensação de que a reprimia.

O maior problema era que eu não conhecia minhas opções. Não era fácil achar heroínas para seguir. Lutava para achar formas de dar vazão à minha força. Não havia ligas femininas de futebol ou de softball (pelo menos que eu conhecesse) no meu bairro. Não tinha acesso fácil a equipamentos ou aulas de tênis. Talvez pudesse ter me juntado a um time de basquete, mas algo dentro de mim se rebelou instintivamente. (De novo o carocinho de ódio de mim mesma.) Não queria pender para o esporte que todos esperavam que garotas altas praticassem. Me parecia uma concessão.

Não se esqueça de que era outra época. Foi muito antes de Venus e Serena. Não havia Maya Moore, não havia WNBA, a liga feminina de basquete profissional, não havia seleções femininas americanas de futebol e hóquei. Wilma Rudolph, corredora negra, tinha chamado a atenção do mundo por um breve período no início dos anos 1960; a próxima velocista que virou uma grande estrela, Florence Griffith Joyner, apelidada Flo-Jo, ainda não tinha surgido. A Title IX, emenda constitucional que foi um marco dos direitos civis ao barrar a discriminação de gênero na educação, acabou reformulando os esportes universitários e criou uma nova geração de atletas femininas; naquele momento, porém, tinha apenas quatro anos e só aos poucos era implementada. Nos canais da TV eu via homens jogando futebol, beisebol, golfe e basquete praticamente todos os dias, mas só via mulheres em competições esportivas de tênis. Era por isso que as Olimpíadas, sempre que aconteciam, de quatro em quatro anos, eram hipnotizantes.

Mesmo assim, a cobertura das atletas olímpicas femininas se concentrava em esportes como ginástica e patinação artística, eventos que exibiam mulheres brancas miúdas que competiam individualmente em roupas de lycra coladas ao corpo. Essas mulheres pareciam nunca suar, sua força envolta em uma graça muito bem controlada, quase enfaticamente feminina. Embora eu soubesse que havia mulheres negras praticando esportes fora do horário nobre ou representando países que não interessavam às câmeras das redes de TV, não me lembro de ter visto sequer uma delas na televisão na minha infância.

Essa invisibilidade não se dava só nos esportes. Eu me deparava com pouquíssimas pessoas que se pareciam comigo na TV, nos filmes, nas revistas e nos livros. Nos programas televisivos, mulheres fortes e com opiniões próprias protagonizavam cenas de alívio cômico, como desbocadas ou megeras que contrastavam com os homens. Em geral, pessoas negras eram retratadas como criminosas ou empregadas; quase nunca interpretavam médicos, advogados, artistas, professores ou cientistas. Ou eram retratadas como caricaturas: a família Evans, de *Good Times*, levava uma vida coalhada de piadas em um conjunto habitacional público, e George e Weezy de *The Jeffersons* tinham conseguido sair do gueto e se mudar para um "apartamento de luxo no céu". Meu pai revirava os olhos sempre que nos via rindo dessas famílias das sitcoms. "Por que eles sempre estão duros e são sempre patetas?", ele dizia, balançando a cabeça.

Quando criança, eu me esforçava para levar um tipo de existência que não conseguia enxergar. Além de Nadia, meus ídolos eram Mary Tyler Moore, Stevie Wonder e José Cardenal, jogador do time de beisebol Chicago Cubs. Acho que se fosse possível misturar todos eles, o resultado seria quem eu esperava ser, mas era difícil imaginar tal combinação.

Eu me via buscando heróis, alguém que se parecesse um pouco comigo, qualquer um que pudesse iluminar meu caminho e me mostrar o que era possível: *Pois bem, é assim que é uma mulher profissional. É assim que é uma líder poderosa. É isso o que uma atleta preta faz com a força que tem.*

Na vida, é complicado sonhar com o que não se vê. Quando olhamos ao redor e não enxergamos uma versão de nós mesmos no mundo, quando esquadrinhamos o horizonte e não há ninguém parecido conosco, começamos a sentir uma solidão mais vasta, uma sensação de não combinar com as próprias expectativas, os próprios planos, as próprias forças. A gente começa a se perguntar onde — e como — um dia vai achar nosso espaço.

Quando cheguei ao ensino médio, sentia certa inveja de quem se misturava facilmente à multidão. Apesar de feliz com minhas aulas e de ter um bom grupo de amigos, ainda sentia o impacto da minha altura. Tinha consciência disso quase o tempo inteiro. Sentia uma inveja genuína das meninas menores, aquelas cujo tamanho não era uma questão na hora de comprar roupas nem fazia um menino pensar duas vezes antes de tirá-las para dançar.

Boa parte do meu tempo livre era gasto à procura de roupas que caíssem bem no meu corpo, com a minha altura. Em geral, tinha que me conformar com um caimento que não era perfeito. Tentava não me abalar vendo minhas amigas mais baixas tirando jeans Calvin Klein das prateleiras, sem se preocupar se as pernas das calças ficariam "pescando siri". A altura dos saltos era um tormento: eu queria ficar estilosa, mas não muito mais alta. Volta e meia me distraía nas aulas, puxando a barra das calças, tentando esconder os tornozelos. E as mangas das blusas e dos casacos nunca eram compridas o bastante para meus braços, então eu sempre as enrolava, torcendo para que ninguém reparasse. Desperdiçava energia escondendo, ajustando e buscando compensar o que eu não era.

Nas reuniões antes dos jogos, eu observava as líderes de torcida dando saltos mortais e sacudindo os pompons. Percebia nelas a mesma mistura de força e graça encenada que tinha visto nas ginastas, ao mesmo tempo em que me dava conta, com um quê de desalento, que algumas daquelas meninas eram mais ou menos do tamanho de uma de minhas pernas. Ao mesmo tempo, despertava para o fato de que havia dinâmicas de gênero em jogo — de que as meninas que eu invejava também eram umas coitadas. Apesar de pequeninas, apesar da beleza clássica, elas tinham uma gama limitada de opções. Por mais fortes e disciplinadas que aquelas líderes de torcida fossem, ainda eram consideradas decorativas — mascotes empertigadas à beira da quadra, com um papel secundário em relação ao drama mais amplo, mais instigante, do futebol e do basquete masculinos. Os aplausos eram dirigidos sobretudo aos garotos.

Eu não parava de tentar me encaixar. Todos nós tentávamos nos adaptar. Faz parte da adolescência, eu sei agora. É daí que advêm muitas das nossas primeiras experiências com o fracasso. Eu costumava dizer às minhas filhas que até os garotos populares e autoconfiantes no fundo estão amedrontados — só que são um pouquinho melhores em esconder seus esforços para se enturmar. Nessa idade, quase todo mundo usa alguma máscara.

Esse tipo de inibição é quase uma etapa do desenvolvimento — algo que precisamos suportar, que devemos aprender, por que devemos passar. Mas, para muita gente, essa sensação de não se encaixar, de ter que existir fora das normas estabelecidas, persiste na fase adulta.

Este é o meu lugar?

O que os outros acham de mim?

Como sou percebido?

Fazemos essas perguntas e às vezes nos contorcemos para obter respostas que não nos magoem. Nós nos adequamos, escondemos e buscamos compensações a fim de manobrar nossa diferença segundo os espaços onde nos encontramos. Usamos diversas máscaras — expressões de valentia, na verdade — em diferentes situações, na esperança de obter alguma segurança ou de chegar mais perto de uma sensação de pertencimento, porém nunca nos sentimos totalmente inteiros.

É fácil imaginar que nossa diferença é nosso aspecto mais visível, aquilo que as pessoas percebem primeiro e de que se lembram por mais tempo. Às vezes isso é uma grande verdade, outras vezes não. A parte mais complicada é que raramente temos como saber. Nossa única opção é seguir em frente. Mas o problema é que, depois que abrimos as portas para o julgamento alheio, ele se torna uma distração. Essa é a particularidade da inibição: deixamos de nos concentrar no que pensamos de nós mesmos e passamos a imaginar o que os outros pensem de nós. E isso também pode se tornar um modo de autossabotagem, pois de repente também passamos a perceber, acima de tudo, a nossa diferença. Em vez de se concentrar na tentativa de resolver o problema de matemática que está na lousa, a pessoa fica encafifada com a própria aparência. Levantamos a mão para fazer uma pergunta em uma palestra, mas ao mesmo tempo nos preocupamos com o som da nossa voz em uma sala cheia de gente diferente de nós. Em uma reunião com o chefe, botamos em dúvida a impressão que vamos causar, nos afligindo com o comprimento da saia e com o batom que não sabemos se deveríamos ter passado.

Começamos a carregar o fardo do nosso rótulo, seja ele qual for. A diferença se acopla à pessoa feito um marcador.

Tudo isso cria um fardo a mais, uma distração a mais. Acrescenta mais uma camada de ponderação necessária a situações que para algumas pessoas são casuais, mas sugam muito da nossa energia. É quase como se o mundo tivesse se bifurcado silenciosamente bem diante do nosso nariz: os que têm que pensar mais e os que têm que pensar menos.

Tenho vários amigos pretos que cresceram em subúrbios de brancos abastados. Muitos dizem que os pais tomaram a decisão consciente de criá-los em lugares onde houvesse escolas públicas bem equipadas, acesso fácil à natureza, água tratada e ar puro. Em geral, isso significava que tinham se mudado para longe da cidade natal e das famílias, economizado cada dólar que pudessem para aterrissar em um novo endereço. Às vezes, para bancar a vida nesses bairros mais opulentos com escolas mais opulentas, acabavam alugando um apartamento minúsculo ao lado da estação de trem, quase nos limites da cidade — ainda assim, já tinham acesso a uma série de vantagens. Além do mais, quase sempre as crianças cresciam como "únicas", encontrando poucas pessoas negras, ou nenhuma, em suas salas de aula, nos times esportivos, na fila da pipoca no cinema e nos corredores do mercado. Para dar aos filhos oportunidades melhores, esses pais e mães assumiam uma espécie de vanguarda racial.

Tenho uma amiga — vou chamá-la de Andrea — que cresceu como "única" em um subúrbio de Nova York, em uma cidade-dormitório onde havia country clubs e uma floresta montanhosa, e onde os pais pegavam o trem para trabalhar e as mães geralmente ficavam em casa com os filhos. Os pais dela eram profissionais pretos bem-sucedidos, instruídos e muito ambiciosos. Moravam em uma casa boa e tinham carros bons. No que dizia respeito à riqueza, a família se encaixava muito bem. Mas isso pouco afetou o destaque que seus corpos pretos ganhavam em meio à homogeneidade de uma comunidade branca. Andrea era bem novinha quando começou a reparar nas leves hesitações das pessoas ao redor, no intervalo de frações de segundo em que um recém-chegado tentava conciliar a visão de uma menininha negra naquele lugar privilegiado, o pensamento a mais: *como foi que ela veio parar aqui? O que está acontecendo?* Não quero dizer que Andrea não acabou fazendo amigos que a amavam por ser quem era, nem sugerir que cresceu infeliz por morar onde morava; é só que, desde cedo, ela lutou contra o rótulo da diferença, captando os indícios de estranhamento e as insinuações silenciosas, nas entrelinhas, de que era uma intrusa em sua própria cidade natal.

Essas mensagens de não pertencimento criam feridas, e não são feridas que se curam com facilidade. Minha amiga virou uma profissional extremamente bem-sucedida. Dedicou boa parte de sua carreira à diversidade e a tentativas de inclusão em ambientes corporativos, tentando garantir que houvesse menos "únicos" nos lugares onde trabalhava. Depois de tantos anos precisando abrir caminho em meio a pessoas que a consideravam uma peculiaridade, Andrea criou uma série de ferramentas e uma blindagem emocional que parecem dar certo para ela. No entanto, as velhas feridas não sumiram: ela ainda fica abalada ao lembrar que sua professora de jardim de infância sorria para os colegas de classe brancos e os abraçava com carinho, mas evitava encostar nela. Ainda chora ao se lembrar do quanto se sentia invisível sempre que uma amiga branca recebia o dever de casa corrigido e enfeitado com estrelinhas e carinhas sorridentes, enquanto o dela, feito com igual diligência e precisão, era devolvido com apenas uma marca impessoal de corrigido. Era sutil e escancarado, um dos milhares de pequenos cortes dolorosos que sofreu na vida.

Meus pais não tinham interesse nenhum nos subúrbios e nas vantagens que poderiam oferecer. Preferiram nos manter enraizados na nossa comunidade, perto de tios, avós e primos, ainda que outras famílias — principalmente as brancas — estivessem começando a abandonar a vizinhança. Talvez isso tivesse menos a ver com um plano e mais com a resistência geral de minha mãe a mudanças, embora eu acredite que meus pais gostassem do lugar onde morávamos. Conhecíamos nossos vizinhos. Ficávamos à vontade naquela mistura de pessoas, naquele leque de raças, classes e culturas que existia no nosso entorno. Aquela mistura era um porto seguro. Para nós, sempre foi bom.

Graças a isso, nos meus primeiros dezessete anos de vida nunca fui uma "única". Só tive meu primeiro gostinho de invisibilidade racial quando ingressei na faculdade. Meu pai me levou de carro de Chicago a Princeton e de repente andei pelas veredas bifurcadas entre edifícios de pedra que datavam do século XIX, me esquivando de frisbees que eram arremessados na quadra imaculada por colegiais de blusas para fora das calças. Eu engolia meu espanto. Fiquei perplexa por existir um lugar como aquele, e por eu, a Michelle Robinson da Euclid Avenue, ter chegado até ali.

O lugar era lindo e também, para mim, meio carregado. Nunca tinha pisado em um ambiente povoado majoritariamente por rapazes brancos. (Não é uma generalização, e sim mera afirmação dos fatos: mais de três quartos dos estudantes da minha sala na universidade eram brancos, e quase dois terços eram homens.)[9] Tenho certeza de que eu senti a presença deles mais do que eles sentiram a minha. Como moça negra, eu era minoria em duas frentes. Atravessar o campus era como atravessar um campo de força, uma espécie de fronteira. Precisava me esforçar para não ficar pensando em como eu era diferente.

Ainda que me destacasse, logo me dei conta de que ninguém prestava muita atenção em mim. Eu era tão insignificante quanto uma lufada de ar. De modo geral, havia uma impermeabilidade em Princeton. Algo em seus distintos arcos góticos e mais de dois séculos de elitismo arrogante (também conhecido como "excelência acadêmica") criava a sensação de que todos nós, independentemente de nossas origens, estávamos ali apenas de passagem. A instituição sobreviveria a todos nós. No entanto, ficou logo claro que alguns de meus colegas de classe se sentiam mais à vontade naquele ambiente, menos impactados com a abundância, menos aflitos com a necessidade de se sair bem. Para alguns, frequentar Princeton era basicamente um direito inato — um em cada oito alunos da minha classe foi admitido porque alguém da família havia estudado na universidade, ao que consta.[10] Pertenciam a uma linhagem de pais e avôs que tinham passado sob aqueles mesmos arcos e tinham suas razões para supor que seus filhos um dia fariam a mesma coisa. (Àquela altura, fazia apenas doze anos que a faculdade era mista, por isso mães e avós ex-alunas não entravam na equação.)

Eu não entendia nada disso na época. Ainda não tinha compreendido o conceito de privilégio. Para mim, não tinha caído a ficha de que a segurança e a plenitude que alguns de meus pares exibiam eram fomentadas pela mola subterrânea da riqueza multigeracional e pelas redes profundas do privilégio. Só sabia que me sentia diferente e às vezes diminuída. Tinha sido aceita na faculdade, mas isso não necessariamente me trazia a sensação de estar no lugar certo.

É bem intimidante caminhar por um lugar e não ver ninguém parecido conosco. É quase assustador, como se seu "tipo" tivesse sido erradicado da face da Terra. Você pode até ter crescido conhecendo os avós, a comida deles, a cultura deles, o jeito de falar deles, mas é como se esses registros desaparecessem de uma hora para outra. Sua própria realidade parece ter sumido. Não existem rostos como o seu nos retratos que forram as paredes das salas de aula e dos refeitórios. Os prédios onde você passa os dias são todos batizados em homenagem a homens brancos. Os professores não são como você. Os colegas não são como você. Mesmo nas ruas da cidade, não há quase ninguém como você.

Até ir para a faculdade, nunca havia me passado pela cabeça que houvesse nos Estados Unidos bolsões gigantescos menos parecidos com o lugar de onde eu vim e mais parecidos com Princeton. Neles, praticamente não existia diferença. Para muita gente, essa era a norma. Comecei a perceber uma leve hesitação quando alguém novo me via, um segundo a mais para computar minha diferença, minha presença naquele lugar. Concluí que muitos dos meus colegas tinham crescido cercados de gente parecida com eles, que se comportava como eles, suas vidas moldadas pela mesmice, a plenitude deles era também definida por esse aspecto. Alguns nunca tinham tido colegas pretos ou pardos. Isso me tornava quase irreconhecível aos olhos deles. Mais estranha, impossível. Não é de se espantar que não tenham tido dificuldade de me estereotipar! Não é de se espantar que tivessem medo do meu cabelo, do tom da minha pele! Uma garota como eu não se encaixava no mundo deles. No lugar de onde vinham, pessoas como eu literalmente não existiam.

À medida que o tempo passava, eu encontrava amparo e comunhão em certos espaços da faculdade — com minhas amigas Angela e Suzanne no meu quarto na residência estudantil e no centro multicultural do campus, que os estudantes pretos costumavam frequentar. Era um ambiente onde podíamos nos desvencilhar da inibição e ficar mais à vontade, sem pensar no que os outros achariam de nós. Ali, fiz amigos e achei uma mentora maravilhosa em Czerny Brasuell, a diretora do centro, que se tornou minha orientadora e se empenhou em prol do meu sucesso. O que tornou a faculdade suportável foi o fato de que consegui cultivar um círculo informal de amigos, confidentes e orientadores, pessoas com quem podia fazer piadas sobre qualquer coisa, inclusive sobre a esquisitice de ser uma "única". Todo aluno preto que eu conhecia tinha uma história a contar sobre os rótulos que carregava, sobre como o "preto" quase sempre eclipsava o "universitário". Um amigo meu foi seguido mais de uma vez pelos seguranças do campus ao voltar para a residência à noite. Outra contava que a colega de quarto branca era simpática e afetuosa quando estavam a sós, mas nas festas fingia não a conhecer.

Talvez pela falta de alternativa, sempre achávamos um jeito de rir dessas situações. Nas entrelinhas, porém, acho que estávamos fazendo algo muito útil, somando nossas experiências para chegar a uma verdade providencial que, estranhamente, nos fortalecia: não éramos loucos. Aquilo não era coisa da nossa cabeça. O distanciamento e o isolamento que todos vivenciávamos como indivíduos — e que alimentavam nossa inibição — não eram uma invenção, tampouco se deviam a um defeito congênito ou à falta de esforço de nossa parte. Não estávamos apenas imaginando os preconceitos que nos marginalizavam. Era tudo real. Era tudo verdade. Mesmo sem saber como mudar a situação, entender isso era importante.

Minha turma de amigos fazia com que eu me sentisse menos só. No entanto, para cumprir a função da educação universitária, para obter os benefícios que procurava ali, eu ainda precisava sair do meu círculo de amizades e entrar no campo de força da cultura como um todo. Algumas vezes eu me via andando por um dos refeitórios do campus ou um auditório, com vontade de me entrosar, mas muito consciente da minha diferença, minha mente corria em duas pistas ao mesmo tempo. Eu me concentrava em achar um lugar para me sentar, mas me concentrava quase na mesma medida na minha imagem ao tentar achar um lugar — no que eu supunha que os outros pensassem: *lá vai a menina negra, procurando lugar para sentar.*

Em outras palavras: *eu chamo atenção. Eu não sou importante.*

Se a gente deixar, isso bagunça a nossa cabeça.

Ainda consigo sentir o mal-estar desses momentos. Eu me via voando, apartada de mim mesma, quase como se tivesse saído do meu corpo.

A inibição é capaz disso. Pode nos tirar do eixo e apagar o que sabemos ser verdade a nosso respeito. Pode nos deixar estabanados e inseguros, desorientados quanto a quem somos e onde estamos. É como se o mundo levantasse um espelho em um ângulo nada lisonjeiro, mostrando a nós mesmos como somos irreconhecíveis aos olhos dos outros, escancarando todo o nosso deslocamento. Às vezes a gente só enxerga essa imagem. Ficou famosa a descrição que o sociólogo e líder do movimento pelos direitos civis W.E.B. Du Bois fez dessa tensão no livro fundamental que publicou em 1903, *As almas do povo negro*. "É uma sensação peculiar", ele disse, "essa consciência dual, essa experiência de sempre enxergar a si mesmo pelos olhos dos outros, de medir a própria alma pela régua de um mundo que se diverte ao encará-lo com desprezo e pena".[11]

Essa sensação é antiga assim mesmo, talvez ancestral.

E também é comum assim mesmo. Até hoje, ainda hoje.

A questão é o que fazer com ela.

Meu pai, cuja postura vacilante e passos mancos às vezes faziam as pessoas pararem para fitá-lo na rua, costumava nos dizer, sorrindo e dando de ombros: "Ninguém pode te fazer se sentir mal quando você se sente bem consigo mesmo".

Era uma máxima simples, mas brilhante, e para ele parecia dar certo. Meu pai era capaz de ignorar quase tudo. Não era reativo, não era incendiário. Era despretensioso e sensato, e acho que por isso volta e meia aparecia alguém na nossa casa para lhe pedir opiniões e conselhos, ciente de que seria recebido de mente aberta. Ele sempre tinha três dólares dobrados no bolso da frente da camisa e dava dois a quem lhe pedisse dinheiro, o que acontecia com frequência. Segundo minha mãe, meu pai fazia questão de ficar com o terceiro dólar para manter a dignidade, para que a pessoa que tinha pedido fosse embora se sentindo bem, sabendo que não havia tirado dele tudo o que tinha.

Meu pai não se preocupava com o que os outros pensavam dele. Era bom consigo mesmo, tinha clareza quanto ao próprio valor, era centrado apesar de fisicamente instável. Não sei direito como chegou a esse ponto e que tipo de lições teve que aprender ao longo do caminho, mas ele descobriu como viver sem o fardo do julgamento alheio. Essa qualidade era tão vívida nele que, eu juro, qualquer um a perceberia de longe. Isso cativava as pessoas. Vinha à tona como uma espécie de serenidade — e a serenidade que advém não do privilégio e do dinheiro, mas de algo diferente. Era serenidade apesar da luta. Serenidade apesar das incertezas. Era uma serenidade que vinha de dentro.

Ela o tornava perceptível, visível da forma certa.

Meu pai não deixava que as injustiças do mundo o arruinassem como haviam arruinado seu pai. Creio que foi uma escolha deliberada. Era outro exemplo do que ele poderia fazer *apesar* das circunstâncias. Já tinha sido muito exposto a injustiças: nascido durante a Grande Depressão, tinha cinco anos quando o pai desaparecera para lutar na Segunda Guerra Mundial. Não conseguira cursar uma faculdade. Tinha enfrentado políticas de moradia e educação excludentes, o assassinato de alguns de seus heróis e o surgimento de uma doença incurável, incapacitante. Observando seu pai — meu avô Dandy —, percebeu que o medo estabelecia limitações e que o amargor custava caro.

Portanto meu pai seguiu o caminho contrário. Não deixava que nada disso lhe entrasse na alma. Fazia questão de não se apegar à dor ou à vergonha, ciente de que não tinham serventia, notando que havia certa força em ser capaz de ignorar certas coisas, de deixar certos momentos para lá. Compreendia que a injustiça existia, mas não se deixava abater por causa dela, já que, de modo geral, não tinha como controlá-la.

Ele preferiu ensinar aos filhos que fossem curiosos quanto às engrenagens do mundo, nos educando sobre questões de igualdade e justiça, sentando-se à mesa e respondendo nossas perguntas sobre as leis de segregação e as revoltas que varreram o West Side de Chicago depois que Martin Luther King Jr. foi baleado. Em dias de eleição, fazia questão de nos levar à zona eleitoral que ficava no subsolo da igreja em frente à nossa escola fundamental, para que víssemos como era legal votar. Aos domingos, fazia passeios de carro comigo e com Craig para nos mostrar o pedaço do South Side onde afro-americanos mais ricos viviam. Queria que tivéssemos uma imagem clara da diferença que a formação universitária poderia fazer, um motivo para que continuássemos na escola e mantivéssemos a mente aberta. Era como se nos levasse ao pé de uma montanha e apontasse para o cume. Era seu jeito de dizer: *vocês podem chegar lá, ainda que eu não possa.*

Com seu espírito lúcido, meu pai enxergava além de qualquer espelho que o mundo mostrasse a ele, escapava de todas as maneiras de se sentir inútil ou invisível, o que bem poderia ter acontecido com um operário preto que andava de muletas. Não se concentrou em quem não era ou no que não tinha. Ele media o próprio valor segundo quem era e o que tinha — amor, comunhão, comida na geladeira, dois filhos altos e barulhentos, amigos batendo à porta. Via essas coisas como provas de sucesso e como motivos para seguir em frente. Eram indícios de que ele era importante.

A forma como nos enxergamos é tudo. É nossa base, é o ponto de partida para mudarmos o mundo que nos cerca. Aprendi isso com ele. A visibilidade de meu pai me ajudou a encontrar a minha.

Ninguém pode fazer você se sentir mal quando você se sente bem consigo mesmo. Levei anos para incorporar totalmente a máxima de meu pai à minha vida. Fui adquirindo autoconfiança aos poucos, aos trancos e barrancos. Devagarinho fui aprendendo a ostentar minha diferença com orgulho.

Comecei, em certa medida, pela aceitação. Em algum momento da escola fundamental, me acostumei a ser a menina mais alta da sala. Porque, sério, que alternativa eu tinha? Mais tarde, na faculdade, tive que me adaptar a ser uma "única" nas minhas classes e nos eventos do campus. De novo: não tinha alternativa. Com o tempo, me habituei a frequentar ambientes em que homens eram mais numerosos do que mulheres e geralmente dominavam os discursos. Era simplesmente assim e ponto. E comecei a me dar conta de que, se quisesse mudar a dinâmica desses lugares — para mim mesma e para quem viesse depois, de modo a abrir mais espaço para as diferenças e ampliar a definição de quem se encaixava neles —, precisava primeiro me estabelecer, solidificar meu orgulho. Aprendi a não esconder quem eu era e a me orgulhar de quem eu era.

Não podia ser derrotada logo de cara nem evitar situações que seria mais fácil evitar. Precisava sentir um grau confortável de medo. A não ser que fosse desistir, precisava seguir adiante. A vida de meu pai também era uma lição prática nesse quesito: temos que encarar o que temos para hoje e continuar a caminhada. A gente encontra nossas ferramentas, se adapta quando necessário e prossegue. A gente persevera, entendendo que existem montes de "apesares".

Meu temperamento é diferente do de meu pai sob alguns aspectos. Sou menos tolerante. Tendo a exprimir minhas opiniões com mais veemência. Não consigo ignorar as injustiças como ele as ignorava, nem acho que isso deva ser uma meta. Mas aprendi com ele de onde vem a verdadeira estabilidade: de dentro. E a estabilidade, segundo descobri, vira o trampolim do qual pulamos rumo a uma vida mais grandiosa.

Até certo ponto, vendo a serenidade de meu pai diante da diferença, a dignidade com que se portava em quase todos os ambientes onde entrava, comecei a entender o que funcionava para afastar o medo da minha cabeça e me permitia exigir meus direitos nas situações em que me via. Percebi que havia algo que eu *poderia* escolher, que eu *poderia* controlar: o que eu dizia a mim mesma em momentos incômodos — as mensagens que eu deixava que invadissem minha mente sempre que pisava em um novo campo de força, sempre que atravessava um salão cheio de estranhos e sentia aquela fisgada me dizendo que ali não era o meu lugar ou que eu estava sendo julgada.

Fossem quais fossem os sinais nesses ambientes — se as pessoas me consideravam diferente, se achavam que eu não tinha o direito de estar ali ou viam algum problema nisso, ainda que minha percepção fosse inconsciente ou involuntária —, eu não deixava esses sinais entrarem na minha cabeça. Era uma opção que eu tinha. Podia deixar que minha própria vida, meus próprios atos, representassem minha verdade. Podia continuar dando as caras e continuar trabalhando. Aquele veneno não era meu.

Aprendi que podia preencher a minha diferença com sensações melhores. Era útil fazer isso ao entrar em um ambiente novo; era como desencurvar os ombros emocionalmente. Tirava um segundo para lembrar a mim mesma do que, dentro das paredes de minha casa, sob o abrigo de minhas amizades, eu já sabia ser verdade. Minha validação vinha de dentro. E me ajudava a ser firme ao entrar em um ambiente novo.

Na minha cabeça, em tempo real, em benefício próprio, eu podia reescrever a história da desimportância:

Eu sou alta e isso é bom.
Eu sou mulher e isso é bom.
Eu sou preta e isso é bom.
Sou eu mesma e isso é ótimo.

Quando começamos a reescrever a história da desimportância, começamos a encontrar um novo centro. Nos afastamos dos espelhos alheios e nos apropriamos de nossas experiências, de nosso lugar de conhecimento. Ficamos mais aptos a nos apegarmos ao orgulho e mais preparados para atropelar todos os "apesares". Isso não tira os obstáculos do caminho, mas descobri que faz com que diminuam de tamanho. Nos ajuda a contar nossas vitórias, até as menores, e saber que estamos indo bem.

Esta, eu acredito, é a raiz da verdadeira autoconfiança. A partir dela, podemos caminhar rumo a mais visibilidade, mais capacidade de agir e de criar uma mudança mais profunda. Não é algo que se conquiste em uma, duas ou mesmo em uma dezena de tentativas. É necessário empenho para remover a si mesmo dos espelhos alheios. É necessário prática para armazenar as mensagens corretas dentro da cabeça.

Também é de grande valia entender por que isso é tão difícil. Somos chamados a escrever nosso próprio roteiro sobre camadas e mais camadas de histórias já escritas. Temos que tentar impor nossa verdade a narrativas que há muito tempo sugerem que não nos encaixamos, não nos adequamos, ou nem sequer somos percebidos. Essas histórias foram consagradas pela tradição e cimentadas no cotidiano. Em muitos casos, tornaram-se o pano de fundo dos nossos dias. Sem querer, moldam o conceito que formamos de nós mesmos e dos outros. Pretendem nos dizer quem interessa menos e quem interessa mais, quem é forte e quem é fraco. Têm heróis ungidos e normas estabelecidas: *São esses aqui que importam. Sucesso é isto aqui. É esta a cara que os médicos têm, que os cientistas têm, que as mães têm, que os senadores têm, que os criminosos têm. É esta a cara da vitória.*

Crescemos sob a bandeira dos Estados Confederados flutuando diante da assembleia legislativa. Brincamos em praças públicas com homenagens em bronze a senhores de escravizados. Aprendemos a história do nosso país pelo cânone quase exclusivo da branquitude. Por essas razões, todos temos essas histórias dentro de nós. Há pouco tempo, ao financiar um estudo dos monumentos espalhados pelos Estados Unidos, a Mellon Foundation descobriu que a grande maioria homenageia homens brancos; metade eram escravocratas e 40% já nasceram ricos. Pretos e indígenas são apenas 10%; mulheres, 6%. Estátuas de sereias são mais numerosas do que estátuas de congressistas mulheres, na proporção de onze para uma.[12]

Vou repetir: é complicado sonhar com o que não é visível. Não dá para batalhar por algo que não enxergamos. É preciso tanto coragem como persistência para se reescrever a história da desimportância. Por mais desanimador que seja, existe gente neste mundo que fica mais à vontade ou se sente mais poderosa quando os outros são isolados, humilhados ou mal acolhidos. Alegram-se em diminuir as pessoas. A visibilidade está no âmago de muitos de nossos debates cívicos mais correntes e belicosos. Enquanto legislaturas estaduais discutem se devem proibir professores de debater o racismo sistêmico em escolas públicas, enquanto conselhos escolares votam para retirar livros sobre o Holocausto, sobre racismo ou sobre pessoas LGBTQIAPN+ das bibliotecas escolares, precisamos ficar atentos a quais histórias estão sendo contadas e quais estão sendo apagadas. É uma batalha a respeito de quem importa, quem vai ser visto.

Somos um país jovem dominado por narrativas antigas. Como muitas dessas histórias foram veneradas, repetidas à exaustão e jamais contestadas, mal as entendemos como histórias: nós as internalizamos como verdades. Esquecemos de nos esforçar para decifrá-las.

Quando meu irmão, Craig, completou doze anos, por exemplo, ficou grande demais para a bicicleta dele. Estava crescendo tão rápido que a bicicleta antiga — feita para crianças — já não acomodava seu corpo esguio, mesmo com o selim levantado no máximo. Então meus pais saíram para comprar uma bicicleta de adulto para ele, uma bem amarela de dez marchas que acharam na liquidação da loja de departamentos Goldblatt's. Craig ficou encantado com a bicicleta nova. Pedalava feito um rei, orgulhoso daquele presente, empolgado por caber tão bem nela. Até que uma tarde pedalou até o parque à beira do lago, não muito longe de casa, e foi prontamente parado por um policial, que o acusou de tê-la roubado.

Por quê? Porque era um garoto preto com uma bicicleta bacana. Era evidente que isso não condizia com o que o policial pensava de garotos pretos e do tipo de bicicleta que usavam — apesar de também ser preto. Ele havia assimilado certa história como verdadeira, incorporando o estereótipo que o obrigava a separar um garoto de sua bicicleta e de seu orgulho. (Mais tarde o homem pediu desculpas, mas só depois de levar um grande sermão de nossa mãe.)

A mensagem que o policial transmitiu ao meu irmão era tão clara quanto comum:

Eu não acho que você tem o direito de ter o que tem.
Eu duvido que esse objeto de que você tanto se orgulha seja seu.

É justamente o tipo de desconfiança que muitos de nós percebem nos olhares alheios quando estamos em um ambiente desconhecido, quando vivenciamos a dinâmica de um novo campo de força. Detectamos a ideia de que somos vistos como intrusos, de que nosso orgulho exige comprovação extra. Essas são as narrativas que só nos resta reescrever, não só por nós mesmos, mas por um mundo que se recusa a nos aceitar.

Stacey Abrams, política e ativista pelo direito ao voto, conta que, após ser nomeada oradora de sua turma no ensino médio, em 1991, ela foi convidada a se encontrar com outros oradores de seu estado natal, Georgia, em uma recepção na mansão do governador, em Atlanta.[13] A ideia era comemorar o sucesso deles como estudantes. Animada com a oportunidade, ela e os pais vestiram suas melhores roupas e foram de ônibus de Decatur, a cidadezinha próxima de onde moravam, até Buckhead, o bairro arborizado e luxuoso onde ficava a mansão. Desceram do ônibus, atravessaram parte da entrada da garagem e foram parados por um segurança, que deu uma olhada neles e disse: "É um evento privado. O lugar de vocês não é aqui".

Uma família negra chegando de ônibus intermunicipal, pobre demais para ter carro, não condizia com a ideia que o segurança tinha a respeito de quem seria convidado a interagir com o governador.

A mensagem era conhecida: *Eu não acho que vocês têm o direito de ter o que têm. Vocês chamam atenção; vocês não são importantes.*

Para a sorte de Stacey Abrams, os pais dela não toleraram aquele absurdo. A mãe, ela relembra, segurou-a pelo braço para impedi-la de dar meia-volta e correr para o ônibus. O pai começou a discutir com o segurança. A família acabou conseguindo entrar na recepção — depois de forçar o sujeito a procurar em sua prancheta e achar o nome de Stacey no alto da lista de convidados, em ordem alfabética de sobrenome —, mas o mal já estava feito, uma gota de veneno havia escapado: uma jovem tinha sido apartada de seu orgulho, e isso estragaria a experiência toda.

"Não me lembro de ter me encontrado com o governador da Georgia nem com os outros oradores de classe", Abrams disse ao *The New York Times* anos depois. "Só me lembro do homem na entrada falando que meu lugar não era ali."[14]

Essas mensagens têm o poder de destruir, sobretudo quando transmitidas a um jovem cuja personalidade está ainda em formação, e sobretudo quando enunciadas por alguém em cargo de autoridade em um momento no qual a pessoa está se sentindo à vontade, orgulhosa. Aqueles que transmitem essas mensagens tornam-se quase inesquecíveis. Nos assombram feito fantasmas. Quantos de nós não mantemos um monólogo com alguém que nos humilhou ou diminuiu décadas atrás? Quantos não continuamos respondendo silenciosamente àquela pessoa que tentou nos apagar de um lugar onde tentávamos chegar? Voltamos inúmeras vezes a esses portões, contando e recontando a história a nós mesmos, nos esforçando para resgatar nosso orgulho. Em *Minha história*, escrevi que minha orientadora educacional no ensino médio rechaçou minhas aspirações, em tom casual, dez minutos depois de me conhecer, ao sugerir que eu não devia me dar ao trabalho de tentar estudar em Princeton. Do ponto de vista dela, eu não fazia "o tipo de Princeton".

Fiquei magoada e brava, devastada não só por suas palavras, mas também pela indiferença e pela rapidez com que foram ditas. Ela olhou para mim, me avaliou e não viu minha luz. Ou pelo menos foi como me senti. Meu caminho dali em diante seria moldado, pelo menos em parte, por aquele comentário — uma frase improvisada, pronunciada por uma desconhecida.

É essa a força que as mensagens podem ter, e é por isso que temos que prestar muita atenção a como as emitimos e a como as recebemos. É natural que as crianças queiram que os outros percebam a luz que têm. Elas almejam isso. Crescem com isso. E se são forçadas a se sentir invisíveis, não raro procuram outras formas, menos produtivas, de serem vistas. Elas põem para fora a escuridão que lhes restou. Penso nisso ao ler histórias de jovens que se envolvem com o crime e o caos. Se as crianças não ganham a oportunidade de demonstrar orgulho, não terão motivo algum para respeitar os espaços onde estão ou as autoridades que as empurraram para as margens da sociedade. É mais fácil destruir algo que não nos pertence.

Graças sobretudo a outros adultos mais solidários que encontrei ao longo da vida, consegui transformar a mágoa com o comentário da orientadora em combustível. Fiquei triplamente motivada a mostrar que ela estava errada. Minha vida se tornou uma resposta: *seus limites não são os meus*. Até hoje, não sinto gratidão alguma por ela, mas consegui, como reação à sua indiferença, descobrir algo dentro de mim, uma determinação. Me propus a tentar criar uma vida que fosse maior e mais preenchida por objetivos do que ela teria imaginado para mim, caso eu tivesse lhe dado o poder de ditar qual era o meu lugar. As baixas expectativas dela sobre mim se tornaram parte do meu *"apesar"*.

É possível que o segurança que parou Stacey Abrams no portão da mansão do governador tenha voltado para casa depois do expediente, jantado com a família e nunca mais pensado nela. Mas Stacey, é claro, jamais se esqueceu dele. Ele e sua mensagem de não pertencimento a acompanharam quando ela começou a faculdade, fez mestrado e doutorado, escreveu uma dúzia de livros e lançou uma das campanhas mais bem-sucedidas da história pela mobilização de eleitores. E sem dúvida a acompanharam nas duas vezes em que se candidatou ao governo da Georgia, na esperança de escancarar aqueles portões. Aquele homem é parte do *apesar* dela.

Stacey Abrams ainda fala sobre o episódio com o segurança, analisando-o primeiro através da lente do que isso solidificou nela: sua imensa determinação.

"Passei a minha vida provando que ele estava errado, conscientemente ou não", ela já disse. "Mas a questão não era ele. Não era o que ele viu ou não viu em mim. Era quem eu sou e quem pretendo ser."[15]

Imagino que, para ela, o segurança continue empoleirado na entrada, assim como minha orientadora educacional estará sentada para sempre à mesa na minha mente. Eles vivem em silêncio, nas margens dos nossos pensamentos, junto com todos os nossos *apesares* — encolhidos diante de nossa excelência, das respostas que demos. Serão lembrados apenas pelo que não conseguiram realizar. Apenas pelo desejo de superação que despertaram em nós.

Eles viraram figurantes em nossas histórias mais abrangentes e mais interessantes a respeito de quem está no lugar certo. O único poder que têm, no final das contas, é de nos lembrar por que persistimos.

Parte dois

Somos mútua
colheita:
somos mútua
alçada:
somos mútuo
laço e grandeza.

— GWENDOLYN BROOKS,[1]
EXTRAÍDO DE "PAUL ROBESON"

Minhas amigas e eu contamos umas com as outras
para obter força, consolo e alegria.

5. Minha Mesa da Cozinha

Não sou de tratar a amizade de modo leviano. Trato com muita seriedade essa história de fazer amizades, e com mais seriedade ainda procuro mantê-las. Minhas amigas às vezes dizem, brincando, que até pareço uma instrutora militar quando se trata de preservar nossos laços. Comentam isso de maneira afetuosa e, de vez em quando, com certo ar de cansaço. Entendo. Aceito o afeto e o cansaço delas. De fato, posso ser enfática para garantir a proximidade com as pessoas que são importantes para mim. Sou uma organizadora efusiva de saídas em grupo, de fins de semana fora, de encontros na quadra de tênis e de passeios pelo rio Potomac. Adoro ficar na expectativa de alguma coisa, de alguma pessoa querida que estou doida para ver. Para mim, as amizades são um compromisso e uma tábua de salvação, e é assim que me agarro a elas, firme e resoluta.

Já escrevi antes que, nos anos da Casa Branca, eu ligava algumas vezes por ano para uma dúzia de amigas convidando para irem passar comigo um "fim de semana de spa" ou "uma temporada saudável" em Camp David, como eu dizia no começo. Depois que elas descobriram que eu tinha programado três sessões de malhação por dia para todas nós e vetado carne, junk food e álcool, minhas amigas logo rebatizaram nossos retiros como "Campo de Treinamento". Com o tempo, elas também começaram a insistir que, se eu quisesse mesmo que continuassem vindo e encarassem tanto exercício assim, precisaríamos forrar nosso estômago com pelo menos *um pouco* de carne, *um pouco* de doces e, definitivamente, *um pouco* de vinho. Todas nós éramos profissionais com pouquíssimo tempo livre, o que significava que, quando era para relaxar, queríamos tudo ao mesmo tempo. A maioria de nós tinha filhos em idade escolar, maridos muito ocupados, carreiras exigentes. Estávamos acostumadas a relegar o sono, o exercício, a diversão e a intimidade ao pequeno espaço apertado em torno da vida de nossos vários dependentes, com resultados decididamente desiguais. Quem consegue relaxar quando está com a cabeça cheia de perguntas idiotas e paranoicas, daquelas que pegam a gente de surpresa tarde da noite ou no meio de uma reunião de trabalho com um cliente? *Será que perdi o prazo para a inscrição no acampamento de verão? Acabou a manteiga? Quando foi a última vez que alguém deu comida para os hamsters?*

Para mim, aqueles finais de semana eram uma lufada de ar fresco, três dias para minhas amigas e eu restaurarmos nossas prioridades, mesmo que temporariamente. Para esquecermos filhos, companheiros, empregos, tarefas ainda incompletas e prazos chegando ao final. Para esquecermos os danados dos hamsters. Nós em primeiro lugar, todo o restante depois. No meu caso, o jeito mais rápido e eficiente de esquecer o estresse e me concentrar no momento presente é fazendo exercícios bem difíceis e puxados. Ou, melhor ainda, várias séries deles. Acho possível dizer que o vigor é uma de minhas Linguagens do Amor. Gosto do jeito que me sinto quando estou exigindo bastante do meu corpo. Gosto de ter amigas que curtem suar um pouco, que acham legal encontrar suas reservas interiores de força e determinação. E que depois atiram aquele corpo cansado num sofá na frente da lareira e ficam conversando até tarde da noite.

Foi o que aconteceu depois que topei liberar o vinho e os petiscos para as minhas garotas. E essa é outra coisa importante de lembrar em relação à amizade: é maluquice achar que é a gente que estabelece todas as regras. O importante era continuarmos presentes, nos vendo, com proximidade, com empenho, com tolerância e mesmo com cansaço. Para mim, tudo se resume a se fazer presente.

Tenho a maior certeza de que iremos mais longe na vida se tivermos pelo menos dois amigos próximos, pessoas com quem podemos contar e que contam conosco de maneira explícita e confiável. Isso ficou muito claro para mim naqueles anos em Princeton, quando aprendi a importância de ter uma rede de apoio oferecendo proteção emocional, bom humor e energia coletiva que eu absorvia e levava comigo nas lutas diárias da vida de estudante.

Mais tarde, quando me casei com um companheiro que, por causa do trabalho, passava dias seguidos longe de casa, eram minhas amigas que me davam força, principalmente aquelas com crianças que gostavam de brincar com minhas filhas. Viramos parceiras, revezando caronas para as aulas de dança e de natação, uma cuidando das crianças da outra quando tinha de ficar até tarde no trabalho e ouvindo de coração aberto, a qualquer hora, quando alguém precisava desabafar ou estava magoada ou precisava tomar uma grande decisão. Por mais corrida e agitada que fosse minha vida, eu tinha algumas amigas pelas quais deixava minhas preocupações de lado e corria para ajudá-las nas preocupações delas. A gente se amparava, e a coisa ficava mais tranquila para todas. A mensagem entre nós era sempre: *Te entendo. Estou com você.*

Descobri também que as amizades próximas me ajudavam a atenuar a pressão do casamento. Barack e eu nunca nos propusemos ser "tudo" na vida um do outro — carregar sozinho ou sozinha a carga de atenção que todos nós buscamos. Não espero que ele queira ouvir cada coisa ou cada pensamento que me ocorre, ou que vá examinar comigo todas as minhas preocupações, ou que vá ser o responsável exclusivo por minha felicidade ou meu divertimento cotidiano. E nem eu quero ter de fazer tudo isso por ele. O que a gente faz é dividir a carga. Temos outras formas de amparo e desafogo emocional. Nós nos apoiamos num grande leque de amizades — algumas dele, algumas minhas, algumas de ambos — e fazemos de tudo para apoiá-las também.

Creio que esse meu apreço pela amizade se intensificou ainda mais na época em que cheguei a Washington, no começo de 2009 — um período em que me sentia especialmente pressionada e precisei exaurir minhas reservas de força. Barack tinha sido eleito presidente e, em nove semanas, empacotamos nossas coisas em Chicago, tiramos Sasha e Malia da escola e nos mudamos para a capital, onde eu não conhecia praticamente ninguém. Passamos os primeiros quinze dias antes da posse num hotel, enquanto as meninas se adaptavam à nova escola e Barack trabalhava 24 horas por dia para montar sua equipe de governo. Eu tomava dezenas de decisões por dia sobre um futuro que ainda mal conseguia imaginar — desde o tipo de colcha e talher que íamos usar na Casa Branca até a contratação de uma equipe para meu escritório na Ala Leste. Tínhamos também decidido receber cerca de 150 convidados do nosso círculo pessoal na cerimônia de posse — amigos, parentes e um monte de crianças —, e era preciso organizar itinerários, ingressos para eventos e local de hospedagem para todos eles.

Desse período, o que mais ficou marcado na minha memória foi uma nova aura estranha em tudo, a sensação de que muitas coisas de nossa vida anterior estavam sendo substituídas com enorme rapidez. Era uma cidade nova, um monte de gente nova, uma vida nova com tarefas novas. Meus dias viraram uma mistura surreal entre o prosaico e o extraordinário, entre o prático e o histórico. Precisávamos de uma caixa de lápis para Sasha e de um vestido de baile para mim. Precisávamos de um suporte para escovas de dentes e de um pacote de recuperação econômica. E logo percebi que realmente precisaríamos de nossos amigos.

Fiquei feliz que tantos deles viessem a Washington para participar da celebração e presenciar aquilo que, para o país, era a transferência do poder político, mas, para mim, era também a transferência angustiante de uma vida, de uma maneira de ser para outra. Precisava ter minhas próprias testemunhas, amigos que se alegrariam com a glória do dia e tudo o que aquilo significava em termos de igualdade e progresso e em termos do trabalho árduo de meu marido, *e que também* viriam me ver depois, me dariam um abraço apertado, sabendo muito bem a falta que eu sentiria da minha vida anterior. Minha amiga Elizabeth estava chegando de New Haven. Minha amiga Verna, da faculdade de direito, vinha de Cincinatti. Minha amiga Kelly, leal companheira durante a gravidez e dos primeiros tempos de maternidade, tinha se mudado um ano antes para Washington e viria com um grande grupo de outras amigas de Chicago. Todas ficaram na maior correria para comprar roupas e organizar planos em conjunto. Eu tinha providenciado que todas tivessem assento perto do palco do discurso de posse, consciente de que ia ficar nervosa e queria sentir a presença e o apoio delas, mesmo sem saber direito para onde olhar nem como encontrá-las entre a multidão. O importante era que estivessem lá, quase como passarinhos nas árvores.

Ao me mudar para a Casa Branca, levei comigo essa preocupação, sutil e mesmo assim persistente, de que minhas amizades nunca mais seriam as mesmas. Achava que todas as relações importantes para a nossa família estavam vulneráveis e mudariam devido à estranha atmosfera de pompa e circunstância que agora nos cercava, à brusca alteração na forma como nos viam. Estava preocupada com Sasha e Malia; será que conseguiriam se relacionar com outras crianças agora que iriam a todas as aulas, a todos os treinos de futebol e a todas as festas de aniversário acompanhadas por agentes do Serviço Secreto? Não tinha muita certeza se Barack encontraria tempo para uma vida social entre todas as crises de extrema urgência com que estava lidando. E quanto a mim, eu me perguntava como conseguiria manter próximas minhas amigas em meio a todo esse corre-corre e esquemas de segurança, ao mesmo tempo abrindo espaço pelo menos para algumas amizades novas.

Até então, minhas amizades da idade adulta, em sua maioria, tinham se consolidado ao longo do tempo, muitas vezes de maneira fortuita, em combinações variadas e não raro arbitrárias entre acaso, geografia e interesses comuns. Eu tinha conhecido minha amiga Sandy quando começamos a bater papo num salão de cabeleireira no centro de Chicago, nós duas grávidas. Tinha conhecido Kelly no trabalho, mas foi só mais tarde, por nossos bebês terem nascido na mesma época, que começamos a manter um contato mais regular. Minha amiga Anita, obstetra e ginecologista, tinha feito o parto de minhas meninas, mas nos aproximamos quando nossos maridos começaram a jogar basquete juntos com frequência. A questão é que novas amizades brotavam de repente como margaridas em minha vida e eu me empenhava em cultivá-las. Se encontrava alguém que parecia interessante, fosse no trabalho, numa festa, na cabeleireira ou, como era cada vez mais comum, por intermédio de minhas meninas e de suas atividades, geralmente eu fazia questão de dar andamento àquele novo contato, pegando o número do telefone ou o e-mail da pessoa, sugerindo de tomarmos um café alguma hora ou nos encontrarmos num parquinho.

Hoje em dia, quando converso com os jovens, muitas vezes identifico receio ou dúvida justamente nesse momento de uma nova amizade — aquele ponto de inflexão em que a gente passa de *Legal te conhecer* para *Ei, vamos combinar alguma coisa*. Dizem que parece esquisito e inconveniente correr atrás de uma possível amizade, convidar a pessoa para tomar um café ou se encontrar fora do trabalho ou da escola, ou ver ao vivo alguém que só conhecem on-line. Ficam preocupados, achando que vão parecer carentes demais, dar a impressão de ser chatos ou desesperados. Por receio da rejeição, têm medo de se arriscar. Assim — o que não é de admirar —, seus receios se tornam seus limites. E os números parecem comprovar que esses limites são reais. Segundo uma pesquisa de 2021, um terço dos americanos adultos declararam ter menos de três amigos próximos. E 12% disseram que não têm nenhum amigo.[2]

Depois de ser nomeado por Barack como cirurgião-chefe dos Estados Unidos em 2014, uma das primeiras coisas que o dr. Vivek Murthy fez foi percorrer o país pedindo que os americanos falassem sobre suas condições de saúde e bem-estar. O que mais o impressionou foi a solidão que as pessoas relatavam. "Homens, mulheres, crianças. Profissionais altamente qualificados. Comerciantes. Trabalhadores com salário mínimo. Nenhum grupo, por mais instruído, abastado ou realizado, parecia incólume", escreveu Murthy em seu livro *O poder curativo das relações humanas: A importância dos relacionamentos em um mundo cada vez mais solitário*, de 2020, lançado logo que veio a pandemia.[3] Mesmo antes de o coronavírus desferir um golpe devastador em nossos padrões de amizade e sociabilidade, os americanos já vinham sistematicamente declarando que o que faltava em suas vidas era um senso de pertencimento, a simples sensação de se sentirem "à vontade" com outras pessoas.

Somos tantos querendo uma sensação de lar... Entendo que não é fácil encontrá-la. Murthy (que reassumiu o posto de cirurgião-chefe no governo do presidente Biden) também constatou que as pessoas tendem a ficar envergonhadas e constrangidas em reconhecer sua solidão, principalmente em uma cultura na qual a autossuficiência é considerada uma virtude nacional.[4] Não queremos parecer carentes ou inadequados, nem admitir que nos sentimos excluídos. E, apesar disso, muitos de nós nos rendemos a redes criadas para enviar precisamente essa mensagem; basta abrir o Instagram e ver: todo mundo sabe como ser feliz, amado, bem-sucedido — menos você.

Estabelecer uma ligação genuína com outra pessoa de fato ajuda a combater tudo isso. E aqui não me refiro a fazer "amigos" de Instagram ou Facebook, mas a relações ao vivo, olho no olho, na vida real. São elas que nos convidam à vida concreta dos outros, não só a existência filtrada e rebocada que costumamos encontrar on-line. Numa amizade verdadeira, a gente remove os filtros. Minhas amigas reais sabem como é minha cara sem maquiagem, sob uma luz desfavorável e ângulos pouco lisonjeiros. Elas me veem desarrumada. Provavelmente conhecem até o cheiro de meu chulé. Porém, o mais importante é que conhecem meus sentimentos mais autênticos, meu eu mais verdadeiro, e eu conheço os delas.

Lendo as estatísticas, comecei a me perguntar se, como cultura, perdemos a prática de desenvolver e usar certas habilidades em relação à amizade. É claro que a pandemia não ajudou, mas talvez o buraco seja mais embaixo.

Penso em quantas de nós, inclusive eu mesma, criamos nossos filhos com as melhores intenções, mas também um pouco ansiosas em relação a oferecer a eles o suficiente. Organizamos todos os horários para brincarem, entupimos a agenda da meninada com um monte de atividades estruturadas — esportes, aulas, apoio educacional, tudo o que a gente consegue encontrar e cabe no bolso —, mas, fazendo isso, mesmo imaginando que seja para a segurança deles, nós os afastamos de situações mais descontraídas, mais improvisadas, em que poderiam vir a lidar com um leque ampliado de ferramentas sociais.

Se você, quando era criança, dispunha de tempo livre e podia correr pelo bairro com outras crianças, então provavelmente sabe do que estou falando. A maioria das pessoas da minha geração cresceu em comunidades um pouco mais parecidas com o Velho Oeste, onde eram as crianças que faziam seus próprios amigos, criavam suas próprias alianças, resolviam seus próprios conflitos e conquistavam suas próprias vitórias. Tudo isso sem regras claras. Tudo isso sem adultos supervisionando e influenciando as interações, sem ninguém entregando um troféu só porque você apareceu. Esse ambiente às vezes pode ficar meio confuso, mas é também onde ocorre o aprendizado. As experiências nem sempre são agradáveis ou recompensadoras — não como as aulas de piano ou o caratê —, mas acho que fazem parte de algo que esquecemos: o desconforto ensina. A ausência de recompensa ensina. Lidar com isso nos dá prática na vida, ajudando-nos a entender quem somos quando estamos sob alguma pressão. Na falta desse instrumento em nossa caixa de ferramentas, fica mais difícil se mover no mundo adulto e na dança complicada da amizade.

É por isso que precisamos continuar a praticar a arte de nos abrir e nos ligar aos outros. O fato é que iniciar uma amizade inclui correr um risco, o que, evidentemente, significa engolir um leve medo. Pelo menos no começo, a amizade pode ser uma aposta emocional — bem parecida com um namoro. Para dar certo, precisamos mostrar algo de nós mesmos. E, quando nos mostramos, nos expomos a ser julgados ou até rejeitados. Também precisamos estar preparados para a possibilidade de que afinal, por alguma razão, não role uma amizade com aquela pessoa.

Toda amizade tem um ponto de ignição. Ela supõe necessariamente que uma pessoa se sinta curiosa em relação a outra e demonstre essa curiosidade de modo deliberado — isso é algo que nunca devemos ter vergonha de fazer. Dizer *Estou curiosa a seu respeito* é uma forma de alegria, e a alegria, como já falamos, vivifica. Sim, claro, pode ser esquisito dizer já na primeira vez que a gente vai ficar contente em rever a pessoa caso alguma hora ela queira tomar um café ou talvez aparecer na nossa festa de aniversário, mas, se ela *realmente* aparece e a gente *realmente* fica contente, o presente é mútuo. Encontramos a luz em outra pessoa, criamos algo novo em conjunto. Construímos um senso de lar.

Vou contar um caso engraçado. Um de meus primeiros contatos com minha amiga Denielle foi no acesso para veículos da Casa Branca, quando ela veio pegar a filha Olivia, que tinha vindo brincar com Sasha. Nossas duas meninas estavam naquelas fases iniciais de uma nova amizade, levemente encabuladas, começando a se conhecer na escola e no mesmo time de basquete recreativo. Eu também tinha notado Denielle no outro lado da sala em dois eventos da escola, percebendo que ela ficava mais isolada, e, para ser sincera, gostei que ela não demonstrasse grande interesse em me conhecer.

Além de ser nova em Washington, uma estranha entre estranhos, eu também tentava me acostumar à ideia de que, como primeira-dama, havia me tornado objeto de profundo interesse dos outros. Minha presença tendia a mudar a dinâmica de um ambiente, não por causa de quem eu era, mas do *que* eu era. Por isso minha tendência era me interessar um pouco menos pelas pessoas que se aproximavam sequiosamente de mim e um pouco mais por aquelas que se mantinham distantes.

Naquela altura, de todo modo, meus principais interesses sociais ainda se concentravam basicamente em nossas filhas. Fiquei entusiasmada quando Sasha quis convidar Olivia e duas outras meninas para passarem um sábado correndo pela casa e depois assistindo a um filme na sala de cinema da residência. Eu tinha passado boa parte da manhã fingindo fazer outras coisas, rodeando em silêncio a área onde estavam brincando, me emocionando a cada vez que ouvia uma risada vindo do quarto de Sasha. Depois de meses lidando com os detalhes da nossa transição para a Casa Branca, era um alívio enorme. Um sinal de normalidade, uma espécie de momento decisivo para nossa família: *estávamos com amigos em casa*.

Enquanto isso, Denielle tinha lidado com suas próprias tarefas. Um de meus assistentes lhe enviara um e-mail com instruções detalhadas para trazer e vir buscar a filha no dia marcado. E pedira a ela, como se pedia a todos os visitantes, que informasse com alguns dias de antecedência seu número da seguridade social e a placa do carro, para que o Serviço Secreto liberasse sua entrada na área. O mero ato de levar uma criança até a porta de nossa casa constituía todo um processo. E, felizmente, Denielle estava levando numa boa, como se o fato de sua filha que estava no ensino fundamental ter sido convidada para correr pela residência do presidente num sábado não fosse nada de mais. Mas claro que era. Anos depois, quando podíamos rir disso, Denielle me contou que, sabendo que viria com o carro da família pela majestosa aleia de acesso que circunda o Gramado Sul da Casa Branca, ela mandou lavar o carro. Também foi ao salão fazer o cabelo. E as unhas. Pouco importava que, seguindo as instruções, ela não fosse pôr o pé fora do carro.

Essa era outra faceta estranha de nossa nova vida como Primeira Família: as pessoas se sentiam compelidas a se adequar ao glamour do ambiente que nos rodeava. Fiquei constrangida que alguém pensasse que precisaria se arrumar por nossa causa. Entendi, mas não gostei que o fato de aparecer em minha casa, de simplesmente *ir de carro* até minha casa, deixasse alguém estressado. Mas era assim, uma família de gente até então comum de Chicago agora morando num palácio de 132 aposentos, cercada por seguranças. Não éramos propriamente acessíveis. Pouca coisa era informal e absolutamente nada era arbitrário. Eu ainda tentava me adaptar, ainda me debatia para ver como traria o máximo possível de vida real à nossa vida, e aí, no final daquele dia de brincadeiras, resolvi descer com a pequena Olivia e cumprimentar a mãe dela.

Em certa medida, era uma quebra do protocolo, pois normalmente é um porteiro da Casa Branca que acompanha a entrada e a saída dos visitantes na residência. Mas eu também tinha minha versão pessoal de normalidade, que incluía encerrar o dia de brincadeiras cumprimentando o pai ou a mãe da criança e informando como tinham corrido as coisas. Pouco me importava se eu era a primeira-dama; era a coisa certa a fazer. E assim fiz. Com alguma surpresa, eu estava descobrindo que sempre que decidia alterar o protocolo as pessoas se apressavam em se adequar aos meus desejos, mesmo que isso pudesse criar certo alvoroço. Dava para notar nos sussurros apressados em volta de mim, nos agentes do Serviço Secreto falando em seus microfones de pulso, nos passos que se aceleravam atrás de mim quando eu virava numa direção inesperada.

Naquele dia, saindo ao sol com Olivia, vi Denielle sentada dentro do carro recém-lavado e todo polido, tentando entender o que se passava, quando uma Equipe de Contra-Ataque do Serviço Secreto se materializou do nada e se posicionou em volta do veículo.

Isso também era protocolar. Sempre que Barack ou eu saíamos do edifício, essas equipes entravam em alerta máximo.

"Ei!", gritei, gesticulando para que ela saísse do carro.

Denielle ficou imóvel por um instante, olhando fixamente os guardas com escudo e uniforme preto de combate — pensando nos seguranças da entrada que a haviam instruído firme e expressamente a "se manter sempre dentro do veículo, senhora" — e então, devagar, muito devagar, abriu a porta do carro e saiu.

Pelo que me lembro, nós duas conversamos apenas durante alguns minutos. Mas foi o que bastou para me dar uma ideia do que seria ter Denielle como amiga. Tinha grandes olhos castanhos e um sorriso meigo. Tratando de ignorar toda aquela esquisitice em torno de nós, ela perguntou como tinha sido o dia das meninas. Falou um pouco sobre a escola delas e sobre seu trabalho em uma emissora pública. Depois de checar se o cinto de segurança de Olivia estava travado, ela entrou no carro, acenou e foi embora, me deixando feliz e curiosa.

Ora, ora, vejam só, brotara mais uma margarida.

Passei a me sentar ao lado de Denielle quando ia às partidas de basquete das meninas, e algum tempo depois convidei-a para passarmos algum tempo juntas. Mesmo sendo primeira-dama, mesmo tendo mordomos servindo o almoço para a nova amiga, ainda preciso lidar com essa fase inicial meio embaraçosa de conhecer outra pessoa. Para mim, agora que morávamos na Casa Branca, havia também um novo problema: tinha de me preocupar com as fofocas. Eu sabia que qualquer coisa que dissesse a uma nova pessoa podia ser repassada para outras, qualquer impressão que causasse ou qualquer comentário informal que fizesse, positivo ou negativo, correto ou não, podia virar uma confusão. Era mais uma coisa que eu entendia, mas de que não gostava, nessa nova existência: minha vida privada estava em todas as bocas. Eu era uma boa mãe? Era uma primeira-dama difícil, que dava chiliques? Amava de fato meu marido?

Ele me amava de verdade? Havia sempre gente lá fora doida para ter provas de que, de certa forma, vivíamos de aparências. Isso me tornava ainda mais cautelosa na maneira de agir, no que eu mostrava e para quem. Sabia que não podia me permitir nenhum tropeço, nenhuma sombra de ambiguidade. Ainda media meus passos, sempre um pouco assustada.

Não era propriamente fácil baixar a guarda, não só com Denielle, mas com qualquer pessoa nova que entrasse em minha vida naquela época. Por outro lado, sabia o que aconteceria se não baixasse a guarda. Sabia que acabaria me sentindo isolada, um pouco paranoica, presa num lugar com visão limitada do mundo fora de minhas quatro paredes. Se não deixasse meus medos de lado, se não me abrisse a novas pessoas e a novas amizades, isso afetaria minha capacidade de me envolver de uma maneira normal na vida de minhas filhas. Não me sentiria à vontade nas festas da escola nem em jantares casuais. As pessoas não se sentiriam à vontade comigo. E se os outros não se sentissem à vontade comigo, como é que eu poderia ser efetivamente uma primeira-dama? Essa abertura me parecia ser uma parte essencial da nova função.

Pesquisas mostram que a solidão pode de fato alimentar a si mesma. Um cérebro solitário fica supersensível a ameaças sociais, levando a pessoa a se isolar ainda mais.[5] A falta de ligação com os outros nos deixa mais suscetíveis a teorias conspiratórias e supersticiosas.[6] Por sua vez, isso pode nos fazer desconfiar daqueles que não são como nós. E é claro que assim ficamos ainda mais tolhidos.

Embora me sentisse vulnerável em meu novo papel, eu estava decidida a não seguir por esse caminho. Barack e eu tínhamos conversado sobre isso, e era um objetivo não só para nós mesmos, mas também para a Casa Branca em geral: queríamos que ela permanecesse aberta o máximo possível. Queríamos convidar mais gente, e foi por isso que aumentamos a quantidade de visitas liberadas ao público, quase dobramos as dimensões da Corrida Anual de Páscoa e começamos a dar festas de Halloween e jantares oficiais para as crianças. A nosso ver, era a melhor opção.

Em minhas relações pessoais, eu ia mais devagar, embora com o mesmo intuito. Para mim, a amizade se consolida aos poucos. É quase como abaixar o vidro do carro para falar com um desconhecido. De início, conversamos só por uma fresta de alguns centímetros — com certa cautela, atentos ao que vamos dizer. Se nos sentimos seguros, se o novo amigo nos ouve, podemos abaixar o vidro mais alguns centímetros e conversar um pouco mais. E, se tudo evolui bem, abaixamos mais o vidro até ficar totalmente aberto, destravamos a porta, saímos e, de repente, entre nós só tem o ar livre.

Não sei em que momento Denielle se sentiu suficientemente à vontade para não mandar lavar o carro nem fazer o cabelo antes de vir me visitar, mas, a certa altura, nossa aparência e a impressão que causávamos uma à outra já não tinham tanta importância. Aos poucos ingressamos no mundo real, deixamos de ter entre nós um fosso de expectativa ou de nervosismo, sentadas no sofá alegres e risonhas, jogando longe os sapatos. A cada vez que nos víamos, baixávamos um pouco mais nossa guarda, no mesmo ritmo descontraído de nossas filhas enquanto passavam horas brincando com bonecas ou trepando nas árvores do Gramado Sul. Denielle e eu ríamos mais, falávamos com mais sinceridade sobre nossos sentimentos. Os riscos diminuíram. Eu não precisava mais me preocupar com o que tinha dito, fosse uma reclamação boba qualquer ou uma preocupação real e profunda.

Eu estava em segurança com ela, e ela estava em segurança comigo. Agora éramos amigas, e assim continuaríamos.

Uns dois anos atrás, Tracee Ellis Ross, atriz da série *Black-ish*, escreveu no Facebook uma homenagem emocionante a uma amiga, a editora de moda Samira Nasr. Contou como as duas se conheceram e se aproximaram quando trabalhavam juntas numa revista. Tracee tinha visto Samira no outro lado de uma sala e pensado: "O cabelo dela é parecido com o meu... Aposto que podemos ser amigas".[7] E tinha razão. Faz mais de 25 anos que não desgrudam. "Eu não teria como levar essa vida sem ela", escreveu Tracee na postagem. "Sou uma craca na vida dela."

Achei a expressão ótima. Eu costumava ver minhas amigas como margaridas e passarinhos em minha vida — iluminando meus dias —, mas essa é outra boa maneira de defini-las. Se você já esteve perto do oceano e viu esses crustáceos de concha dura e saliente grudados nas pedras do mar e no casco dos barcos, já sabe que não existe coisa mais sólida e obstinada do que uma craca. O mesmo vale para uma amiga excepcional. Se damos sorte, acabamos com pelo menos algumas cracas grudadas em nossa vida, pessoas que se tornaram firmes, vigorosas e inabaláveis, o tipo de amizade que nos aceita sem julgar, que aparece nas horas difíceis, que nos traz alegria — não só durante um semestre ou nos dois anos em que moramos na mesma cidade, mas por muitos e muitos anos. As cracas não são exibidas, o que também considero aplicável às melhores amizades. Não precisam ficar se mostrando. Não querem fazer algo que possa ser medido ou usado em proveito de outra coisa; a essência se manifesta sobretudo nos bastidores.

Minha amiga Angela é uma de minhas cracas. Nós nos conhecemos na faculdade e acabamos dividindo um dormitório, junto com nossa outra amiga, Suzanne. Angela era uma garota tagarela de Washington, com uma tremenda inteligência e as roupas mais chiques que eu tinha visto na vida. Antes dela, não conhecia muitas pretas que usassem suéter trançado cor-de-rosa da Ralph Lauren. Mas isso é o legal da faculdade: alarga as fronteiras. Põe um monte de gente nova diante de nós, modificando nossos conceitos de possibilidade, muitas vezes mostrando coisas que achávamos que não existiam ou não poderiam existir. Angela tinha uma risada sonora e o costume de levantar às 5 da manhã para estudar; depois, tirava um cochilo ao meio-dia. Aprendi com ela, e ela aprendeu comigo. Fomos monitoras juntas durante um acampamento de verão na área rural de Nova York. Comecei a passar o Dia de Ação de Graças e alguns finais de semana prolongados na casa de Angela (pois sairia muito caro ir até Chicago), observando-a em seu contexto familiar, que no fim das contas nem era tão diferente do meu. Depois da faculdade, foi a primeira entre minhas amigas a se casar e ter filhos, conciliando a maternidade e o curso de direito; vê-la se assentar como mãe — a calma e a paciência com que trocava as fraldas, alimentava e embalava os dois filhos — me ajudou a acreditar que um dia eu também conseguiria.

Com o tempo, nossa amizade ficou mais profunda e resistente — mais craca —, marcada não só pelas gargalhadas que ainda dávamos, como na época da faculdade, mas também pelas tristezas da vida — todas as nossas perdas e o que era necessário para sobreviver. Perdemos nossa colega de quarto, Suzanne, que morreu de câncer cinco anos depois de nos formarmos. Meu pai morreu não muito tempo depois. No começo de minha relação com Barack, algumas vezes o telefone tocava tarde da noite, e eu ouvia Angela suspirando no outro lado da linha. Seu casamento estava se desintegrando aos poucos, e ela precisava falar. Ela acompanhou minha luta contra a esterilidade; eu acompanhei seu divórcio. Eram muitas pressões por muitos lados, e continuamos a nos ver.

Sempre que eu começava a ficar meio para baixo na Casa Branca, via se Angela podia vir me visitar. E ela sempre aparecia, com roupas de cores alegres, uma bolsa reluzente, inabalável apesar de todo o esquema de segurança e da estranha grandiosidade da Casa Branca, já começando a tagarelar antes mesmo de passar pela porta. Ela tirava de dentro da bolsa um papel amarrotado com uma lista de todas as coisas em que tinha pensado desde a última vez que nos víramos e que agora queria comentar. Faz décadas que é assim, e nossos assuntos nunca acabam.

Angela faz parte desse círculo mais amplo de amigas que tem me apoiado nas várias fases da vida até agora, algumas mais antigas, outras mais novas — as pessoas que sempre aparecem. Em psicologia, isso às vezes recebe o nome de "comboio social", o conjunto de relações essenciais que nos acompanham ao longo do tempo, protegendo-nos de todo tipo de situação, como fazem as comboios. Nem sempre é a coisa mais fácil do mundo encontrar e manter amizades saudáveis, principalmente agora que os contatos fortuitos ficaram mais arriscados por causa da pandemia, mas os benefícios estão claramente demonstrados. As pesquisas mostram que, se temos laços sociais fortes, é provável que nossa vida seja mais longa e tenha menos estresse.[8] Os cientistas estabelecem uma relação entre um sólido sistema de apoio social e índices mais baixos de depressão, ansiedade e problemas cardíacos.[9] Está provado que mesmo pequenas interações sociais — tomar uma xícara de café na padaria ou sair para passear com o cachorro — melhoram a saúde mental e criam vínculos mais fortes dentro de uma comunidade.[10]

Não entendo bem como a amizade, ou mesmo uma mera troca de palavras com outra pessoa em três minutos tomando um café na padaria, veio a parecer um pequeno gesto de bravura. Mas é o que vem acontecendo, cada vez mais. Talvez seja porque agora andamos com uns pequenos escudos retangulares — nossos celulares — nos protegendo da sociabilidade cara a cara e também de acasos felizes. A cada vez que evitamos mesmo que uma pequenina ligação na vida real, estamos em alguma medida evitando as possibilidades. Enquanto esperamos o café, ficamos rolando as notícias na tela ou jogando Candy Crush, sem perceber nem mostrar qualquer curiosidade pelas pessoas que estão em volta. Na confeitaria ou no parque com o cachorro, mantemos os fones enfiados no ouvido e desligamos o som das pessoas, sinalizando claramente que estamos com a cabeça em outro lugar. Enquanto avançamos na vida ocupados com nossos celulares, vamos bloqueando dezenas de ocasiões miúdas, mas significativas, de estabelecer ligações reais. Excluímos a vida vibrando ao nosso redor, nos afastando do calor das outras pessoas. Se eu estivesse olhando o Twitter no celular durante minhas horas no cabeleireiro, provavelmente nunca teria falado com Sandy, que agora é uma de minhas amigas mais queridas. Se Angela tivesse aparecido em Princeton concentrada em postar no Snapchat com toda a sua turma de garotas chiques do colégio, provavelmente nunca teríamos ficado tão íntimas.

Admito, claro, que há argumentos de defesa do outro lado. Um smartphone, afinal de contas, é uma ferramenta, e a internet é apenas uma via de acesso a um universo gigantesco, praticamente infinito, de potenciais conexões. Ela apresenta novas perspectivas a muitos de nós, amplifica vozes antes não ouvidas, incentiva a colaboração e a eficiência em todos os setores da sociedade. Em seus aspectos positivos, a internet nos permite enxergar o mundo em maior profundidade, e podemos ficar a par tanto de atrocidades quanto de atos de coragem ou bondade que, do contrário, não conheceríamos. Nos oferece mais oportunidades de cobrar entidades poderosas e de sentir empatia e construir vínculos para além das fronteiras e contatando outras culturas. Tenho falado com muitas pessoas que encontraram nas comunidades on-line meios vitais de informação, apoio e afinidade, o que as ajuda a se sentirem menos solitárias.

Em termos gerais, tudo isso é maravilhoso. No entanto, mesmo com esse portal para conexões sempre zunindo e perpetuamente ao nosso alcance, continuamos solitários — talvez mais solitários do que nunca —, perdidos nessa confusão de conteúdos. Muita, muita gente tem dificuldade para saber em que e em quem acreditar.

O Barômetro de Confiança Edelman, levantamento anual que mede o sentimento público em 28 países do mundo, concluiu recentemente que a desconfiança se tornou a "emoção padrão da sociedade".[11] Enquanto isso, as redes sociais são deliberadamente construídas para nos deixar ansiosos, lançando as cabeças mais jovens e as mais brilhantes na corrida incansável por curtidas, cliques e sinais de aprovação. Isso significa que as imagens que vemos e as mensagens que recebemos muitas vezes são moldadas menos pela verdade e mais pelo tipo de reação que geram. Escândalo vende. Impulsividade diverte.

Como assinalou o psicólogo social Jonathan Haidt, de modo geral, devido ao design das redes sociais, estamos mais encenando do que criando conexões.[12] E assim somos manipulados de uma maneira que nos afasta do que há de real nas outras pessoas e, muitas vezes, do que há de mais real em nós mesmos.

O que acontece, a meu ver, é que nossos celulares não nos fornecem o tipo de dados necessário para vencermos nossa desconfiança em relação a outras pessoas e outros pontos de vista, pelo menos não por tempo suficiente. Costumo dizer que é muito mais difícil odiar ao vivo. Quando abandonamos o medo da novidade e nos abrimos aos outros, mesmo em interações rápidas e fortuitas — cumprimentar alguém no elevador, por exemplo, ou papear na fila da mercearia —, estamos praticando uma forma importante de microligação. Estamos enviando um sinalzinho de que está tudo bem entre nós, acrescentando uma pitada de cola social a um mundo que precisa desesperadamente dessa coesão.

Ao estabelecer um contato efetivo com outras pessoas, provavelmente descobriremos também que nossas diferenças não são nem de longe tão grandes quanto podíamos pensar ou certos canais da mídia ou personalidades conhecidas gostariam de nos fazer crer. Os vínculos no mundo real costumam desmentir os estereótipos. Podem, na verdade, ser profundamente tranquilizadores — é uma maneira pequenina, mas poderosa, de mudar uma disposição negativa ou de contestar um sentimento de desconfiança mais amplo. A única coisa é que, para chegar lá, a gente precisa primeiro deixar o escudo de lado.

Meus padrões pessoais de sociabilidade são totalmente velha guarda, remontando à cozinha de minha infância na Euclid Avenue. Era lá que eu sempre podia ser eu mesma, onde meus sentimentos — por mais bobos que parecessem na época — nunca eram reprimidos. Podia entrar numa boa, vindo do Velho Oeste da paisagem social da vizinhança, e contar os detalhes de todas as briguinhas, paixões pueris e novas fronteiras tribais que tinham sido estabelecidas — sabendo que estava no lugar certo para isso, em segurança, que era aceita, estava em casa. Nossa cozinha na Euclid funcionava como um ímã para os outros também: os vizinhos davam um pulo lá, os primos vinham comer, os adolescentes da turma de meu irmão apareciam para pedir conselho a meu pai, minha mãe servia sanduíches com manteiga de amendoim e geleia para todos os meus amigos, deixando que a gente se sentasse no chão para brincar e fofocar sobre a escola enquanto ela fazia o jantar. A cozinha em si era minúscula, uns três metros quadrados e teto baixo. Havia uma mesinha junto à parede com quatro cadeiras e uma toalha de plástico, mas o conforto e a segurança que eu sentia ali eram imensos.

Procuro oferecer agora o mesmo a minhas amigas: uma sensação de lar, de segurança e pertencimento, uma escuta acolhedora. E é isso o que procuro nas amizades, esse mesmo sentimento de amparo. Chamo meu grupo de amigas de "Mesa da Cozinha". São as pessoas fora da família em quem mais confio, mais me apoio e por quem faria qualquer coisa. São as amigas que convidei a puxarem uma cadeira e se sentarem junto comigo na vida.

Também aprendi que o apoio, o amor e a validação podem vir de qualquer lugar — não só de casa. Algumas das pessoas mais importantes que se sentam à minha mesa são as que têm mais idade do que eu e deram seu tempo para me orientar quando jovem, abrindo suas vidas como exemplos do que é possível, suplementando o que meus pais não podiam oferecer. Czerny, minha supervisora de estudos em Princeton, uma usina de energia, me tomou sob suas asas e me permitiu observar seus movimentos como profissional e mãe solteira, dando-me ao vivo uma lição importante sobre como equilibrar uma vida com múltiplas jornadas. Mais tarde, Valerie Jarrett me ajudou a fazer a minha mais importante transição de carreira, do direito empresarial para o serviço público, e se tornou uma espécie de irmã mais velha, em termos pessoais e profissionais. Ela vem me orientando em todos os tipos de transição, me aconselha em minhas decisões, me acalma quando estou nervosa. Valerie me deixou ser uma craca em sua vida.

Minha mesa também inclui um amplo círculo de gente mais jovem, com vozes que valorizo, que ajudam a manter minha perspectiva atualizada e me desafiam a acompanhar o que há de novo. Conversam comigo sobre tudo, desde o tipo de unha que é legal ter hoje em dia até o ritmo dembow. Tentam me ajudar a entender o Tinder e o TikTok e chamam minha atenção quando digo algo que consideram muito ultrapassado ou pouco esclarecido. Aprendo o tempo todo com minhas amigas jovens.

Uma Mesa da Cozinha, de modo geral, nunca fica estagnada. As amigas vêm e vão, assumindo maior ou menor importância conforme passamos por fases diferentes na vida. Pode-se ter um pequeno grupo ou apenas poucas amizades individuais. Beleza, sem problema. O que mais importa é a qualidade das relações. É bom discernir em quem confiamos, quem trazemos para perto. Com novas amigas, eu me pego avaliando em silêncio se me sinto segura e, no contexto de uma amizade que começa a brotar, se a pessoa me vê e me aprecia por quem eu sou. Estamos sempre procurando garantias muito simples de que temos algum valor aos olhos dos amigos, de que nossa luz é reconhecida e nossa voz é ouvida — e devemos o mesmo a eles. Quero dizer também que não há problema algum em se afastar de uma amizade complicada. Às vezes precisamos desfazer certos laços ou, pelo menos, afrouxá-los.

Nem todas as pessoas que se sentam à minha Mesa da Cozinha se conhecem bem; algumas nunca se viram antes. No entanto, coletivamente, são poderosas. Apoio-me em cada uma em momentos diferentes e de maneiras diferentes. E essa é outra coisa que se deve reconhecer a respeito da amizade: nenhuma pessoa, nenhuma relação atende a todas as nossas necessidades. Nem todos os amigos podem nos oferecer apoio ou segurança todo dia. Nem todos podem ou vão surgir da maneira exata ou no momento exato em que precisamos. Por isso, é bom sempre continuarmos a liberar espaço em nossa mesa, nos mantendo abertos para reunir mais amigos. Nunca deixaremos de precisar deles e nunca deixaremos de aprender com eles. Garanto.

A melhor maneira de ser amigo de alguém, a meu ver, é se alegrar com sua individualidade; é apreciar cada pessoa pelo que ela traz, recebê-la simplesmente como ela é. Isso às vezes significa não cobrar os amigos pelo que não dão ou não podem dar. Tenho amigas muito ativas que querem fazer trilha e escalar montanhas, e outras que preferem se esticar no sofá com uma xícara de chá. Num momento de crise, tem algumas que eu chamo e outras que não. Algumas dão conselhos; outras me divertem contando sobre sua vida amorosa. Para umas, a melhor coisa do mundo é uma grande festa noturna; outras vão religiosamente para a cama às nove da noite. Tenho amigas com memória excelente para aniversários e datas importantes e outras totalmente distraídas para essas coisas, mas que me oferecem o presente de sua atenção plena e sincera quando estamos juntas em uma sala. O importante é que posso vê-las e apreciá-las, e elas podem me ver e me apreciar. Minhas amigas me dão perspectiva. Ajudam a mostrar a mim mesma quem eu sou. Como diz uma das personagens do romance *Amada*, de Toni Morrison, sobre outra: "Ela é uma amiga da minha cabeça... Os pedaços que eu sou, ela junta e me devolve todos na ordem certa".[13]

Com o tempo, várias amigas de diversas fases de minha vida acabaram se aproximando, em parte por causa de minhas tendências a agir como instrutora militar, de minha insistência para nos reunirmos sempre que alguma de nós realiza alguma conquista. Juntas, formamos o que considero um círculo de bons desejos, pois todas nós estamos sempre torcendo umas pelas outras. Anunciamos nossas vitórias e recebemos feedback em nossos desafios. Enfrentamos nossas dificuldades e nos incentivamos mutuamente com pequenos gestos, palavras de encorajamento e escuta acolhedora. Com minhas amigas, a conversa nunca acaba. Sentamo-nos umas à mesa das outras, partilhando o privilégio da intimidade e da sinceridade.

"Não estejam sozinhas na vida", costumo dizer a minhas filhas. Sobretudo para quem vive com o diferente, é importante, para sobreviver, criar espaços onde se sinta em segurança e à vontade. É importante nos esforçarmos para encontrar pessoas diante de quem possamos remover nossa armadura e compartilhar preocupações. Com nossos amigos mais próximos, podemos dizer tudo o que reprimimos em outros espaços. Podemos mostrar nossa raiva desenfreada, nosso medo de injustiças e de desfeitas. Pois não conseguimos guardar tudo isso. Não conseguimos processar totalmente sozinhos os desafios de ser diferente. É uma coisa grande demais, penosa demais, para armazenar dentro de nós. Tentar carregar esse peso sozinhos pode nos corroer, nos drenar.

Nossa Mesa da Cozinha é nosso porto seguro, é onde nos abrigamos da tempestade. É onde podemos suspender a busca incessante e extenuante de vencer os problemas cotidianos e dissecar em segurança a torrente de indignidades que se lança sobre nós. É onde podemos gritar, berrar, xingar, chorar, lamber nossas feridas e recompor nossas forças. Nossa Mesa da Cozinha é onde procuramos oxigênio para voltar a respirar.

Quando Barack era presidente, estava cercado de pessoas maravilhosas — ministros e assistentes do gabinete que, juntos, formavam uma equipe altamente eficiente e um excelente sistema de apoio. Mesmo assim, eu via de perto a solidão da presidência — o peso enorme que meu marido carregava por ter que tomar as grandes decisões, as pressões que aumentavam sem cessar. Ele se empenhava em resolver uma crise e logo vinha outra. Era rotineiramente acusado por coisas que não podia controlar, às vezes condenado por gente impaciente que queria mudança, e rápido. Lidava com um Congresso contencioso, com um país afetado por uma recessão e com os mais variados problemas no exterior. Depois que jantávamos, ele ia diretamente para o escritório e eu sabia que trabalharia até as duas da manhã — sozinho, desperto, tentando dar conta de tudo aquilo.

Não que ele se isolasse — nem seria possível —, mas realmente precisava de algum escape. Eu me preocupava com a demanda incessante do cargo, com os efeitos do estresse em sua saúde. Depois de alguns anos na presidência, organizei uma festa surpresa no aniversário dele, convidando dez amigos de Barack para um final de semana em Camp David, onde poderiam comemorar e se distrair. Era agosto. O Congresso estava em recesso. Barack continuava viajando com um grupo de conselheiros e recebendo seus briefings diários, mas imaginei que podia pelo menos tentar se desligar um pouco.

E ele de fato se desligou. Acho que nunca vi alguém se entregar tão depressa a um pouco de diversão como Barack naquele final de semana, o que tomei como claro sinal de que ele realmente precisava muito de uma folga. Seus colegas do ensino médio tinham vindo do Havaí; alguns amigos da faculdade e outros de Chicago. O que fizeram? Divertiram-se. Enquanto Sasha, Malia e eu, junto com outras esposas e crianças, passamos a maior parte do tempo na piscina, os homens se lançaram a todas as atividades que havia em Camp David.

Era como se tivessem recebido aquela carta do Banco Imobiliário para sair da prisão, liberando-os do trabalho e das obrigações de família. Tal como acontecia com minhas amigas nos nossos finais de semana no Campo de Treinamento, não iam desperdiçar um minuto daquela oportunidade. Jogaram basquete. Jogaram baralho e arremessaram dardos. Fizeram um pouco de tiro ao alvo. Jogaram boliche. Disputaram rebatidas de beisebol e arremessos de rúgbi. Marcavam a pontuação de tudo, provocavam uns aos outros durante as partidas, e depois ficavam até tarde da noite revendo e se vangloriando de várias jogadas e resultados.

Viemos a chamar esse programa de "Campathalon", e ele se tornou uma instituição na vida de Barack, uma reunião anual que agora fazemos em Martha's Vineyard e que passou a incluir troféus e uma cerimônia de abertura. Sempre tão sério e trabalhador, meu marido agora conta com essa folga, um retorno à leveza da infância, uma chance de se encontrar e ficar à vontade com as pessoas que ele preza. É mais ou menos como a hora do recreio na escola, se soltando, brincando com os amigos. É uma conexão entre ele e sua própria alegria.

A vida tem me mostrado que as amizades sólidas costumam resultar de intenções sólidas. Nossa mesa precisa ser montada, povoada e utilizada expressamente para esse fim. Não basta dizer *Estou curiosa a seu respeito* a alguém que pode se tornar amigo; é preciso também investir nessa curiosidade — reservar tempo e energia para que a amizade cresça e se aprofunde, privilegiando-a e passando-a na frente das coisas que vão se acumular e exigir nossa atenção de uma forma que raramente as amizades exigem. Descobri que uma coisa que ajuda é criar rituais e rotinas em torno da amizade — cafés semanais, coquetéis mensais, reuniões anuais. Minha amiga Kathleen e eu caminhamos regularmente ao longo do rio em determinados dias. Tenho um grupo que há mais de uma década tira todo ano um final de semana reunindo mães e filhas para esquiar; essa ocasião está indicada no calendário de todas nós e é protegida a todo custo, mesmo por nossas filhas, que agora entendem o que uma Mesa da Cozinha pode significar para a própria vida delas. Meus Campos de Treinamento em fins de semana não são mais tão frequentes nem rigorosos como antes, mas ainda gosto quando malhamos e suamos juntas.

Certa vez, um grupo de pesquisadores na Universidade da Virginia começou a investigar uma teoria sobre a amizade.[14] Amarraram mochilas bem pesadas nas costas dos voluntários e os colocaram diante de um morro bem alto, como se fossem escalar. Pediu-se a cada um que avaliasse até que ponto a subida era íngreme. Metade ficou parada sozinha na frente do morro; a outra metade se postou ao lado de alguém que considerava um amigo. Os que estavam com um amigo avaliaram sistematicamente o morro como menos íngreme, a escalada como menos árdua. Quando pessoas amigas de longa data ficavam na frente do morro, os resultados se faziam ainda mais claros: o aclive parecia simplesmente se aplainar mais. Esse é o poder de termos alguém ao nosso lado. A razão para cuidarmos de nossos amigos.

É principalmente isso que tenho a dizer àqueles que talvez estejam hesitantes diante de alguma nova amizade. É o que me preocupa quando ouço jovens que se sentem nervosos demais para correr o risco ou para encarar a situação um tanto estranha de encontrar e travar novas conexões. Quero dizer a esses jovens que, se nos dispomos a ter curiosidade nesse sentido, se conseguimos manter a abertura, encontramos nos outros riqueza e segurança. Nossos amigos se tornam nosso ecossistema. Quando fazemos amigos, estamos plantando mais margaridas em nossa vida e atraindo mais passarinhos para as árvores.

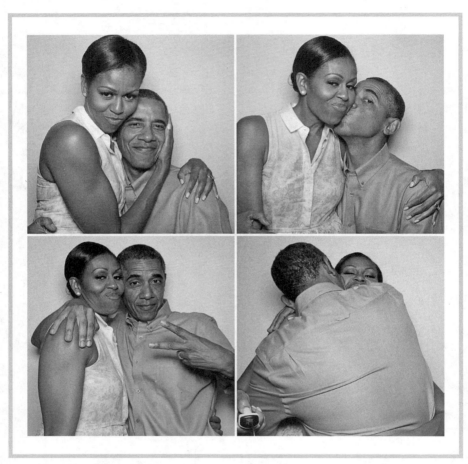

Barack é meu melhor amigo, meu verdadeiro amor e quem mais me surpreende na vida.

6. Boa parceria

No ano passado, nossas duas filhas alugaram um apartamento juntas em Los Angeles. Elas estavam morando na cidade — Sasha na faculdade, Malia como estagiária de redação — e encontraram um lugarzinho num bairro tranquilo, conveniente para ambas. Fiquei encantada que tivessem se escolhido como companheiras de apartamento. Me faz feliz pensar que criamos irmãs que, agora com vinte e poucos anos, também são amigas.

No primeiro dia do primeiro mês de locação, as duas levaram suas coisas para o apartamento vazio. O que mais tinham, ao que parece, eram roupas. Como muita gente dessa idade, nossas filhas até então tinham sido basicamente itinerantes, afora os meses que passaram confinadas por causa da pandemia. Alternavam-se entre dormitórios universitários e cômodos mobiliados sublocados, nunca com bagagem que não coubesse no porta-malas de um carro. Algumas vezes por ano, uma delas ou as duas apareciam em casa para passar uma ou duas semanas de férias conosco, refestelando-se nos confortos de nossa vida adulta, esbaldando-se com a geladeira cheia, a ausência de colegas de quarto, o acesso fácil à máquina de lavar roupa, a meiga indolência do nosso cachorro. Nesses interlúdios, elas se entupiam de comida, de horas de sono, de privacidade e tempo com a família. Então guardavam alguns pertences num closet, trocando uma muda de roupas de inverno por uma muda de roupas de verão ou vice-versa, e iam embora, batendo asas como aves migratórias.

Agora, porém, as coisas estavam mudando. Tinham encontrado um local de gente adulta, algo que parecia um pouco menos temporário. Elas mesmas começavam a parecer mais crescidas, mais ancoradas na vida adulta.

No primeiro mês, mais ou menos, eu via nas nossas videochamadas alguns relances do empenho delas em decorar a casa. Notava uma poltrona nova bonitinha que tinham encontrado em algum lugar, ou via fotos emolduradas habilmente dispostas na parede. Arranjaram um aspirador de pó. Compraram almofadas, toalhas e também um conjunto de facas de carne, o que achei divertido, pois nenhuma das duas era muito fã de cozinhar ou comer carne — na verdade, mal cozinhavam. Mas a questão era que estavam montando um lar, deliberadamente e com orgulho. Estavam aprendendo como se faz um "lar".

Uma noite, eu conversava com Sasha pelo FaceTime, mas logo me distraí vendo Malia, que andava ao fundo com um aspirador Swiffer tirando o pó de uma prateleira cheia de livros e cacarecos. Estava tirando o pó de suas coisas! Parecia algo tão adulto — embora fosse impossível não notar que ela ainda não tinha aprendido a levantar ou mover os objetos na prateleira para poder limpá-los por completo.

Mas, puxa vida, estava no caminho! Senti o coração quase explodindo.

Logo que pudemos, Barack e eu fomos a L.A. visitá-las. Sasha e Malia nos mostraram exultantes o novo apartamento. Tinham feito um bom trabalho, fuçando pelas vendas de garagem e comprando numa Ikea próxima, de olho no orçamento. Estavam dormindo em camas simples, só a base e o colchão, mas tinham arranjado umas colchas bonitas para cobri-las. Haviam encontrado um jogo de mesinhas excêntricas num mercado de pulgas. Tinham uma mesa de jantar, embora ainda não tivessem comprado cadeiras — as que tinham visto eram caras.

Estávamos todos de saída para jantar num restaurante, mas primeiro elas insistiram em nos servir um drinque. Barack e eu nos sentamos no sofá, e Malia apareceu com uma tábua de frios que tinha montado, anunciando que nunca tinha se dado conta do preço absurdo do queijo.

"E nem peguei nenhum daqueles superchiques!", disse ela.

Sasha tentou nos preparar dois martínis leves — *Opa, você sabe preparar martíni?* —, que serviu em copos de água colocados sobre um par de apoios recém-comprados, para não mancharmos a mesa de centro novinha com as bebidas.

Observei tudo isso um pouco assombrada. Não que me surpreendesse que nossas meninas tivessem crescido, mas a cena toda — os apoios de copo, em particular — de certa forma indicava outro tipo de marco, algo que todo pai e toda mãe passa anos escrutinando: a prova de que seus filhos têm bom senso.

Quando Sasha serviu nossos drinques naquela noite, pensei em todos os apoios de copo que ela e a irmã nem se davam ao trabalho de usar quando estavam sob nossos cuidados, em todas as marcas de umidade que tentei remover de várias mesas ao longo dos anos, inclusive na Casa Branca.

Mas a dinâmica havia mudado. Agora estávamos à mesa *delas*. Pertencia a elas, e queriam protegê-la. Sem dúvida, tinham aprendido.

Como viramos gente grande, com uma verdadeira vida adulta e verdadeiras relações adultas? Ao que parece, geralmente é por tentativa e erro. Simplesmente buscando entender. Creio que muitos de nós descobrimos nossa identidade apenas com o tempo, buscando entender quem somos e do que precisamos para seguir em frente. Vamos tateando a maturidade, muitas vezes seguindo alguma vaga ideia do que imaginamos que deva ser a vida adulta.

Praticamos e aprendemos, aprendemos e praticamos. Erramos e recomeçamos. Por muito tempo, muitas atitudes parecem experimentais, incertas. Tentamos diversos modos de ser. Provamos e descartamos diversas condutas, abordagens, influências e ferramentas de vida até que, peça por peça, começamos a entender o que combina melhor conosco, o que nos ajuda mais.

Tenho pensado muito sobre isso nos últimos tempos ao ver nossas meninas organizarem sua vida da Costa Oeste, adquirindo objetos domésticos e conjuntos de facas, tirando o pó dos móveis do jeito que sabem.

Estão praticando. Estão aprendendo. Estão no meio do processo, a caminho de onde querem chegar. A cada dia, em algum pequeno aspecto, vão refinando a concepção de quem são como indivíduos e de como querem viver, tentando entender onde, como e com quem se sentem mais seguras e estáveis.

Do ponto de vista social, Sasha e Malia estão naquela fase da vida levemente rebelde, descompromissada, em que as novas amizades são tesouros que se encontram praticamente em qualquer lugar. Lembro-me dessa minha etapa aos vinte e poucos anos. A busca é divertida, a feira é sempre pitoresca, a sensação de descoberta em geral é empolgante. Ao mesmo tempo, porém, elas estão inconscientemente empenhadas em uma busca mais séria e mais sensata: estão aprendendo em quem podem se apoiar, com quem se divertir, em que relações querem se envolver mais e quais lhes darão apoio durante a vida. Estão começando a montar suas próprias Mesas da Cozinha.

Nos relacionamentos românticos é a mesma coisa. Malia e Sasha estão fazendo exatamente o que Barack e eu fazíamos na idade dela: namorando aqui e ali. (Aliás, me avisaram que gente da idade das minhas meninas não usa mais essa expressão.) O que quero dizer, em resumo, é que elas têm saído com diversas pessoas e experimentado diversos estilos de relacionamento. O que está acontecendo com elas nesses dias é apenas uma parte da construção da vida, uma peça do quebra-cabeça maior.

Na verdade, torço para que nossas filhas não saiam rápido demais dessa fase mais descompromissada da vida. Torço para que fiquem mais algum tempo, deixando que seus relacionamentos se mantenham fluidos e juvenis. O que mais quero é que elas deem prioridade a aprender as habilidades da independência — como obter o próprio sustento, como se manter saudáveis, bem alimentadas e felizes — muito antes de se comprometerem a passar a vida com outra pessoa. Digo-lhes que se concentrem em se tornar pessoas inteiras, capazes de se manter por si mesmas. Quando conhecemos nossa luz própria, estamos mais preparados para compartilhá-la com outra pessoa. Mas temos de praticar o que somos ao longo de todo o caminho.

Torço para que minhas filhas aprendam seu próprio caminho para a maturidade em seus relacionamentos, sem se preocupar em extrair deles algum resultado claro. Não quero que vejam o casamento como uma espécie de troféu a ser perseguido e conquistado, nem que acreditem que é o tipo de espetáculo de que precisam para iniciar efetivamente uma vida satisfatória. Não quero que sintam que existe algum tipo de obrigação de ter filhos. O que espero é que experimentem diversos graus de comprometimento, entendendo como encerrar relações que não funcionam mais e como começar novas que pareçam promissoras. Quero que aprendam a superar os conflitos; que entendam as vertiginosas emoções da intimidade e saibam como é sentir o coração aos pulos. Se e quando minhas meninas finalmente escolherem alguém para dividir a vida com elas, quero que estejam fortalecidas, que saibam realmente quem são e do que precisam.

Não vou falar mais sobre a vida amorosa de minhas filhas aqui, por respeito à privacidade delas (e porque certamente me matariam). Mas digo que tem sido lindo observá-las enquanto praticam e aprendem.

E o que, acima de tudo, desejo para elas?

Desejo que encontrem um lar, seja como for.

É frequente que as pessoas me procurem em busca de conselhos sentimentais. Comentam fotos em que eu e Barack estamos juntos — rindo, trocando um olhar, felizes por estarmos lado a lado —, deduzindo que apreciamos nossa mútua companhia. Perguntam como conseguimos continuar casados e contentes durante trinta anos. Fico com vontade de dizer: *É, de fato, às vezes é uma surpresa para nós também!* E não estou brincando. Temos nossos enroscos, claro, mas eu o amo, e ele me ama, agora, ainda e, pelo jeito, para sempre.

Nosso amor não é perfeito, mas é real, e estamos comprometidos com ele. Essa certeza específica é como um piano de cauda presente no centro de toda sala em que entramos. Em muitos aspectos, somos pessoas muito diferentes, meu marido e eu. Ele é uma coruja que gosta de atividades solitárias. Sou uma ave madrugadora que adora uma sala apinhada de gente. Na minha opinião, ele passa tempo demais jogando golfe. Na opinião dele, eu passo tempo demais assistindo a uns programas simplórios de TV. Mas há entre nós dois uma segurança afetiva tão simples quanto saber que o outro está ali para ficar, aconteça o que acontecer. É isso que as pessoas captam naquelas fotos, acho eu: aquela pequena sensação de triunfo por sabermos que, mesmo tendo passado metade de nossas vidas juntos, mesmo com as exasperações que um causa no outro, mesmo com todas as nossas diferenças, nenhum dos dois desistiu. Ainda estamos aqui. *Permanecemos.*

Durante minha vida adulta morei em vários lugares, mas, no que me diz respeito, tenho e sempre tive apenas um lar de verdade. Meu lar é minha família. Meu lar é Barack.

Nossa parceria é algo que criamos juntos. Vivemos essa parceria todos os dias, melhorando o que conseguimos melhorar, às vezes apenas deixando que ela exista em seu estado natural durante os períodos em que estamos envolvidos com outras preocupações. Nosso casamento é de onde partimos e onde atracamos, um lugar onde cada um de nós pode ser totalmente, comodamente, às vezes irritantemente nós mesmos. Acabamos por aceitar que essa esfera que habitamos juntos, com a energia e a emoção, nem sempre é arrumadinha e bem organizada, ou não é como nós, ou um de nós, gostaria que fosse, mas o fato simples e tranquilizador é que ela permanece. Para nós, é uma certeza sólida em um mundo onde parece excepcionalmente difícil encontrar alguma certeza.

Muitas perguntas que recebo nas redes sociais ou em cartas e e-mails parecem girar em torno dessa premissa de certeza nos relacionamentos: a que ponto deveríamos sentir essa certeza, em que aspectos, com que vigor? Qual é o grau de flutuação aceitável? Como vou saber se encontrei o companheiro certo, o tipo de pessoa com quem vale a pena me comprometer? Estou errada se às vezes não gosto dele? Como vou me sair bem no amor se meus próprios pais não me deram o exemplo? O que acontece quando surgem conflitos, irritações, dificuldades, desafios?

Algumas pessoas me dizem que estão pensando em se casar; acham que o casamento vai resolver certos problemas da relação. Ou estão pensando em ter um bebê, achando que isso vai consertar tudo. Às vezes me dizem que estão pensando em divórcio, ponderando se ficam ou fogem de um relacionamento que parece desandado ou problemático. Outras ainda comentam que acham o casamento, de modo geral, uma tradição chata, patriarcal, ultrapassada. E jovens me falam que estão preocupados em cometer erros ou que *já* cometeram erros nos relacionamentos e agora se perguntam o que fazer.

Não muito tempo atrás, uma moça chamada Lexi me escreveu do Alabama: "olá dona michelle estou com um monte de problemas com rapazes...", e abriu o coração.

Para ser sincera, a verdade é que não tenho respostas para essas perguntas nem receitas para as dificuldades pessoais de quem quer que seja. A única história de amor que conheço é a que vivo todos os dias. O seu caminho para a certeza — se é isso o que você busca — será diferente do meu, assim como sua concepção de lar e de quem faz parte do lar com você sempre pertencerá apenas a você.

Apenas muito calmamente que a maioria de nós descobre de que precisa nos relacionamentos mais íntimos e o que é capaz de dar. Praticamos. Aprendemos. Trocamos as bolas. Às vezes adquirimos ferramentas que não nos servem. No começo costumamos fazer alguns investimentos questionáveis. Podemos, por exemplo, comprar várias facas de carne, supondo que é isso o que devemos fazer.

Ficamos obcecados, pensamos demais, usamos errado nossa energia. Às vezes seguimos maus conselhos ou ignoramos os bons. Recuamos quando somos feridos. Nos blindamos quando estamos com medo. Podemos atacar quando provocados ou nos render quando humilhados. Também podemos concluir, como fazem muitos, que estamos plenamente felizes e realizados sem estar com alguém. E se for esse o caso, espero que você celebre isso como uma escolha de vida plenamente válida e bem-sucedida. Além disso, muitos de nós também reproduzimos inconscientemente os relacionamentos em torno dos quais fomos criados — a versão de lar que conhecemos na infância —, algo que, claro, pode funcionar maravilhosamente bem ou terrivelmente mal, ou de alguma forma intermediária. O amor verdadeiro e duradouro, penso eu, geralmente ocorre no meio do caminho. Juntos respondemos à pergunta: *quem somos e quem queremos ser?*

Hoje em dia, às vezes olho meu marido a uma pequena distância e me sinto espiando pela tela do tempo. O que vejo é uma versão grisalha, um pouco menos magricela, um pouco mais cansada daquele rapaz de 27 anos que, décadas atrás, chegou para um estágio de verão em meu escritório de direito empresarial, encharcado de chuva, pois tinha esquecido o guarda-chuva, e só um pouquinho sem graça por chegar atrasado no primeiro dia de serviço. O que tornava seu sorriso tão cativante? Por que sua voz soava tão agradável?

Ele era um charme. E continua sendo. Tinha uma pequena fama na época — um estudante de direito cujo intelecto estava criando certo alvoroço nos círculos jurídicos — e tem, imagino eu, uma enorme fama agora. Mas, dito isso, na verdade é exatamente a mesma pessoa, com a mesma compostura, os mesmos sentimentos e os mesmos dilemas, a mesma eterna dificuldade em ser pontual ou em se lembrar de algo tão básico e prático como um guarda-chuva num dia chuvoso. É aquele mesmo cara quixotesco, ora tranquilo, ora implicante, que conheci na sala de espera da firma de advocacia todos aqueles anos atrás e cuja mão apertei, aquela figura alta, espigada, de fisionomia invulgar que vi pela primeira vez, ainda sem saber que estava olhando meu mais profundo amor e aquele que faria as maiores transformações na minha vida.

Como muita gente, eu tinha certas ideias do que seria um casamento, e algumas se revelaram corretas. Quando criança, brincava com minhas amigas de ler o futuro naqueles jogos que preveem onde vamos morar, que modelo de carro vamos dirigir, quantos filhos teremos; ou naquele outro jogo chamado abre e fecha, que consistia em dobrar uma folha de papel, como origami, com várias palavras ou nomes que ficavam escondidos sob as dobras informando com quem íamos casar. A gente ria e se espantava com os resultados: será que eu ia mesmo me casar com Marlon Jackson, do Jackson 5, morar na Califórnia e dirigir uma perua? Será que minha amiga Terry ia mesmo ter nove filhos com nosso colega Teddy e morar numa mansão na Flórida?

O que eu sabia era que as possibilidades pareciam grandiosas e infinitas. O que eu *achava* que sabia era que o resultado final seria um casamento dos sonhos, espetacular, ao qual se seguiriam anos de alegria fervilhante e um estilo de vida intenso, que era o máximo dos máximos. Pois não era assim que devia ser? Ainda era nova demais para ver o casamento de meus pais como algo desejável para mim mesma. Eles eram dedicados e sociáveis, conduziam uma operação doméstica prestativa e amistosa, regida pelo bom senso. Um fazia o outro rir. Cumpriam todas as tarefas. Todo ano, no Dia dos Namorados e no aniversário de mamãe, papai ia até o shopping Evergreen Plaza e comprava para ela uma roupa nova bonita, que vinha embrulhada em papel de presente com um belo laço.

Eu entendia que, no geral, eles eram felizes, mas também tinha assistido muito à novela *All My Children* e estava impressionada com as paixões fogosas e duradouras de Erica Kane. Perto daquilo, a união entre meus pais parecia sossegada e um pouco sem graça. Preferia imaginar para mim uma versão onírica e fantasiosa do casamento e da vida familiar, mais parecida com os romances fascinantes que minhas amigas e eu costumávamos encenar com nossas Barbies e Kens. Também sabia, tendo observado meus avós, que os casamentos nem sempre davam certo. Meus avós maternos tinham se separado muito antes que eu nascesse e, pelo que me constava, nunca mais voltaram a se falar. Meus avós paternos viveram separados durante grande parte da infância de meu pai, mas depois acabaram, de certa forma, ajeitando as coisas, o que foi até surpreendente.

Agora vejo que eu tinha todos esses exemplos à minha volta, indicações de que a parceria de longo prazo raramente é glamorosa ou tranquila. Minha mãe ainda conta a primeira briga séria que teve com papai, logo depois do casamento deles, em 1960, quando ela tinha 23 anos e ele 25. Depois de uma rápida lua de mel, foram morar juntos pela primeira vez e perceberam que estavam arrastando para essa parceria sacramentada dois conjuntos de hábitos, duas maneiras consolidadas de fazer as coisas. Qual foi o motivo da primeira briga deles? Não foi dinheiro, não foi se teriam filhos ou não, nem nada que estivesse acontecendo no mundo naquele momento. Não. Foi a posição do papel higiênico no suporte do banheiro: se a ponta solta deveria ficar por cima do rolo ou por baixo dele.

Papai vinha de uma casa em que o papel ficava "por baixo" e mamãe foi criada em uma casa na qual ele ficava "por cima". Pelo menos durante algum tempo o conflito ganhou dimensões épicas e parecia insolúvel. Havendo apenas duas opções, um deles teria que ceder e aceitar a maneira do outro. Uma discussão pode parecer trivial, mas, em muitos casos, o que está por trás não é pouca coisa. Quando juntamos nossa vida à vida de outra pessoa, de repente nos vemos diante da história e dos padrões de comportamento de outra família — e muitas vezes temos de nos adaptar. No caso do Grande Conflito do Papel Higiênico de 1960, foi minha mãe que acabou cedendo ao chegar à conclusão de que era bobagem ficar berrando com meu pai por causa daquilo. Deixou passar. A partir daí, nossa família viveu pacificamente como uma família do papel "por baixo". Nunca reviram a questão, pelo menos até a época em que Craig e eu crescemos e encontramos nossos próprios parceiros. (Os Obama eram da turma do "por cima" e continuam a ser até hoje.) O casamento está cheio de negociações como essa, em que há muita ou pouca coisa em jogo.

Em *Minha história*, comentei que, apesar da estabilidade geral do relacionamento entre meus pais, mamãe muitas vezes pensava em deixar meu pai. Volta e meia ela se entregava a uma espécie de devaneio sobre o que aconteceria se saísse pela porta de casa na Euclid Avenue e arranjasse uma vida diferente, com um homem diferente, em um lugar diferente. O que aconteceria se a brincadeira de abre e fecha tivesse dado outro resultado? E se ela tivesse tirado um milionário, ou um misterioso homem do Sul, ou um garoto que tinha conhecido no penúltimo ano do ensino médio?

Geralmente ela se permitia essas divagações na primavera, depois de passar mais um inverno gelado, mais uma estação de dias escuros dentro da casa apertada. Na época, "diferente" parecia uma coisa boa. Diferente era como o ar puro entrando pelas janelas, quando finalmente o tempo tinha esquentado e dava para abri-las outra vez. Diferente era um devaneio envolvente, uma lua de mel de fantasia dentro da cabeça dela.

E aí ela ria sozinha, imaginando o inferno em que o misterioso homem do Sul transformaria sua vida, sabendo que o garoto do ensino médio tinha um monte de problemas e que qualquer milionário certamente teria também uma montanha de preocupações.

E com isso a lua de mel de fantasia terminava e ela voltava para a vida real, voltava para papai.

Era o jeito dela, creio eu, de renovar algo dentro de si, de lembrar o lar equilibrado e amoroso que tinha, de perceber suas razões para ficar.

Quando a gente escolhe viver com outra pessoa, essa escolha determina como vamos viver. A gente se pega o tempo todo fazendo a escolha de ficar em vez de fugir. Uma coisa que ajuda é entrar num compromisso desses preparada para se empenhar, capaz de ceder, disposta a aceitar e mesmo a gostar de viver nesse meio-termo, oscilando entre os polos do lindo e do horrível, às vezes no decorrer de uma única conversa, às vezes ao longo de anos. E, dentro dessa escolha e desses anos, é quase certo vermos que não existe um equilíbrio perfeito, meio a meio. Na verdade, as coisas mais parecem as bolinhas de um ábaco, indo de um lado para o outro — a conta raramente fecha, a equação nunca fica inteiramente resolvida. Os relacionamentos são dinâmicos, cheios de mudanças, sempre evoluindo. Nunca nenhum dos dois vai achar que as coisas são plenamente justas e igualitárias. Alguém estará sempre se adequando. Alguém estará sempre se sacrificando. Numa parceria sólida, os dois vão se alternar nas concessões, construindo aquela sensação de lar juntos, ali no meio-termo.

Por mais louca e profundamente que estejamos apaixonados, teremos que aceitar um monte de manias de nosso companheiro. Teremos também que ignorar todas as pequenas e pelo menos algumas grandes coisas irritantes, reafirmando o amor e a constância acima de tudo isso — acima de todos os momentos difíceis e inevitáveis conflitos. Teremos que fazer isso com a máxima frequência e compreensão possíveis. E teremos que fazer isso com alguém com a mesma capacidade e vontade de criar a mesma amplitude e mostrar a mesma tolerância em relação a nós — de nos amar apesar da nossa bagagem, apesar das nossas piores facetas.

Pensando bem, é uma proposição maluca, que vai contra todas as probabilidades. E nem sempre dá certo. (E *não deve* mesmo dar sempre certo: se um relacionamento nos faz mal, devemos cair fora.) Mas, quando dá certo, parece de fato um verdadeiro milagre, e afinal o amor é isso. A questão é toda essa. Qualquer parceria de longo prazo é, na verdade, um ato de fé obstinada.

Quando Barack e eu assumimos o compromisso de uma vida juntos, não foi porque havia um conjunto de garantias estabelecidas. Eu nem tinha muito como prever o futuro. Ainda não tínhamos segurança financeira; ainda pagaríamos durante anos as prestações dos empréstimos estudantis. Ainda não havia qualquer resultado previsível em aspecto algum. Na verdade, me casei sabendo que ele era de mudar de rota, e sempre — previsivelmente! — escolhia o caminho mais incerto para suas realizações. Dava para apostar que o cara rejeitaria qualquer tipo de trilha batida e questionaria qualquer coisa que fosse fácil demais. Seu lance era ficar trocando de emprego, recusando funções empresariais confortáveis porque queria escrever, dar aulas e se manter fiel a seus valores. Nenhum de nós dois tinha família rica que nos desse apoio. Logo vimos que até nossa capacidade de ter filhos era duvidosa e encaramos vários anos difíceis com problemas de fertilidade. E também teve aquela disparada maluca de sua carreira política.

Entramos juntos em todo esse caos com uma única certeza: a de que nos sairíamos melhor enfrentando a coisa em dupla.

Logo aprendi que um parceiro não é um remédio para nossos problemas nem um provedor de nossas necessidades. As pessoas são quem são; não podemos fazer com que sejam o que não querem ser, nem com que sejam o tipo de pessoa que não foram moldadas para ser. Eu queria um companheiro que se guiasse por seus valores próprios, independentemente do meu amor. Queria alguém que fosse honesto por valorizar a honestidade, leal por valorizar a lealdade.

Hoje digo a minhas filhas: não fiquem com alguém porque estão procurando quem garanta seu sustento, quem cuide de vocês, seja pai de seus filhos ou uma salvação para seus problemas. Esses arranjos, segundo minha experiência, raramente funcionam. O objetivo é encontrar alguém que trabalhe *com* vocês, não *para* vocês, contribuindo de todas as maneiras, em todas as frentes. Quando alguém quer desempenhar apenas um papel, dizendo coisas como "Entro com o dinheiro, então não espere que eu vá trocar fraldas", meu conselho é: fuja. Digo às meninas que uma boa parceria é como um time vencedor de basquete, com dois bons jogadores com conjuntos de habilidades plenamente desenvolvidas e intercambiáveis. Cada jogador precisa saber não só arremessar, mas também driblar, passar e defender.

Isso não significa que não existam diferenças ou pontos fracos que podemos compensar mutuamente. Juntos, temos de cobrir a quadra inteira, mantendo a versatilidade ao longo de toda a partida. Uma parceria não muda quem somos, mesmo que nos leve a nos adaptar às necessidades da outra pessoa. Barack não mudou muito nesses 33 anos desde que nos conhecemos, e eu também não. Ainda sou a mesma cumpridora pragmática que apertou a mão dele naquela primeira vez, e ele continua a ser o otimista estudioso que pensa em três níveis diferentes ao mesmo tempo.

A mudança está no que há entre nós, nos milhões de pequenos ajustes, concessões e sacrifícios que fazemos a fim de acolher a presença do outro, essa energia híbrida dele e minha — de nós dois juntos — agora testada e amadurecida ao longo de décadas. Qualquer leve emoção que tenha surgido entre nós no primeiro dia em que nos conhecemos, qualquer semente de curiosidade mútua que tenha sido plantada no momento em que trocamos um aperto de mãos e começamos a conversar, *foi isso* que cultivamos e amadurecemos com o tempo, e que se converteu em certeza. É o milagre contínuo, a conversa ainda em andamento, o lar em que vivemos. Ele é ele. Eu sou eu. É assim que agora nos conhecemos. Bem, muito bem, otimamente bem.

Sempre procurei ajudar as pessoas a enxergarem além do lado cintilante de minha vida com Barack, compreendendo melhor nossa realidade. Estou empenhada em desfazer o mito de que meu marido é um sujeito perfeito, de que nosso casamento é perfeito ou de que o amor, em geral, é algo espontâneo. Já escrevi sobre como Barack e eu fizemos — porque precisávamos muito — sessões de terapia de casal na época em que começamos a implicar um com o outro e a nos distanciar. Foi na fase em que nossas filhas eram pequenas e nós dois nos sentíamos saturados. Faço piada com todas as vezes em que me senti tão farta dele que tinha vontade de jogá-lo pela janela, por todos os pequenos ressentimentos que sou capaz de alimentar ainda hoje, e provavelmente para sempre. A verdadeira intimidade pode ser exasperante. E ainda assim continuamos.

Por mais que eu fale várias vezes e de maneira bem franca sobre nossas facetas nuas e cruas, há quem prefira a fachada. Uma vez, um colunista do *The New York Times* me desancou porque comentei que meu marido não era um deus, e sim um mortal que às vezes se esquece de recolher as meias que largou no chão ou de guardar a manteiga de volta na geladeira. Continuo a sentir a mesma coisa a esse respeito, e creio que se aplica a todo mundo: só ferimos a nós mesmos quando ocultamos nossa realidade.

Tenho uma amiga, que vou chamar de Carissa, que recentemente passou mais de um ano sonegando um monte de informações a um namorado. Carissa está na faixa dos trinta anos, é uma linda afro-americana dona de um negócio próprio e tem muitos amigos. Pelos critérios mais aceitos, podemos dizer que é uma pessoa bem-sucedida. Só tinha uma coisa: não gostava de ser solteira. Queria um companheiro. Esperava algum dia ter filhos. Um dia, conheceu um cara on-line e gostou muito dele. Começaram a sair. Fizeram uma viagem rápida para o Caribe e se divertiram muito. Voltaram e continuaram a se ver, embora os dois vivessem muito ocupados com o trabalho e com seus próprios amigos. A ideia, disse Carissa, era "manter a relação casual".

Carissa demorou a entender que ela e esse cara estavam basicamente repetindo sempre o mesmo primeiro encontro, resistindo a qualquer impulso de tentar uma maior proximidade emocional. Estavam presos no "casual", divertindo-se, claro, mas nunca arriscando algo tão simples quanto uma pequena discordância ou uma conversa menos superficial, algo que os levasse a se abrir ou talvez demandasse uma continuação. Casual devia significar fácil. Estar juntos não devia envolver qualquer esforço ou incômodo. Mas o fato é que o "real" sempre aparece. De uma ou outra maneira, ele nos encontra.

Após mais de um ano nesse relacionamento, Carissa convidou o cara e uma das amigas mais próximas dela para um jantar em seu apartamento, apresentando-os pela primeira vez. Durante o jantar, ela viu que sua amiga naturalmente extrovertida, na maior inocência, crivava o cara de perguntas sérias, fazendo aflorar de modo quase sistemático uma variedade de informações totalmente novas para Carissa. Ela ficou sabendo que ele tivera uma relação problemática com o pai. Quando criança, não se sentia amado. Tivera dificuldade em se envolver nos relacionamentos anteriores.

Nada disso era necessariamente um problema. Era apenas novidade, uma camada daquela pessoa que Carissa nunca tinha visto. E ela percebeu que nem tinha tentado ver, porque sentia medo demais. Nunca perguntara muita coisa a ele, nem ele perguntara nada profundo ou real sobre ela. Fazia meses que saíam juntos, porém evitando a intimidade emocional, cada qual tentando se manter invulnerável. Carissa tinha se convencido de que se dava bem com o "casual", mesmo que isso contrariasse seus objetivos pessoais na vida. E o cara queria mesmo o casual? Nem isso ela sabia. Nunca tinham conversado a respeito. E agora parecia tarde demais para sequer começar a conversar. Era como se tivessem passado um ano inteiro só comendo doces em vez de fazer uma refeição de verdade.

Carissa entendeu que tinha se escondido atrás de uma fachada, fingindo que não queria algo mais ou melhor, ao mesmo tempo achando que o tempo que passavam juntos já valia, de certa forma, como um avanço no relacionamento.

Mais tarde, depois que finalmente romperam, ela me contou que tinha evitado mostrar excessiva curiosidade ou perguntar a respeito de um compromisso porque achava que assim poderia parecer carente, e, portanto, radioativa. Carissa podia ser uma profissional ambiciosa, meticulosa nos detalhes de seu cotidiano, mas, em se tratando de ficar com um homem, ela achava que essas mesmas qualidades deporiam contra ela.

Ela não quis demonstrar disposição para investir no relacionamento, receando que isso a tornasse indigna de maiores atenções de um cara que, no final das contas, ela praticamente nem conhecia.

"Não queria que ele pensasse que eu estava indo com muita sede ao pote", disse ela. "Estava só deixando correr."

Deixar correr não levou nem ela nem ele a lugar algum.

Às vezes converso com jovens que convertem o "deixar correr" e "ficar no casual" em uma arte, esquivando-se do fato de que mostrar-se real e vulnerável é um pilar da verdadeira intimidade. Não sacaram que os relacionamentos têm espaço para a profundidade e a verdade, mesmo na fase mais descompromissada da vida. Podem passar toda a década dos vinte anos saindo e ficando com pessoas, mas sem praticar os elementos básicos do compromisso e da boa comunicação, nem a ideia de que é possível partilhar sentimentos reais e uma vulnerabilidade real. Comem uma montanha de doces, mas não ganham musculatura. E aí, quando chega a hora em que a coisa fica séria, quando imaginam uma vida em família e uma existência mais assentada, começam de repente, e muitas vezes freneticamente, a aprender pela primeira vez essas habilidades, percebendo que um compromisso duradouro não tem quase nada de casual ou de deixar correr.

O que ficou imediatamente claro em Barack foi que ele não tinha qualquer interesse em ser casual. Sua franqueza comigo até foi um pouco desconcertante no começo. Antes de conhecê-lo, eu tinha namorado caras que não eram tão seguros quanto a si mesmos e ao que queriam. Tinha saído com um ou dois jogadores — rapazes bonitos, de companhia agradável, mas que volta e meia ficavam olhando por cima de meu ombro para ver quem mais estava na sala, que outras conexões poderiam estabelecer. Meus primeiros amores me ensinaram as mesmas lições que todo mundo aprende: mentiram para mim e me traíram algumas vezes. Isso foi quando eu ainda estava tentando me encontrar, quando eu mesma experimentava várias maneiras de ser, procurando me equipar para a vida. Era insegura naqueles primeiros relacionamentos. Podia não assumir nada. Ainda estava aprendendo, descobrindo meu próprio eu, tentando entender minhas vontades e necessidades.

Barack era diferente de todas as pessoas que eu tinha conhecido até então. Era direto e claro sobre o que queria — uma figura rara com suas certezas, pelo menos em relação a mim. Se eu já não tivesse uma certa prática em relacionamentos, provavelmente nem perceberia como isso era raro.

Algumas semanas depois de nos conhecermos e termos ido juntos a alguns almoços profissionais, ele me disse: "Gosto de você. Acho que a gente podia começar a namorar. Adoraria sair com você".

Eu não conseguia me decidir sobre ceder ou não à minha atração crescente por ele, preocupada se não seria impróprio ter um relacionamento com alguém do escritório. Enquanto isso, Barack se manteve inabalável, persistindo calmamente, convicto de que formávamos um bom par. Ele me deu espaço para pensar, mas continuou a ser explícito sobre me achar uma pessoa interessante. Dizia que que gostava de ficar perto de mim e queria mais. Expunha seus pontos de vista de um jeito muito parecido com o que vi anos depois no Salão Oval, juntando as pontas dos dedos das duas mãos e expressando seus pensamentos por meio de tópicos cuidadosamente refletidos:

Número um, ele me achava bonita e inteligente.

Número dois, ele tinha bastante certeza de que eu também gostava de conversar com ele.

Número três, dificilmente o namoro poderia ser considerado um romance em ambiente profissional, visto que o contrato dele duraria somente o período do verão.

Número quatro, ele queria passar o tempo comigo e com mais ninguém. Como ele ia voltar para a faculdade de direito dali a uns dois meses, na verdade tínhamos bem pouco tempo.

Então, por que não?

Com ele, não houve nenhum daqueles artifícios românticos usuais de gato e rato. Ele não estava interessado em joguinhos. Pelo contrário, não deixou espaço a dúvidas. Pôs os sentimentos na mesa e os deixou ali, como que dizendo: *Aqui está meu interesse. Aqui está meu respeito. Este é meu ponto de partida. Daqui em diante só podemos avançar.*

Essa mistura de franqueza e certeza, devo admitir, era lisonjeira e estimulante. Era também tremendamente sexy.

A certeza dele se tornou nosso alicerce. Eu nunca tinha saído com alguém de intenções tão firmes, tão isento de dúvidas, tão absolutamente desinteressado em deixar correr. Perguntava sobre minhas emoções, minhas ideias, minha família, e respondia todas as minhas perguntas sobre as dele. Com Barack, eu podia ir com muita sede ao pote — de sua história, de sua afeição, de seu apoio — sem ficar insegura por causa disso, porque ele fazia o mesmo. Nenhum dos dois era minimamente descolado. Para mim, era como se todo um mundo novo se abrisse. Nossas mútuas indagações ajudaram a eliminar minhas inibições. Acabaram-se os dias em que eu me desgastava pensando se meu namorado ia me ligar de volta. Acabaram-se as inseguranças que me acompanhavam numa festa, na cama ou numa conversa séria sobre meus planos de vida. De repente me fortaleci por dentro. Me senti apreciada. Me senti respeitada. Me senti vista.

Estávamos apaixonados? Ainda era cedo demais para saber. Mas estávamos loucamente, profundamente curiosos. E foi essa curiosidade que nos moveu naquele verão e no outono, quando Barack voltou para a faculdade na Costa Leste e eu retomei a intensa labuta do meu trabalho jurídico. Mas agora eu andava um pouco diferente, como se alguém tivesse apertado um novo botão. Esse cara, com sua curiosidade, acrescentava luz ao meu mundo.

Quando estávamos namorando fazia alguns meses, Barack me convidou para passarmos o Natal em Honolulu, e assim eu poderia conhecer o lugar onde ele tinha crescido. Topei na mesma hora. Nunca tinha ido ao Havaí. Minha única ideia de lá era uma espécie de fantasia da mídia pop envolvendo ukuleles, tochas de bambu, saias de palha e cocos. Essas impressões derivavam, se não totalmente, pelo menos em grande parte dos três episódios do seriado *Brady Bunch* em que a família vai a Oahu em 1972, Greg começa a surfar, Jan e Marcia ficam de biquíni e Alice sofre uma distensão muscular quando está aprendendo a dançar hula.

Incorporei tudo o que eu achava que sabia sobre o Havaí em meus devaneios sobre o Natal que passaria lá. Barack e eu ainda estávamos na fase romântica de nosso novo relacionamento, e assim tudo parecia se encaixar. Ainda não tínhamos brigado nenhuma vez. Nossos telefonemas geralmente eram alegres e melosos, com certa expectativa sensual. Eu desligava sabendo que o Havaí, claro, seria o cenário perfeito para nossas primeiras férias juntos. Conforme o Natal se aproximava, o clima em Chicago ficava cada vez mais gelado, o sol a cada dia se pondo um pouco mais cedo. Eu saía para o trabalho no escuro e voltava para casa no escuro, e enquanto isso aquecia meu coração pensando no que me esperava, as brisas cálidas e palmeiras ondulantes, cochilos na praia e *mai tais* no final da tarde, langorosos dias de férias e nós dois nos apaixonando preguiçosamente.

Pela janela do avião, Oahu parecia uma terra dos sonhos, bem como eu tinha imaginado, a realidade recobrindo a fantasia numa sobreposição quase perfeita. Enquanto sobrevoávamos Honolulu em círculos naquela tarde no final de dezembro, eu estava com Barack sentado a meu lado e o paraíso se estendendo abaixo. Podia ver as águas verde-claras cintilantes do Pacífico, as montanhas vulcânicas de um verde exuberante, o arco curvilíneo branco da praia de Waikiki. Mal conseguia acreditar.

No aeroporto, pegamos um táxi para o prédio da South Beretania Street onde Barack tinha morado com os avós durante a adolescência, enquanto a mãe passava a maior parte do tempo fora, fazendo trabalho antropológico de campo na Indonésia. Lembro que, naquela corrida de táxi, me surpreendeu que Honolulu fosse tão grande e urbana, uma cidade que se amontoava ao lado da água, não muito diferente de Chicago. Havia uma autoestrada, trânsito, arranha-céus, coisas que eu não me lembrava de ter visto durante a visita de *Brady Bunch* e que não tinham se incorporado aos meus devaneios. Minha cabeça clicava sem parar, absorvendo tudo, processando todos os dados. Eu estava com 25 anos e via aquele lugar pela primeira vez, ao lado daquele cara que eu tinha a impressão de conhecer, porém não conhecia 100%, tentando entender o que era tudo aquilo. Passamos por uma sucessão de conjuntos de prédios altos e compactados, com varandas entulhadas de bicicletas e vasos de plantas e roupas estendidas no varal secando ao sol. Lembro que pensei: *Ah, certo, essa é a vida real.*

O prédio dos avós de Barack também era alto, mas não enorme. Era modernista, em forma de bloco, construído com concreto aparente. No outro lado da rua, havia uma igreja histórica com um amplo gramado verde. Pegamos o elevador até o décimo andar, seguindo com nossas malas pelo ar úmido num corredor externo do edifício, até que finalmente, depois de muitas horas de viagem, paramos à porta do apartamento deles, o lar onde Barack, até então, passara o período mais longo de sua vida.

Em poucos minutos conheci a família de Barack: a mãe, os avós — a Toot e o Vô — e a irmã Maya, então com dezenove anos. (Cerca de um ano depois, conheci o lado queniano da família, inclusive sua irmã Auma, de quem ele tinha ficado especialmente próximo.) Mostraram-se simpáticos e curiosos comigo, mas acima de tudo pareciam muito emocionados em ter Barack — "Bar", como o chamavam (diminutivo de "Barry" e que se pronunciava "Bér") — de volta em casa.

Nos dez dias seguintes, vim a conhecer um pouco Honolulu e muito a família de Barack. Nós dois ficamos no quarto dos fundos do apartamento de uma das amigas de Maya. De manhã, íamos de mãos dadas até o prédio na South Beretania e ficávamos lá umas duas horas, papeando enquanto montávamos atentamente um quebra-cabeça ou ficávamos na varandinha com vista para a igreja no outro lado da rua. O apartamento era pequeno e acolhedor, decorado com uma mistura de batiks indonésios e badulaques do Meio-Oeste que me faziam lembrar do velho apartamento de Dandy e da Vó em Chicago. Uma das primeiras coisas que percebi ao conhecer o lar de Barack era que ele tinha crescido em condições tão modestas quanto as minhas. O apartamento tinha uma cozinha estreita, em forma de corredor, sem espaço para mesa, e assim fazíamos as refeições em banquetas dobráveis na sala de estar. Toot servia sanduíches de atum com mostarda francesa e picles agridoce, muito parecidos com os que comíamos em casa na Euclid Avenue.

Éramos diferentes e éramos parecidos, Barack e eu. Agora eu via isso muito melhor. Enquanto ele retomava o contato com a família depois de um ano longe, eu examinava o que era e o que não era familiar.

Barack e a mãe mantinham conversas intensas e tortuosas sobre a geopolítica e o estado atual do mundo. O Vô, por sua vez, gostava de fazer gracejos. A Toot, que se aposentara alguns anos antes de um emprego em um banco, sofria de dor nas costas, o que a deixava um pouco ríspida, mas gostava de jogar baralho. Dava para notar que ela era muito pragmática, tendo passado muitos anos arcando praticamente sozinha com todo o peso de sustentar a família. Maya era muito alegre e meiga; me falava de seu primeiro ano de faculdade em Nova York e pedia conselhos a Barack sobre os cursos que devia fazer.

As pessoas da família, para mim, formavam uma constelação de estrelas espalhadas pelo céu, cada qual com um lugar fixo em relação às outras e o conjunto compondo um desenho de cinco pontos totalmente único. A vida familiar sempre tinha se desenrolado tranquilamente entre oceanos e continentes. Eram cinco e tinham três sobrenomes diferentes. Barack e Maya eram filhos de pais diferentes, de duas culturas diferentes. A mãe, Ann, era uma intelectual de espírito independente, filha de um casal branco de raízes conservadoras do Kansas, e tinha escolhido outro caminho na vida com obstinação. Em Barack eu via uma pessoa que encontrara seu lugar entre todas aquelas pulsações de luz. Tinha herdado o espírito rebelde da mãe, a parcimônia e o profundo senso de responsabilidade da avó, a excentricidade do avô. Tinha herdado também a ausência do pai, o legado de um Barack Obama Sênior, que quase nem aparecera na vida do filho, mas havia deixado um leque intenso de expectativas referentes à disciplina e ao rigor intelectual.

Ao contrário de minha família, o pequeno clã de Barack vivia trocando abraços. Diziam "te amo" com tanta frequência que eu ficava quase incomodada, pelo simples fato de que essas declarações de intimidade eram novas para mim. De certa forma, isso ajudava a explicar a revigorante franqueza de Barack em relação a seus sentimentos. A família dele usava as palavras de maneira afetiva, coisa que a minha não fazia. Mais tarde, entendi que talvez agissem assim porque passaram anos dependendo das palavras para se manter próximos, comunicando-se por meio de cartas e ligações interurbanas e internacionais esporádicas, declarando o amor através do éter, ressoando por mais tempo conforme a ênfase com que o declaravam. Era a mesma coisa com os abraços, as conversas profundas, as horas dedicadas aos quebra-cabeças. Estavam concentrando todo o amor que sentiam nos dez dias de que dispunham. Toda vez que se viam, sempre sentiam que se passariam muitos meses antes que voltassem a se ver.

A constelação de minha família tinha uma disposição totalmente diferente. Como quase todos nós não só estávamos radicados em Chicago, mas morávamos em locais relativamente próximos no South Side, éramos menos expansivos, mais compactados. Morávamos mais ou menos a quinze minutos de distância de carro uns dos outros. Mesmo quando jovem profissional, eu vivia literalmente em cima de meus pais, ocupando o segundo andar da casa na Euclid. Aos domingos, dia de comer macarrão com costela, ainda via meu irmão e uma legião de primos. Na minha família, não éramos de dizer "te amo" nem de discorrer sobre nossos sentimentos. A gente só erguia os ombros e dizia "Então tá, te vejo no domingo", sabendo muito bem que todo mundo ia aparecer. Era rotina, regular e confiável. Para os Robinson, regularidade era amor.

Nos anos pela frente, isso seria algo que Barack e eu teríamos que resolver, geralmente por tentativa e erro — nossas ideias concorrentes e muitas vezes conflitantes sobre o compromisso, a posição relativa de nossas duas estrelas no céu, nossa capacidade de lidar com toda a incerteza no espaço entre elas. Eu morria de ódio quando ele se atrasava ou nem dava muita bola para suas obrigações de estar em outro lugar. Ele detestava quando eu entulhava a agenda dele ou fazia planos demais para nós, incluindo gente demais. Que lacunas tentávamos preencher? O que simplesmente engolíamos e deixávamos passar? Quem fazia os ajustes ou tentava desaprender o que sabia?

Levou algum tempo e muita prática até entendermos como lidar com nossas discordâncias. Barack é de querer corrigir tudo na hora. Gosta de discutir um problema de relacionamento na mesma hora em que surge, sem rodeios. Tende a ser econômico com suas emoções. Acho que isso também se deve ao fato de a família dele tentar encaixar muita coisa nos dez dias por ano que passavam juntos. Vejo-o às vezes querendo avançar logo pelas dificuldades, recorrendo depressa a todo o seu arsenal de racionalidade, ansioso para chegar à reconciliação e à cordialidade no outro lado do conflito. Como fazia quando criança, ele organiza tudo, conduzindo-se com eficiência, querendo logo uma resolução.

Eu, por minha vez, sou muito mais esquentada e vagarosa do que meu marido. Fervo de raiva e aí preciso voltar pouco a pouco a um estado mais racional, o que talvez seja um efeito colateral da liberdade que me davam quando era criança, do incentivo a falar qualquer coisa que me passasse pela cabeça. O tempo nunca era escasso em minha família. Meu cérebro às vezes implode no começo de um conflito, e a última coisa que quero nessa hora é entrar num debate à queima-roupa, racional e organizado em tópicos, discutindo quem tem razão ou qual é a saída. Acontece que, quando me sinto acuada, sou capaz de dizer umas coisas idiotas e ferinas. Em nosso relacionamento, tem vezes em que Barack força uma conversa imediata e na mesma hora se queima com minha fúria ardente.

Tivemos que aprender a atravessar essas situações. Tivemos que exercitar nossas reações mútuas levando em conta nossas duas histórias, necessidades e modos diferentes de ser. Barack entendeu como me dar mais tempo e espaço para me acalmar e processar devagar minhas emoções, sabendo que fui criada com esse tempo e espaço. Eu, da mesma forma, aprendi a ficar menos ferina e a fazer esse processamento de um modo mais eficiente. E tento não deixar que o problema se estenda demais, sabendo que Barack foi criado de modo a não deixar nada fermentando.

Descobrimos que não existe um caminho certo ou errado para resolver tais situações. Não há um conjunto rígido de princípios de companheirismo em nosso relacionamento. O que há é apenas aquilo que podemos trabalhar e elaborar entre nós, dois indivíduos intensos de jeitos específicos, dia a dia e ano a ano, forçando e cedendo, recorrendo a um profundo poço de paciência enquanto tentamos entender um pouco mais um ao outro. Valorizo mais a presença física do que as palavras. Prezo muito a pontualidade, o tempo dedicado, a rotina e a regularidade — coisas que eram menos importantes no lar em que ele foi criado. Barack valoriza ter espaço para pensar, a capacidade de resistir a qualquer forma de convencionalismo e de viver com leveza e alto grau de flexibilidade — coisas que eram menos importantes no lar em que fui criada. Sempre ajuda quando somos capazes de dar nome a nossos sentimentos e de situar algumas diferenças na história pessoal de cada um, em vez de querer apontar de quem é a culpa no presente.

Naquelas férias de Natal, à tarde, Barack e eu deixávamos o apartamento de seus avós e caminhávamos por vários quilômetros até o lado mais tranquilo da praia de Waikiki, parando no caminho para comprar salgadinhos em uma loja de conveniência. Encontrávamos um local vazio na praia e estendíamos uma esteira de palha na areia. Nesses momentos eu finalmente sentia que estávamos de férias, longe do trabalho e de casa, plenamente presentes um para o outro. Dávamos alguns mergulhos no mar e então nos esticávamos para secar ao sol, falando durante horas seguidas, até que em algum momento Barack se levantava, tirava a areia do corpo com a toalha e dizia: "Bom, hora de ir embora".

Ah, certo, pensava eu um pouco desanimada. *Essa é a vida real.*

O fato é que, naquele momento, o que eu queria era a versão fantasiosa do Havaí. Em vez de arrastar os chinelos por alguns quilômetros de volta à South Beretania Street para um jantar bem simples com os avós assistindo ao noticiário vespertino, em vez de ficar olhando Barack acordado até tarde ajudando Maya a montar seu plano de pagamento da faculdade ou conversando com a mãe sobre a tese de doutorado dela, eternamente atrasada, a respeito da organização econômica dos ferreiros na Indonésia rural, eu adoraria que ficássemos só nós dois. Pensava em Barack e eu livres de qualquer obrigação no ar aveludado do entardecer, sentados na varanda de um restaurante próximo, tomando *mai tais* enquanto o céu sobre o Pacífico passava do rosa para o púrpura e então escurecia. E então adoraria subir, com a cabeça girando um pouco, até a suíte de lua de mel no último andar de algum hotel.

Era com isso que eu tinha sonhado sobre o Havaí, lá no escritório em Chicago quando pedi no trabalho para tirar esses preciosos dias de férias. E agora tentava não fazer cara triste enquanto Barack enrolava a esteira e começávamos o longo caminho de volta.

Veja, eu ainda era jovem. Mantinha um balanço mental — meus ganhos numa coluna, meus sacrifícios em outra. Ainda não sabia, porém, o que era realmente valioso. Ainda estava juntando as peças do que eu precisaria nos anos e na vida pela frente, o que efetivamente manteria meu coração aquecido e preparado para a longa jornada.

Hoje posso revelar que não são os *mai tais* nem as suítes de lua de mel. Não são os crepúsculos bonitos em locais exóticos, não é um casamento vistoso, nem ter dinheiro, nem ter uma presença refulgente no mundo. Não é nada disso.

Levou algum tempo até eu entender o que via. Levou não uma noite sentada naquele apartamentinho na South Beretania Street, mas dez noites seguidas ali dentro até entender plenamente o que se desdobrava diante de mim, o ganho que computaria no meu balanço pessoal. Eu estava com um homem obstinadamente devotado à sua família, que voltava a cada manhã e a cada noite, sabendo que se passaria um ano até que pudesse estar lá outra vez. Eu estava diante de sua versão da constância, da configuração de seu céu estrelado. Mais tarde, quando fomos morar juntos, vim a entender que, mesmo estando fisicamente longe, Barack continuava no centro de sua família, preenchendo um papel que nenhum dos maridos de sua mãe jamais preenchera, aconselhando solicitamente Ann e Maya em várias crises, resolvendo problemas por telefone a qualquer hora.

Ter visto tudo isso acabou nos ajudando no período mais puxado de nosso casamento, quando nossas filhas ainda eram bem pequenas e Barack passava três ou quatro noites por semana longe de casa cumprindo suas tarefas políticas. Eu tinha sido criada com outro tipo de constância e proximidade, e isso significava que me sentia vulnerável, instável, um pouco abandonada com sua ausência. Meu medo era que a distância entre nós viesse a aumentar demais, até chegar a um ponto sem volta.

Quando pudemos falar a esse respeito, e especialmente nas sessões com um terapeuta, nós nos lembramos do que tínhamos, da plataforma que já construíramos. Eu conhecia a história de Barack e ele conhecia a minha. Isso no ajudou a entender que sobreviveríamos a essas distâncias, desde que nos mantivéssemos cientes delas. Podíamos viver no meio-termo. Ambos sabíamos que ele estava acostumado à distância, mesmo que eu não estivesse. Ele sabia como amar, mesmo estando muito longe. Durante toda a vida, não tivera outra escolha a não ser praticar esse modo de amar. As meninas e eu continuaríamos a ocupar o centro de seu universo, em qualquer circunstância. Eu nunca seria abandonada. Ele me mostrara isso naquela primeira viagem.

Noite após noite no apartamento de Honolulu, nos primeiros feriados de Natal e Ano Novo que passamos juntos, eu vira Barack recolher e lavar os pratos do jantar, fazer palavras cruzadas com o avô, recomendar livros para a irmã e ler escrupulosamente todos os demonstrativos financeiros da mãe para conferir se ela não estava sendo enganada. Era atento, paciente, presente. Não saía enquanto o dia não estivesse totalmente encerrado, os pratos lavados, as conversas esgotadas e todo mundo bocejando.

Eu podia ansiar egoisticamente pela suíte de lua de mel e por toda a atenção daquele homem, mas, em vez disso, ele estava me permitindo ver o real, me mostrando uma versão do que poderia ser nosso futuro se assim quiséssemos. Não éramos casuais, não éramos de deixar correr, e foi assim que comecei a entender que seríamos muito mais do que meros turistas passeando pela vida um do outro.

É aí que começa a certeza, num elevador descendo do décimo andar, já bem tarde da noite. Pegamos a mão do outro ao sair para a noite perfumada de Honolulu sob uma abóbada estrelada, subitamente tomados pela percepção de que formamos um lar.

Todos os anos Barack e eu voltamos juntos ao Havaí. Geralmente, vamos na época do Natal e encontramos lá nossas filhas já adultas, que acabam de chegar da casa e da vida própria delas. Nós nos reunimos com Maya e sua família, visitamos os velhos colegas de escola de Barack e recebemos vários amigos do continente. Depois de mais de trinta anos indo a Oahu, já não me assombro ao ver as palmeiras ondulantes pela janela do avião nem me espanto tanto à visão da Diamond Head, a montanha vulcânica que se ergue como um enorme contraforte verde a sudeste de Waikiki.

O que sinto agora é a alegria da familiaridade. Esse lugar me atrai de uma maneira que jamais imaginei capaz quando menina. Continuo sendo uma mera visitante, mas conheço muito bem essa ilha específica, assim como conheço esse homem específico que me apresentou a ela, ao longo de nossos retornos regulares e constantes. Sinto que conheço cada curva na estrada que vai do aeroporto à Costa Norte. Sei onde tem um sorvete delicioso e um excelente churrasco coreano. Consigo reconhecer no ar o perfume do jasmim-manga e sinto prazer em observar a sombra subaquática de uma arraia-jamanta deslizando na água rasa. Conheço as águas serenas da Baía de Hanauma, onde mostramos pela primeira vez a nossas meninas ainda bem pequenas como se nadava, e os penhascos ventosos junto ao mar no Mirante de Lanai, aonde meu marido vai para relembrar a mãe e a avó tão amadas, cujas cinzas ele espalhou por lá.

Uns dois anos atrás, para comemorar nosso aniversário de casamento, Barack e eu fizemos uma viagem especial a Honolulu, e ele me surpreendeu com um jantar de comemoração. Reservou um espaço no terraço de cobertura de um hotel à beira-mar, fora da cidade, e contratou uma pequena banda para tocar.

Ficamos de pé ali por algum tempo, olhando a paisagem. Estava começando a anoitecer, e dava para ver toda a orla da praia de Waikiki. Havia surfistas flutuando languidamente em suas pranchas, esperando a onda perfeita, e idosos jogando xadrez no parque. Víamos o zoológico aonde levávamos as meninas em nossas viagens anuais de Natal e o movimento na Kalakaua Avenue, onde tantas vezes passeávamos com elas, olhando os malabaristas e outros artistas de rua que entretinham os turistas à noite. Reconhecíamos e apontávamos os vários hotéis em que tínhamos ficado ao longo dos anos, desde a época em que já dispúnhamos de dinheiro suficiente para não precisar pedir à família de Barack que encontrasse alguém que nos emprestasse um quarto. Percebíamos que estávamos contemplando todo o leque daqueles anos em que tínhamos voltado juntos àquele lugar. Foi um momento em que o círculo se fechou. Aquele meu antigo sonho ingênuo de visitar o Havaí tinha se tornado realidade. Eu estava no alto de um prédio, ao entardecer, só com a pessoa que eu amava.

Então Barack e eu nos sentamos e pedimos martínis. Falamos um pouco sobre a família dele, relembrando aquela primeira visita à South Beretania Street, e como éramos jovens naquele tempo — como, olhando retrospectivamente, parecia que mal e mal nos conhecíamos. Relembramos a esteira de palha e aquelas longas caminhadas para chegar até a praia e depois para voltar ao apartamento de seus avós.

Rimos, reconhecendo que tinha dado uma boa canseira.

Então fizemos um brinde e ficamos olhando o céu que adquiria tons de rosa.

Minha mãe é nosso porto seguro.

7. Esta é minha mãe

Depois que Barack foi eleito presidente, correu a notícia de que Marian Robinson, minha mãe, de 71 anos, planejava se mudar conosco para a Casa Branca. A ideia era que ela ajudasse a cuidar de Sasha e Malia, então com sete e dez anos respectivamente, pelo menos até elas se acostumarem. Minha mãe ficaria até que todos se adaptassem bem e depois voltaria para Chicago. Imediatamente a mídia se mostrou fascinada pela ideia, solicitando entrevistas com ela e produzindo uma série de reportagens, dando a ela o apelido de "Primeira-Vovó" e "Avó-Chefe". Era como se o elenco de uma novela de TV tivesse ganhado um novo personagem promissor. De repente minha mãe estava nos noticiários. Ela *era* o noticiário.

Qualquer pessoa que já tenha visto minha mãe sabe que a última coisa que ela deseja é ser muito conhecida. Ela concordou em dar uma meia dúzia de entrevistas, imaginando que fazia parte do processo mais amplo de transição, embora reiterasse sua surpresa de que alguém ligasse para isso.

Segundo seus próprios critérios, mamãe não tem nada de especial. Ela também gosta de dizer que, embora tenha muito amor por mim e por meu irmão, nós dois tampouco temos qualquer coisa de especial. Somos apenas duas crianças que cresceram cercadas de amor e um tanto de sorte, e assim acabamos nos saindo bem. Ela procura relembrar às pessoas que bairros como o South Side de Chicago estão cheios de "pequenas Michelles e pequenos Craigs". Estão em todas as escolas, em todos os quarteirões. O que acontece é que muitos são desprezados e subestimados e, assim, grande parte desse potencial passa despercebido. Provavelmente este é o ponto fundamental da filosofia mais geral de mamãe: "Todas as crianças são ótimas".

Agora ela está com 85 anos e demonstra uma elegância serena e jovial. O glamour e a solenidade não significam nada para ela. Enxerga longe e acredita que todas as pessoas deveriam ser tratadas da mesma maneira. Eu a vi falar com o papa e com o carteiro, mantendo com ambos a mesma atitude afável e imperturbável. Se alguém lhe pergunta alguma coisa, ela responde em termos simples e diretos, com uma espécie de desprendimento divertido, nunca modulando as respostas a determinado ouvinte. Essa é mais uma faceta de minha mãe: ela não acredita em falsear a verdade.

Isso significa que, quando fizemos a transição para a Casa Branca, toda vez que um repórter lhe fazia uma pergunta, mamãe respondia com franqueza. Atenuar suas ideias ou se prender a qualquer lista de temas nervosamente estabelecida pelos assessores de imprensa não era com ela. Logo vimos que, se Vovó ia falar com a mídia, Vovó ia falar com sinceridade, e ponto final.

E foi assim que ela apareceu nos noticiários nacionais, contando que tinha vindo arrastada de seu chalezinho tranquilo na Euclid Avenue, esperneando e protestando, mais ou menos forçada pelos próprios filhos a vir morar no endereço mais famoso do país.

Não estava sendo grosseira; estava sendo apenas verdadeira. Mamãe falou com os repórteres sobre esse assunto da mesma maneira que tinha falado comigo. (E tanto o carteiro quanto o papa teriam ouvido a mesma coisa.) Não queria vir para Washington, e tive que suplicar de joelhos. A súplica não funcionou e então recrutei Craig para pressionar também. Minha mãe era a rocha de nossa família, o alicerce de todos nós. Desde a época em que nossas filhas eram bebês, ela nos ajudou a aparar as arestas em nossos esquemas para cuidar delas, dando cobertura quando Barack e eu nos enrolávamos e de vez em quando oscilávamos entre as transições de nossas carreiras, os ciclos de sobrecarga de trabalho e as atividades pós-escolares cada vez mais florescentes de nossas meninas.

Então, sim: eu meio que forcei minha mãe a vir.

O problema era que ela vivia contente em sua casa. Tinha se aposentado pouco tempo antes. Gostava de sua vida, de seu espaço, e não se interessava por mudanças em geral. Tudo o que ela possuía estava na casa da Euclid, inclusive a cama onde dormia fazia mais de trinta anos. Achava que a Casa Branca tinha muito de museu e pouco de lar. (E claro que ela disse isso com todas as letras para um repórter.) Mas, mesmo deixando claro que sua mudança para Washington se dera, em grande medida, a contragosto e seria apenas temporária, seu amor por Sasha e Malia e seu compromisso com o desenvolvimento e o bem-estar delas acabaram eclipsando todo o resto. Disse a outro repórter, erguendo os ombros: "Se, afora os pais, alguém vai ficar com essas meninas, melhor que seja eu".[15]

Depois disso, resolveu dar um basta nas entrevistas.

Após a mudança, minha mãe se tornou muito popular na Casa Branca, mesmo não se empenhando para isso. Na verdade, ela virou a queridinha da festa. Todo mundo a chamava simplesmente de "Dona R".* O pessoal da equipe gostava dela justamente por causa de sua simplicidade. Os mordomos, que na maioria eram pretos, gostavam de ter uma vovó preta na casa. Mostravam-lhe fotos de seus próprios netos e de vez em quando lhe pediam conselhos de vida. Os floristas da Casa Branca que vinham trocar os arranjos se demoravam papeando com ela. Os agentes do Serviço Secreto acompanhavam atentamente seus movimentos quando ela saía pelos portões e ia até a farmácia CVS na Fourteenth Street ou seguia na direção contrária, para a loja de departamentos Filene's Basement, ou dava um pulo na casa de Betty Currie — a ex-secretária pessoal de Bill Clinton — para jogar baralho. O pessoal encarregado dos serviços domésticos vivia se prontificando a fazer mais por ela, mas mamãe deixava claro que ninguém devia servi-la à mesa nem retirar seus pratos. Ela sabia muito bem fazer tudo isso sozinha.

"Só me mostrem como ligo a lavadora, e eu me viro", dizia ela.

Cientes do favor que ela nos prestava, tentávamos não a sobrecarregar. Mamãe levava e pegava Sasha e Malia na escola, ajudando-as a se encaixarem na nova rotina. Nos dias em que eu estava ocupava com tarefas da FLOTUS [abreviação para First Lady of the United States], providenciava merenda e o que mais fosse necessário para as atividades pós-escolares das meninas. Assim como fazia comigo quando eu estava no ensino fundamental, ela ouvia com interesse os relatos das duas sobre o que tinha acontecido no dia delas.

* Menção indireta a Eleanor Roosevelt, que costumava ser tratada assim. (N. T.)

Quando mamãe e eu passávamos algum tempo sozinhas, ela me atualizava sobre qualquer coisa do dia das meninas que eu não soubesse e então me oferecia a mesma escuta generosa, absorvendo e acolhendo o que eu dizia.

Se não estava cuidando das meninas, mamãe fazia questão de não aparecer muito. Achava que devíamos ter nossa vida familiar própria, independente dela. E achava que ela mesma devia ter uma vida independente de nós. Prezava sua liberdade. Prezava seu espaço. Como regra geral, preferia não se envolver. Tinha vindo para Washington com um único propósito, o de oferecer um suporte confiável para mim e para Barack e ser uma avó afetuosa para nossas meninas. Todo o resto, para ela, era só ruído desnecessário.

Às vezes, recebíamos convidados VIP para um jantar na residência da Casa Branca. Eles olhavam em torno e indagavam onde estava minha mãe, perguntando-se se ela se juntaria a nós.

Em geral eu apenas ria e apontava para o terceiro andar, onde ficava o quarto dela. Minha mãe gostava de ficar numa sala de estar ao lado, com janelões com vista para o Washington Monument. "Que nada", eu dizia, "ela está lá em cima, feliz da vida".

Era uma maneira cifrada de dizer: "Desculpe, Bono, mamãe está com um copo de vinho na mão, tem costeletas de porco na mesinha e está assistindo a *Jeopardy!*... Não pense nem por um instante que você seria páreo para isso...".

De modo geral, o esquema parecia funcionar. Mamãe acabou ficando conosco na Casa Branca os oito anos inteiros. A solidez de sua presença, a postura simples e prática eram benéficas para todos nós, ainda mais porque muitas coisas em torno do trabalho de Barack eram complicadas e cheias de dramaticidade. A Vó nos mantinha com os pés no chão. Não estava ali para acompanhar o avanço do ebola, o obstrucionismo ou quem estava cavando problemas ao testar lançamentos de mísseis balísticos sobre o mar do Japão.

Ela estava ali apenas para se certificar de que nossa família ia bem. E precisávamos disso. Precisávamos dela. Ela era nosso lastro.

No decorrer daqueles oito anos, nossas meninas se metamorfosearam, passando de alunas do fundamental para adolescentes em plena efervescência, decididas a conquistar a independência e os privilégios da vida adulta. Como costumam fazer os adolescentes, elas testaram alguns limites e fizeram algumas bobagens. Uma ficou de castigo por não cumprir o toque de recolher. Outra postou no Instagram uma selfie de biquíni meio escandalosa e recebeu ordens da assessoria de imprensa da Ala Leste para removê-la. Uma, certa vez, teve que sair de uma festa da escola arrastada pelos agentes do Serviço Secreto bem na hora em que a polícia local estava chegando, o que rendeu uma boa confusão. Outra deu uma resposta malcriada ao presidente dos Estados Unidos quando ele teve a audácia de perguntar (de maneira pouco diplomática) como é que ela conseguia estudar espanhol e ouvir rap ao mesmo tempo.

Qualquer episódio, mesmo de leve desobediência ou mau comportamento, envolvendo nossas filhas adolescentes gerava em mim uma onda de preocupação e inquietação. Atiçava meu maior medo, que era o de que a vida na Casa Branca estivesse estragando nossas meninas. E isso, claro, seria por culpa dos pais. Nessas situações, a mente temerosa, minha velha amiga e companheira, disparava na mesma hora, trazendo uma cascata de dúvidas e sentimento de culpa. (Já comentei que a mente temerosa adora se apegar a filhos? Ela conhece todos os nossos pontos fracos e vai atrás deles, um de cada vez.)

A qualquer coisinha que saísse errado, meu sentimento de culpa como mãe vinha à tona. Eu começava a questionar todas as escolhas que Barack e eu tínhamos feito na vida, todas as encruzilhadas que surgiram no nosso caminho. Nós, mulheres, somos programadas para ser excelentes no quesito autoquestionamento, capturadas que fomos em sistemas de desigualdade e alimentadas com imagens totalmente irrealistas da "perfeição" feminina desde a infância. Nenhuma de nós — nenhuma, mesmo — jamais alcança esse ideal. E, apesar disso, continuamos tentando. Tal como ocorre com o casamento e a parceria, as versões fantasiosas da parentalidade ocupam a dianteira do nosso imaginário cultural, sendo que a realidade é menos, muito menos perfeita.

Para as mães, a sensação de não ser suficiente pode ser especialmente dolorosa. As imagens de perfeição materna com que deparamos nas propagandas e nas redes sociais são, muitas vezes, tão falsas ou desconcertantes quanto os corpos femininos photoshopados — emagrecidos, cinzelados, esculpidos à base de preenchimentos — tantas vezes apresentados como o padrão social supremo da beleza. Mesmo assim, somos condicionadas a entrar nessa, perseguindo não só o corpo perfeito, mas também os filhos perfeitos, o equilíbrio perfeito entre trabalho e vida pessoal, a vivência familiar perfeita e os níveis perfeitos de calma e paciência, apesar de saber que nenhuma de nós — e, mais uma vez, realmente nenhuma — jamais alcançará esses ideais. A dúvida gerada por todo esse artifício pode ser muito forte e desgastante. É difícil olhar em volta como mãe e pensar: *todo mundo está sendo perfeito nisso, menos eu?*

Sou tão propensa a esse tipo de autoflagelo quanto qualquer pessoa. Ao menor sinal de conflito ou dificuldade com nossas meninas, na mesma hora começo a escarafunchar freneticamente meus próprios erros. Fui dura demais ou indulgente demais com elas? Estive presente demais ou ausente demais? Tinha algum livro sobre a criação dos filhos que esqueci de ler quinze anos atrás? Foi uma crise genuína, sinal de problemas maiores? Que lições fundamentais de vida deixei de transmitir? Será tarde mais?

Se você tem algum tipo de responsabilidade pela vida de uma criança, certamente conhece bem esse tipo específico de medo e preocupação, o tormento incessante de se afligir com os filhos — aquela sensação persistente e sem saída de que não fizemos o suficiente por eles ou fizemos tudo errado, e agora eles estão pagando o preço de nossa negligência ou de nossas decisões equivocadas. Creio que é algo que muitas de nós sentimos intensamente, quase ininterruptamente, desde aqueles primeiros momentos em que a gente olha a preciosa e inocente perfeição do rosto de um recém-nascido e pensa: *Aiaiai, não me deixe estragar tudo.*

Como mães, estamos sempre combatendo nossa aflição em não falhar na tarefa que nos foi dada. Existem setores inteiros da economia organizados para alimentar essa aflição e lucrar com ela, desde exercícios para desenvolver o cérebro dos bebês e carrinhos ergonômicos até preparadores para vestibular. É como um buraco impossível de preencher. Como uma enorme quantidade de pais nos Estados Unidos tem dificuldade em arcar com o alto custo do cuidado com os filhos (que pode consumir cerca de 20% do salário médio de um trabalhador), as tensões apenas aumentam.[16] Podemos até nos convencer de que, se baixarmos mesmo que só um pouquinho o nível, privando nossos filhos de alguma minúscula vantagem que não temos como bancar ou não sabemos como proporcionar, já os estamos condenando potencialmente.

Lamento dizer, mas essa aflição não tem fim. Ela não some quando nossa criança aprende a dormir ou a andar, quando vai para o jardim de infância ou se forma no ensino médio, ou mesmo quando se muda para seu primeiro apartamento e compra um jogo de facas de carne. Continuamos a nos preocupar!

Ainda temos medo por eles! Enquanto estivermos respirando, ficamos imaginando se tem algo mais que possamos fazer. O mundo sempre vai parecer infinitamente mais sinistro e perigoso quando temos filhos, mesmo adultos, andando por ele. De modo geral, faremos praticamente qualquer coisa para nos convencer de que temos um mínimo de controle. Mesmo agora, meu marido, o ex-comandante em chefe, não se contém e envia mensagens de texto com notícias que alertem nossas filhas para os riscos de dirigirem na estrada ou de andarem sozinhas à noite. Quando elas se mudaram para a Califórnia, ele mandou por e-mail um longo artigo explicando como se prepararem para terremotos e propôs providenciar que o Serviço Secreto as orientasse sobre como reagir a desastres naturais. (A resposta foi um cortês "Não, obrigada".)

Cuidar e acompanhar o crescimento dos filhos é uma das coisas mais recompensadoras do mundo, e ao mesmo tempo pode nos enlouquecer.

Ao longo dos anos, tenho contado com uma arma secreta que me ajuda a driblar a onda de ansiedade parental — minha própria mãe. Ela é meu esteio, meu Buda. Presencia minhas várias falhas com serenidade, sem críticas; é uma força vital de sanidade. Durante toda a jovem existência de nossas filhas, minha mãe ficou de longe observando o crescimento e o desenvolvimento delas, nunca se intrometendo nas decisões que Barack e eu tomamos ao longo desse processo.

O que ela oferece é presença e perspectiva. É uma ouvinte empenhada, capaz de expulsar rapidamente meus medos para o fundo da sala ou de me dizer quando exagero em minhas preocupações. Ela me fala da importância de sempre pressupor o melhor em relação aos filhos — que é melhor deixar que se empenhem para corresponder às nossas expectativas e ao nosso alto apreço do que pedir que se rebaixem a nossas dúvidas e preocupações. Mamãe diz que a gente deve conceder a eles a nossa confiança em vez de fazê-los merecer. Essa é sua versão de "começar pela gentileza".

Durante os anos na Casa Branca, mamãe estava lá me fazendo encarar a realidade. Por meio de seu olhar imperturbável de septuagenária, eu via a minha própria adolescência na de Sasha e Malia, lembrando que o que faziam de errado não era um fracasso, mas algo próprio da idade e dentro do campo de possibilidades — e que eu mesma já tinha feito no passado algumas bobagens muito parecidas. Suas conversas de incentivo eram breves e discretas, condizentes com sua personalidade, mas também tranquilizadoras.

"Está tudo bem com as meninas", dizia mamãe, dando de ombros. "Só estão aprendendo a viver."

A mensagem era que estava tudo bem comigo também, que podia me acalmar e confiar em meu discernimento. Isso sempre esteve no centro do que mamãe me dizia.

Quem passa algum tempo ao lado de minha mãe logo nota que ela costuma soltar pequenas pérolas de sabedoria na conversa diária. Geralmente, essas pérolas estão associadas à sua convicção de que é possível criar bem os filhos sem maiores dramas nem alarde. Nunca são proclamações bombásticas feitas com fúria ou ardor. Pelo contrário, a gente quase precisa chegar bem pertinho para ouvir. Costumam ser reflexões enviesadas que apenas escapam, como moedinhas que lhe caíssem do bolso.

Faz anos que coleciono essas moedinhas, recheando meus bolsos com elas, usando-as como guia e ferramenta para contrapor a minhas dúvidas e preocupações de mãe. Durante algum tempo andei pensando que minha mãe devia escrever um livro, contando sua história de vida e transmitindo algumas percepções suas que, pessoalmente, considero tão valiosas. Mas, quando dei essa ideia, ela apenas a afastou com um gesto, dizendo: "Ora, e por que eu haveria de fazer isso?".

Mas ela me autorizou a transmitir aqui algumas de suas máximas mais comprovadas na prática, considerações que têm me ajudado a ficar um pouco mais calma, um pouco menos sobrecarregada de sentimento de culpa, a ser uma mãe um pouco melhor para minhas filhas. Essa permissão, porém, foi dada sob a condição de que eu acrescentasse a seguinte ressalva, nas próprias palavras dela: "Só deixe muito claro que não estou nessa de dizer como alguém deve levar a própria vida".

1. Ensine seus filhos a acordarem sozinhos.

Quando eu tinha cinco anos, começando o jardim de infância, meus pais me deram um pequeno despertador de presente. O mostrador era quadrado, com ponteirinhos verdes fosforescentes que indicavam a hora e os minutos. Mamãe me mostrou como programar a hora de despertar e como desligar a campainha quando ele tocava. Então me ajudou a repassar todas as coisas que eu precisava fazer logo cedo — tomar o café da manhã, escovar o cabelo e os dentes, pegar a roupa, amarrar os sapatos e assim por diante — calculando quantos minutos eu levava para me aprontar e sair para a escola. Ela estava ali para dar as instruções; tinha me fornecido a ferramenta, mas usá-la bem era comigo.

E eu era louca por aquele despertador.

Adorava o que ele me oferecia — controle e capacidade de ação em minha própria vida pequenina. Agora percebo que mamãe escolheu deliberadamente a ocasião em que me passou essa ferramenta específica, bastante cedo em meu desenvolvimento, antes que eu tivesse idade para questionar por que tinha de acordar cedo para ir à escola, antes que ela precisasse vir me sacudir na cama para eu me levantar. Em certo sentido, isso lhe poupava o incômodo, mas o verdadeiro presente era para mim: eu podia acordar sozinha. *Eu podia acordar sozinha!*

Se alguma vez eu continuasse a dormir enquanto o despertador tocava ou tivesse preguiça e relutasse em ir para a escola, minha mãe se mostrava pouco interessada em ralhar comigo ou tentar me convencer por bem. Ficava de fora, deixando claro que, em larga medida, minha vida era minha. "Veja, minha educação eu já tive", dizia ela. "Já fui à escola. Então isso não é comigo."

2. Isso *não* é com você. Os bons pais e mães estão sempre tentando pendurar as chuteiras.

A abordagem do despertador era uma amostra de um projeto ainda maior concebido pelos meus pais: consistia em nos ajudar a aprender a nos levantar e nos manter sobre nossas próprias pernas, não só em termos físicos, mas também emocionais. Desde que nos deu à luz, minha mãe batalhava por um único objetivo, que era se tornar mais ou menos obsoleta na vida dos filhos.

Pensando em quanto precisei da presença tranquilizadora de minha mãe em anos recentes, como acabei de descrever, me parece evidente que ela ainda não chegou lá. Mas não foi por falta de tentar.

Mamãe deixava muito claro, principalmente em relação a tarefas práticas do cotidiano, que seu plano era se tornar desnecessária em nossas vidas ao máximo, com a maior rapidez possível. Quanto mais cedo chegasse esse momento, quanto mais cedo ela sentisse que Craig e eu éramos capazes de tocar nossas próprias coisas, mais bem-sucedida ela se consideraria como mãe. "Não estou criando bebês", dizia ela. "Estou criando adultos."

Pode ser meio chocante dizer isso, sobretudo numa era em que se tornou praxe acompanhar tão de perto todas as atividades dos filhos, mas tenho bastante certeza de que a maioria das decisões de mamãe se baseava numa única pergunta essencial: *Qual é o mínimo que posso fazer por eles nesse momento?*

Não era uma pergunta guiada pela indiferença ou pelo interesse próprio, mas sim profundamente ponderada. Em nosso lar, o mais importante era, acima de tudo, a autonomia. Meus pais sabiam que dispunham de reservas limitadas — de dinheiro, espaço, acesso a privilégios e, no caso da saúde de papai, não só de energia, mas do tempo que lhe restava na Terra —, o que os levava a ser econômicos em todas as frentes. O ponto de vista de papai era que tínhamos sorte, mas nunca deveríamos achar que essa sorte era garantida. Fomos ensinados a valorizar o que tínhamos diante de nós, os presentes que ganhávamos, fosse uma bola de sorvete ou uma oportunidade de ir ao circo. Ele queria que saboreássemos o agora, que resistíssemos ao impulso de estar sempre à espera do próximo prazer ou emoção ou de invejar o que os outros tinham.

Suas reprimendas eram brandas e brincalhonas, mas a lição era séria: "Nunca estão satisfeitos!", dizia docemente se a gente rasgava correndo o embrulho de um presente de aniversário e corria para abrir o próximo. "Nunca estão satisfeitos!", dizia se a gente pedia uma segunda bola de sorvete antes mesmo de acabar a primeira. Ele nos fazia pensar duas vezes em nossas vontades.

A única vantagem que nossos pais podiam nos transmitir era nos ensinar a contarmos apenas conosco e a pensarmos claramente sobre nossas necessidades. Não podiam nos oferecer atalhos e, assim, se empenhavam em nos fornecer as qualificações. Suas esperanças para os filhos podiam ser sintetizadas desta forma: para que Craig e eu tivéssemos mais sucesso na vida do que eles, precisaríamos de bons motores e tanques de gasolina cheios, sem falar da habilidade de fazermos nós mesmos os reparos necessários.

Mamãe acreditava que pôr as mãos no que fazíamos apenas atrapalhava nossas mãos. Se havia algo novo que precisávamos aprender, ela nos mostrava uma maneira de fazer e logo se afastava. Isso significava que, com o auxílio de uma banqueta, Craig e eu aprendemos a lavar e enxugar os pratos muito antes de termos altura para alcançar a pia. Devíamos arrumar nossas camas e lavar nossas roupas. Como comentei, mamãe me incentivou a ir e a voltar sozinha da escola, deixando que eu encontrasse meu próprio caminho. Eram pequenas habilidades, todas elas, mas constituíam um exercício diário de autoconfiança e resolução de problemas, uma superação gradual de dúvidas e medos, até termos menos a duvidar e menos a temer. Ficou mais fácil explorar e descobrir. A partir de um único hábito constante, éramos capazes de construir mais.

Fazíamos muitas dessas coisas de maneira imperfeita, mas o importante era que fazíamos. Ninguém estava fazendo por nós. Minha mãe não estava interferindo. Não corrigia nossos erros nem criticava nossa maneira de fazer as coisas, mesmo que fosse levemente diferente da maneira como ela preferia. Este, creio eu, foi o primeiro gosto de poder que provei. Gostava que confiassem em mim para alguma coisa. Quando lhe perguntei recentemente sobre isso, mamãe me falou: "Para as crianças, errar é mais fácil quando são pequenas". E concluiu: "Deixe que errem. E não crie muito caso por causa disso, senão, elas vão parar de tentar".

Ela se punha de lado e nos deixava tentar e errar — em nossas tarefas, em nossos trabalhos da escola e em nossas relações com professores, tutores e amigos. Agia assim não por uma questão de ego ou autovalorização, nem para alardear direitos. Não tinha nada a ver com ela, dizia. Afinal, estava empenhada em lavar as mãos em relação a nós. Isso significava que seu estado de espírito não dependia de nossas vitórias. Sua felicidade não era ditada pelos boletins que levávamos para casa, se tirávamos nota 10 ou não, se Craig marcou um monte de pontos no jogo de basquete ou se fui eleita como representante discente. Quando aconteciam coisas boas, ela ficava feliz por nós. Quando aconteciam coisas ruins, ela nos ajudava a processá-las e depois voltava para suas tarefas e dificuldades próprias. O importante era que ela nos amava, quer nos saíssemos bem, quer falhássemos. A cada vez que entrávamos em casa, seu rosto se iluminava de alegria.

Mamãe sempre observava em silêncio o que acontecia em nossas vidas, mas não se oferecia prontamente a assumir nossas batalhas. Muito do que estávamos aprendendo eram habilidades sociais e de desenvolvimento para entender quais pessoas queríamos ter à nossa volta, quais vozes deixaríamos ressoar dentro de nós, e por quê. Quando podia, mamãe encontrava tempo para fazer trabalho voluntário em nossas salas de aula na escola, o que lhe dava um bom panorama dos nossos habitats cotidianos. Isso provavelmente a ajudava a identificar quando realmente precisávamos de ajuda *versus* quando estávamos apenas "aprendendo a viver", o que parecia ser mais frequente.

Nos dias em que eu chegava em casa fervendo de raiva com alguma coisa que tinha acontecido (o que, admito, ocorria com certa regularidade), mamãe ficava na cozinha ouvindo todas as minhas diatribes contra a observação injusta feita por alguma professora, ou contra a idiotice de alguma tarefa, ou sobre dona Fulana de Tal que evidentemente não sabia o que estava fazendo no mundo.

E, depois que eu terminava, depois que minha fúria ardente tinha esfriado e eu conseguia pensar com alguma clareza, ela fazia uma pergunta simples — que era totalmente sincera e ao mesmo tempo um pouquinho capciosa: "Você precisa que eu vá até lá?".

Houve umas duas situações em que realmente precisei da ajuda de mamãe, e tive. Mas 99% do tempo eu não precisava que ela interviesse em meu favor. Só por me perguntar e me dar chance de responder, ela estava sutilmente me impelindo a continuar a raciocinar sobre o caso. Até que ponto a coisa era mesmo ruim? Quais eram as soluções? O que eu podia fazer?

E era assim que, no final, geralmente eu sabia que podia confiar em minha resposta, que era: "Acho que dou conta".

Minha mãe me ajudava a aprender como decifrar meus sentimentos e estratégias para lidar com eles, em grande medida apenas dando espaço para que se manifestassem e cuidando para não os abafar com seus próprios sentimentos e opiniões. Se eu ficava emburrada demais com alguma coisa, ela me mandava fazer alguma de minhas tarefas, não propriamente como castigo, mas sim como maneira de avaliar com discernimento as dimensões do problema. "Vá lá limpar o banheiro", dizia ela. "Aí você vai pensar em outras coisas, e não em si mesma."

Dentro de nosso pequeno lar, ela criava um ambiente emocional protegido onde Craig e eu podíamos extravasar em segurança nossos sentimentos e avaliar nossas reações a qualquer coisa que estivesse acontecendo em nossas vidas. Ela ouvia enquanto recitávamos nossos problemas em voz alta, fosse uma equação matemática ou um desentendimento na hora do recreio. Seu conselho, quando ela dava, tendia a ser do tipo realista e pragmático. Na maioria das vezes, era um lembrete para mantermos a perspectiva e pensarmos retroativamente, partindo do resultado que queríamos alcançar — e jamais tirar o foco dele.

Uma vez, no ensino médio, eu estava chateada porque tinha de lidar com uma professora de matemática que me parecia arrogante. Mamãe ouviu minhas reclamações, assentiu com ar compreensivo e então deu de ombros. "Você não precisa gostar da professora, e ela não precisa gostar de você", disse mamãe. "Mas você precisa saber matemática e ela sabe matemática; então talvez valha a pena ir para a escola e aprender a tal da matemática."

Ela me olhou e sorriu, como se fosse a coisa mais fácil do mundo de se entender. "Quanto a gostar, venha para casa", disse ela. "Aqui a gente sempre vai gostar de você."

3. Saiba o que é realmente precioso.

Na casa onde mamãe cresceu no South Side, havia uma grande mesa de centro, com o tampo de vidro liso e delicado, bem no meio da sala de estar. Era frágil e todos eram obrigados a contorná-la, quase na ponta dos pés.

Minha mãe era uma observadora atenta da própria família. Ela era exatamente a filha do meio de sete irmãos, o que lhe dava um amplo material para análise. Tinha três irmãs mais velhas e uma irmã e dois irmãos mais novos, e genitores que pareciam ser polos opostos e não se davam muito bem. Ela passou anos absorvendo a dinâmica em torno de si, formando em silêncio e talvez inconscientemente suas ideias para algum dia criar uma família própria.

Ela via como seu pai — meu avô Southside — tendia a mimar as crianças, principalmente suas três irmãs mais velhas. Levava-as de carro de um lado a outro para não precisarem pegar ônibus, receando o que não estivesse sob seu controle. Acordava-as de manhã para não precisarem pôr o despertador. Parecia gostar que dependessem dele.

Mamãe estava atenta.

Minha avó Rebecca — mãe de mamãe —, por sua vez, era rigorosa e muito formal, visivelmente infeliz e provavelmente (assim crê minha mãe agora) com depressão. Quando nova, sonhava em ser enfermeira, mas, ao que parece, a mãe dela, uma lavadeira que tinha criado sete filhos na Virginia e na Carolina do Norte, tinha dito a ela que o curso de enfermagem era muito caro e que enfermeiras pretas raramente conseguiam um bom emprego. Assim, em vez de estudar, Rebecca se casou com meu avô e teve sete filhos, nunca parecendo radiante com o que a vida lhe trouxera. (Com o tempo, sua infelicidade aumentou a ponto de ela ir embora, saindo de casa quando mamãe tinha cerca de catorze anos. Tornou-se auxiliar de enfermagem e assim se sustentou. Sem ela, Southside passou a comandar um lar mais descontraído.)

O decreto que regia a casa da avó Rebecca era que crianças são para ser vistas, não ouvidas. À mesa de jantar, mamãe e seus irmãos e irmãs deviam se manter calados, ouvindo em respeitoso silêncio a conversa dos adultos, nunca dando qualquer contribuição pessoal a ela. Minha mãe lembra vividamente a sensação de uma quantidade enorme de pensamentos se amontoando na cabeça. Era um desconforto. Ela não gostava nada daquilo. Mesmo em termos psicológicos, todos andavam na ponta dos pés, tomando cuidado com como e onde pisavam.

Quando as amigas de sua mãe iam visitá-la, mamãe e os irmãos tinham que ficar junto com os adultos na sala de estar. Todos — desde os menorzinhos aos adolescentes — deviam se sentar educadamente e só tinham autorização para cumprimentá-los.

Minha mãe descreve os longos serões naquela sala como uma agonia por precisar manter a boca fechada, ouvindo conversas de adultos das quais queria participar, ideias que queria rebater ou, pelo menos, entender melhor. Passava horas reprimindo suas opiniões, fitando aquela mesa de café com tampo de vidro que estava sempre brilhante e impecável, sem nenhuma manchinha nem marca de dedo. Deve ter sido nessas horas que ela chegou, mesmo que de maneira inconsciente, à ideia de que seus futuros filhos seriam não só autorizados, mas incentivados a falar. Anos depois, era essa a profissão de fé que vigorava na Euclid Avenue. Podíamos expressar qualquer pensamento e todas as opiniões eram valorizadas. Jamais se proibiria qualquer pergunta sincera. Podia-se rir e podia-se chorar. Ninguém precisava andar na ponta dos pés.

Uma noite, quando apareceu uma nova visita na casa, mamãe lembra que a mulher olhou todos os meninos e meninas, se mexendo inquietos ali apertados na sala de estar, e por fim fez uma pergunta muito lógica: "Como é que você consegue ter uma mesa com tampo de vidro com todas essas crianças?".

Ela não lembra o que minha avó respondeu, mas mamãe sabia qual era a verdadeira resposta: em sua opinião, a mãe tinha perdido uma lição fundamental — o que era precioso e o que não era. Que sentido tinha ver os filhos se ela não os ouvia?

Nenhum filho seu jamais se atreveria a encostar no vidro daquela mesa, assim como nenhum se atreveria a falar, sabendo que seria castigado pelo simples fato de tentar. Em vez de poderem crescer, eram mantidos em seu lugar.

Uma noite, finalmente, quando mamãe tinha uns doze anos, alguns amigos foram visitá-los. Por alguma razão boba qualquer, um deles se sentou em cima da mesa. Para o horror de minha avó, ela se espatifou, enquanto seus filhos olhavam em silêncio.

Para mamãe, foi uma espécie de justiça cósmica. Até hoje ela morre de rir com essa história.

4. Crie o filho que tem.

O apartamento onde meus pais me criaram não tinha nada que se parecesse com uma mesa com tampo de vidro. Pouquíssima coisa em nossas vidas era delicada ou quebrável. É verdade que nem tínhamos condições de ter móveis refinados, mas também é verdade que, com a criação que recebeu, minha mãe não tinha o menor interesse em ter algo especial. Nunca ia fingir que havia sob nosso teto qualquer coisa que fosse realmente preciosa, a não ser nossos corpos e nossas almas.

Em casa, Craig e eu podíamos ser nós mesmos. Craig, por natureza, era de ficar vigiando e chegava a ser um pouco maçante. Já eu era toda animada e independente. Nossos pais viam nossas diferenças e nos tratavam de acordo com elas. Orientavam nossa criação no sentido de incentivar nossos pontos fortes individuais, de extrair o que havia de melhor em nós, em vez de querer nos encaixar em algum molde preestabelecido. Meu irmão e eu respeitávamos nossos pais e seguíamos algumas regras gerais, mas também falávamos o que queríamos à mesa de jantar, dávamos festas dentro de casa, ouvíamos música bem alto, ficávamos brincando e pulando em cima do sofá. Se alguma coisa se quebrava — um copo de água, uma caneca de café ou, de vez em quando, uma janela —, não era nada de mais.

Procurei usar essa mesma abordagem na criação de Sasha e Malia. Queria que se sentissem vistas *e* ouvidas — que sempre falassem o que pensavam, que explorassem livremente o mundo e nunca sentissem que deviam andar na ponta dos pés em seu próprio lar. Barack e eu estabelecemos algumas regras básicas e princípios gerais para nossa família: tão logo as meninas tiveram idade para dormir em camas, elas aprenderam a arrumá-las, tal como mamãe havia feito conosco. Barack, tal como sua mãe havia feito com ele, tratou de despertar desde cedo o interesse delas pelo prazer proporcionado pelos livros.

O que logo aprendemos foi que criar filhos pequenos seguia a mesma trajetória que percorremos durante a gravidez e o parto: podemos passar um tempão sonhando, preparando e planejando tudo para que a vida familiar ande perfeitamente, mas, no final, acabamos mesmo é tendo de lidar com o que acontece. Podemos estabelecer sistemas e rotinas, escolher entre a enorme variedade de gurus disponíveis para nos guiar quanto às horas de sono, à alimentação e à disciplina. Podemos determinar as normas familiares e anunciar com convicção nossa religião e nossa filosofia, discutindo tudo ad nauseam com nosso companheiro. Mas não demora muito e é quase certo que a gente logo terá de se render, reconhecendo que, apesar de nosso mais sincero e empenhado esforço, temos pouco, às vezes *pouquíssimo* controle. Podemos passar anos capitaneando nosso navio com admirável comando e alto grau de ordem e asseio, e então temos de encarar que há uns piratinhas a bordo e, queiramos ou não, eles vão fazer uma tremenda bagunça.

Por mais que nossos filhos nos amem, eles têm sua pauta própria. São indivíduos e aprenderão as lições cada qual à sua maneira, por mais cuidadosamente que tenhamos planejado ensiná-las. Transbordam de curiosidade para explorar, experimentar e tocar em tudo o que veem. Vão entrar no convés de nosso navio, apalpar todas as superfícies e acabar com tudo o que é frágil, inclusive nossa paciência.

Vou contar um caso do qual não me orgulho muito. Aconteceu numa noite quando ainda morávamos em Chicago, Malia tinha cerca de sete anos e Sasha acabara de fazer quatro. Eu tinha chegado em casa depois de um longo dia de trabalho. Como acontecia com frequência naquela época, Barack estava a mais de mil quilômetros de distância, em Washington, no meio de uma sessão no

Senado que provavelmente me deixava indignada. Eu servira o jantar para as meninas, supervisionara o horário do banho, perguntara como tinham passado o dia e estava terminando de lavar o último prato, com as pernas um pouco bambas, doida para acabar as tarefas e ter meia horinha de descanso sozinha.

As meninas deveriam estar escovando os dentes para se deitar, mas dava para ouvi-las correndo para cima e para baixo pela escada até o quarto de brincar no terceiro andar, entre risadinhas travessas.

"Ei, Malia e Sasha, hora de sossegar!", gritei ao pé da escada. "*Já!*"

Houve uma pequena pausa — uns três segundos, talvez — e então recomeçaram os passos barulhentos e outras risadinhas esganiçadas.

"Hora de descansar!", berrei outra vez.

Ficou claro que eu estava gritando para as paredes, sem que minhas filhas me dessem qualquer atenção. Senti o calor subindo pelo rosto, a paciência evaporando, a raiva aumentando, pronta para estourar.

A única coisa que eu queria, em todo este vasto mundo, era que as crianças fossem para a cama.

Desde que eu era pequena, mamãe sempre me aconselhava a contar até dez nessas horas, a esperar um pouco até recuperar alguma sensatez — a responder, em vez de simplesmente reagir.

Acho que consegui contar até oito e não deu mais para aguentar. Eu estava fervendo. Furiosa. Subi correndo a escada e mandei aos berros que as meninas descessem do quarto de brincar e viessem até mim. Então tomei fôlego e contei os dois segundos que faltavam, tentando me acalmar.

Quando elas apareceram, ambas de pijama, coradas e um pouco suadas pelas brincadeiras, indiferentes a todas aquelas ordens que eu tinha gritado pela escada, falei que desistia. Renunciava à tarefa de ser mãe delas.

Arregimentei toda a pouquíssima calma que consegui reunir e disse, afinal não muito calma: "Pois bem, vocês não me escutam. Pelo jeito, acham que não precisam de mãe. Parecem muito felizes em cuidar de si mesmas, então tudo bem, sigam em frente... A partir de agora vocês vão comer e se vestir sozinhas. E podem se deitar sozinhas. Fiquem vocês com a vidinha de vocês, e se virem. Não estou nem aí". Joguei as mãos para o alto, mostrando como me sentia impotente e magoada. "Estou farta", falei.

Nesse momento tive uma das maiores revelações da minha vida sobre com quem eu estava lidando.

Malia arregalou os olhos e o lábio inferior começou a tremer.

"Ah, mamãe", disse ela, "não quero que isso aconteça." E disparou para o banheiro para escovar os dentes.

Senti algo relaxar dentro de mim. *Uau*, pensei, *funcionou rapidinho*.

Enquanto isso, Sasha, com seus quatro anos de idade, continuou ali de pé, agarrada ao cobertorzinho azul que arrastava de um lado para o outro. Levou um instante para processar a notícia de minha renúncia e então se entregou à sua reação emocional própria, de puro e franco alívio.

Enquanto Malia se apressou em me obedecer, Sasha se virou sem dizer uma palavra e disparou alegremente escada acima, voltando para o quarto de brincar, como se dissesse: *Até que enfim essa mulher me deixou em paz!* Dali a uns segundos, ouvi que ela ligava a TV.

Num momento de extremo cansaço e frustração, eu tinha entregado àquela criança as chaves de sua vida, e ela ficou muito feliz em pegá-las, muito antes de estar realmente pronta para isso. Por mais que eu gostasse da ideia de minha mãe, de vir a me tornar obsoleta na vida de minhas meninas, era cedo demais para isso. (Chamei imediatamente Sasha de volta do quarto de brincar, fiquei plantada ao lado dela enquanto escovava os dentes e a pus para dormir.)

Esse episódio me ensinou uma lição importante sobre como proceder com minhas filhas. Uma delas queria mais redes de proteção por parte dos pais, a outra queria menos; uma reagia de imediato a minhas emoções, a outra levava minhas palavras ao pé da letra.

Cada qual tinha temperamento próprio, sensibilidade própria, necessidades, pontos fortes, limites e modos peculiares de interpretar o mundo em torno de si. Barack e eu continuamos a observar essas mesmas dinâmicas se manifestando em nossas filhas à medida que cresciam. Ao descer por uma pista de esqui, Malia fazia curvas bem controladas e precisas, enquanto Sasha preferia deslizar feito um raio, com a jaqueta esvoaçando. Quando a gente perguntava a Sasha como tinha sido o dia na escola, ela respondia em cinco palavras e corria para o quarto, enquanto Malia dissecava em detalhes todas as horas que tinha passado fora. Era frequente que Malia nos pedisse conselhos — como seu pai, ela gosta de tomar decisões com vagar, considerando outros elementos — ao passo que Sasha, como eu quando menina, adorava que confiássemos nela para fazer tudo de seu próprio jeito. Não que uma estivesse certa e a outra errada, nem que uma fosse boa e a outra má. Apenas eram — são — diferentes.

Como mãe, vim a confiar menos nos livros e nos consagrados gurus sobre educação dos filhos e mais em meus próprios instintos, baseando-me no lembrete atemporal de mamãe em me acalmar e me ater ao meu discernimento. Barack e eu aprendemos gradualmente a ler os sinais em nossas meninas, adaptando-nos ao que cada uma nos mostrava de si, procurando interpretar o desenvolvimento delas por meio do que entendíamos sobre suas necessidades e talentos individuais. Comecei a considerar a criação dos filhos como uma arte que se pratica mais ou menos como a pesca com mosca, prática em que as melhores manobras só se dão com leves gestos do pulso. Nessa modalidade, passamos horas com água pelos joelhos num rio agitado, tentando levar em conta não só a correnteza, mas também o movimento do vento e a posição do sol. A paciência é importante, bem como a perspectiva e a precisão.

No final, nossos filhos vão se tornar as pessoas que devem ser. Aprenderão a vida à maneira deles. Controlaremos alguns, mas certamente não todos os aspectos do processo. Não temos como suprimir a infelicidade da vida deles. Não eliminaremos as dificuldades. O que podemos dar a eles — o que podemos dar a todas as crianças, na verdade — é a oportunidade de serem vistos e ouvidos, a prática de que precisam para tomar decisões racionais com base em valores importantes e nossa constante alegria por estarem aqui.

5. Venha para casa. Aqui a gente sempre vai gostar de você.

Minha mãe disse isso não uma vez só, mas muitas vezes. Era a única mensagem que se sobrepunha a todas as demais. Íamos para casa para que gostassem de nós. O lar era onde sempre encontrávamos alegria.

Nestes capítulos, escrevi muito sobre a ideia de lar. Sei que tive sorte por conhecer um bom lar desde cedo. Eu me banhava em alegria quando criança, o que me deu uma clara vantagem ao crescer e me desenvolver como pessoa. Sabendo o que era a alegria, podia sair pela vida e procurar mais dela, buscar amigos, relacionamentos e, por fim, um companheiro que ajudavam a atrair ainda mais luz e alegria para o meu mundo. Procurei instilar essa sensação na vida das minhas próprias filhas, na esperança de lhes dar esse mesmo empurrão. Minha prática em encontrar e valorizar a luz dentro de outras pessoas talvez tenha se tornado minha ferramenta mais valiosa para superar a incerteza e lidar com os tempos difíceis, para enxergar além do ceticismo e do desespero e — o mais importante — para manter minha esperança intacta.

Entendo que, para muitas pessoas, o "lar" pode ser uma ideia mais complicada, menos confortável. Pode representar um lugar, um conjunto de pessoas ou um tipo de experiência emocional que se tenta deliberadamente deixar para trás. O lar pode muito bem ser um local doloroso a que nunca se desejaria voltar. E tudo bem. Há poder em se saber aonde não se quer ir.

E há também poder em descobrir aonde se quer rumar a seguir.

Como construímos lugares onde vive a alegria — para nós e para outros, principalmente para os filhos — e aos quais sempre desejaremos voltar?

Talvez você precise reformular corajosamente sua ideia de lar, cavando um abrigo para si, avivando aquelas suas chamas que podem ter passado despercebidas ou ficado amortecidas durante sua infância. Talvez você precise cultivar uma família de sua escolha em vez de uma família biológica, protegendo as fronteiras que mantêm sua segurança. Alguns de nós precisaremos fazer mudanças corajosas em nossa vida, muitas vezes reconstruindo e repovoando nossos espaços antes de descobrirmos o que realmente é um lar, o que significa sermos aceitos, apoiados e amados.

Mamãe se mudou (sim, esperneando e protestando) para Washington conosco em parte para nos ajudar com nossas filhas, mas em parte também porque eu precisava da alegria dela. Eu mesma não passo de uma criança grande, que no final de um longo dia entra em casa cansada e um pouco carente, procurando consolo e aceitação, e talvez um lanchinho.

Com sua maneira sensata e direta, minha mãe fortalecia a todos nós. Iluminava-nos todos os dias, para que pudéssemos, por nossa vez, levar luz aos outros. Contribuiu para que a Casa Branca parecesse menos um museu e mais um lar. Naqueles oito anos, Barack e eu procuramos abrir as portas daquele lar para mais gente, de mais raças e procedências, e especialmente para mais crianças, convidando-as a entrar, tocar nos móveis e explorar o que havia lá dentro. Esperávamos que pudessem entrar em contato com a história, e ao mesmo tempo que entendessem também que eram importantes o suficiente — preciosas o suficiente — para poderem moldar pessoalmente o futuro. Queríamos que a Casa Branca se fizesse sentir como um palácio de alegria, alimentado por um senso de pertencimento, transmitindo uma única mensagem, simples e poderosa: *Aqui a gente sempre vai gostar de você.*

Claro que mamãe não vai aceitar nenhum crédito em relação a isso. Será a primeira a dizer — mais uma vez — que não tem nada de especial e que, de qualquer forma, não teve nada a ver com isso.

No final de 2016, cerca de um mês antes da posse de um novo presidente, minha mãe fez as malas, alegre e contente. Não houve alarde e, por insistência dela, nenhuma festa de despedida. Apenas saiu da Casa Branca e voltou para Chicago, para sua casa na Euclid Avenue, sua velha cama e seus velhos pertences, satisfeita por ter cumprido a tarefa.

Parte três

Aquilo que não vemos nós supomos que não possa existir.
Que pressuposto mais destrutivo.[1]
— OCTAVIA BUTLER

Os acontecimentos de 6 de janeiro de 2021 no Capitólio dos Estados Unidos me deixaram profundamente abalada. Estar presente ao rito democrático da posse do presidente Joe Biden pouco depois, em 20 de janeiro, foi uma afirmação.

8. Nós por inteiro

Às vezes leio perfis de mulheres bem-sucedidas, que ganham bem e alegam ter tudo e dar conta de tudo. Elas tendem a irradiar a impressão de certa ausência de esforço: estão sempre bem cuidadas, bem-vestidas, tiram de letra a administração de seja qual for o império que comandem. Ao mesmo tempo, dão também a impressão de preparar o jantar dos filhos toda noite, dobrar cada peça de roupa lavada na casa e ainda ter tempo de praticar ioga e no fim de semana fazer compras. Às vezes ouvimos dicas de como elas conseguem isso, truques para gerenciar o tempo, macetes relacionados ao rímel ou a qual incenso acender ou que ingredientes pôr no açaí. Tudo isso é oferecido junto com uma lista de cinco livros superliterários que elas acabaram de ler.

Estou aqui para dizer que é mais complicado do que isso. Na maior parte das vezes, o que vemos nesses perfis é a pessoa que, por acaso, está sentada no topo de uma pirâmide simbólica. Ela parece elegante, equilibrada e com tudo sob controle. No entanto, em primeiro lugar, é provável que o equilíbrio seja só momentâneo. Em segundo lugar, isso só acontece graças ao esforço coletivo de uma equipe que com frequência inclui administradores, profissionais de puericultura, de faxina, de beleza e outros que se dedicaram aos cuidados com essa pessoa. Muitas de nós, e eu me incluo nessa lista, são sustentadas pelo esforço discreto e muitas vezes pouco reconhecido de outras pessoas. Ninguém se torna bem-sucedida sozinha. Acho importante aquelas que têm esse tipo de ajuda nos bastidores não deixarem de mencionar esse fato como parte da sua história.

Quem me conhece sabe também das pessoas de excepcional talento e solidez que há muitos anos fazem parte da minha equipe. Elas solucionam muitos problemas, mantêm o controle de inúmeros detalhes, turbinam minha eficiência e capacidade operacional. Enquanto estive na Casa Branca, tive o auxílio de duas jovens cheias de energia, Kristen Jarvis no primeiro mandato e Kristin Jones no segundo. Elas se mantiveram ao meu lado em praticamente cada passo que dei em público, me ajudando a ir em frente e preparada para o que desse e viesse. Até hoje são como irmãs mais velhas para Sasha e Malia.

Desde que saí da Casa Branca abracei vários projetos novos, desde escrever livros até ajudar a administrar a Fundação Obama e cuidar da produção executiva de programas de TV. Ao mesmo tempo, continuei com meu trabalho de *advocacy* em temas como direitos eleitorais, educação de meninas e saúde infantil. Nada disso se dá sem a orientação de Melissa Winter, que em 2007 deixou um emprego no Capitólio para me ajudar na campanha presidencial de Barack, depois se tornou uma assessora importante na Ala Leste e, quinze anos depois, continua comigo, agora como chefe de gabinete, administrando com maestria meu escritório e dando conta de uma ampla gama de responsabilidades em todos os aspectos da minha vida profissional. É difícil dizer o quanto me apoio nela.

Nos primeiros anos depois de sair da Casa Branca, tive a sorte de contar com uma assistente imensamente capaz chamada Chynna Clayton, que entrou para o meu gabinete na Ala Leste em 2015 e aceitou continuar comigo quando voltei a ser uma cidadã comum. Chynna era minha controladora de tráfego aéreo, coordenando meu dia a dia, de minuto em minuto. Quando uma amiga queria saber se eu estava livre para jantar na terça-feira seguinte, eu em geral ria e respondia: "Você tem que perguntar para a minha mãe". Minha mãe, claro, era Chynna, e era Chynna quem administrava a agenda.

Era Chynna quem andava com meus cartões de crédito. Quem tinha o telefone da minha mãe. Era ela quem falava com meus médicos, marcava minhas viagens, colaborava com meus seguranças do Serviço Secreto e organizava minhas saídas com amigos. Chynna era capaz de se adaptar a todos os tipos de ambiente sem nunca se deixar abalar por alguma mudança. Em um dia qualquer, eu podia passar de uma conversa com um grupo de colegiais à gravação de um programa de TV ou de um podcast. Podia me encontrar com um líder mundial ou com o chefe de uma instituição de filantropia, depois jantar com celebridades de primeira linha. Chynna facilitava cada um desses passos.

Esse emprego significava que passávamos praticamente o tempo todo juntas. Andávamos de carro juntas. Sentávamo-nos lado a lado no avião. Nos hotéis, ficávamos em quartos contíguos. Os quilômetros que percorremos nos aproximaram. Chynna chorou comigo quando perdemos nosso velho e querido cão Bo. Comemorei com ela quando comprou sua primeira casa. Chynna não apenas se tornou parte integrante da minha vida, mas passou a morar no meu coração.

Por isso fiquei tensa quando, cerca de um ano após deixarmos a Casa Branca, Chynna perguntou se poderíamos ter um encontro formal, só as duas. Considerando quanto tempo já tínhamos passado juntas só as duas, era um pedido incomum, e como Chynna parecia ansiosa fiquei uma pilha de nervos. Só conseguia imaginar um motivo para a reunião: ela ia pedir as contas.

Quando Chynna entrou na minha sala e se sentou, me preparei para a notícia.

"Então, *ma'am*", disse ela. (Me chamar de *ma'am* é um resquício curioso dos tempos de Casa Branca, costume respeitoso que diversos de nossos funcionários mais antigos insistem em manter.) "Eu ando querendo falar com a senhora sobre uma coisa..."

"Claro, pode falar."

"Bom, é sobre a minha família."

Observei-a se remexer na cadeira, pouco à vontade. "Certo", falei.

"Mais especificamente sobre o meu pai."

"O que tem ele?"

"Bom, acho que eu nunca cheguei a comentar, mas provavelmente deveria. Ele foi preso."

"Ai, Chynna", falei, imaginando que a notícia devesse ser recente. Conhecia sua mãe, Doris King, mas nunca havia encontrado o pai, e ela tampouco me falara sobre ele. "Que difícil. Eu sinto muito. Quando aconteceu?"

"Bom, ele foi para a cadeia quando eu tinha três anos."

Passei um segundo calada enquanto fazia as contas de cabeça. "Está querendo dizer que ele foi preso 25 anos atrás?"

"É, tipo isso. Ele foi solto quanto eu estava com treze anos." Ela me encarou com um ar de expectativa. "Só achei que a senhora deveria saber, para o caso de isso ser um problema."

"*Problema?* Por que deveria ser um problema?"

"Não sei. Só fiquei preocupada."

"Espere aí", falei. "Você esteve preocupada com isso o tempo inteiro que trabalhou comigo?"

O sorriso dela foi doce, encabulado. "Um pouco. Sim."

"E foi por isso que marcou esta reunião?"

Chynna aquiesceu.

"Quer dizer que você não vai pedir demissão?"

A sugestão pareceu deixá-la chocada. "Como assim? Não."

Então ficamos as duas nos encarando por alguns segundos, silenciadas pelo alívio mútuo, acho eu.

Por fim, desatei a rir. "Você quase me matou agora, sabia?", falei. "Pensei que fosse se demitir."

"Não, *ma'am*, de jeito nenhum." Chynna agora também estava rindo. "Eu só precisava compartilhar essa única informação com a senhora. Me pareceu que estava na hora."

Depois disso ficamos conversando um pouco, ambas admitindo que "aquela única informação" na verdade tinha importância.

Para Chynna, contar essa parte da própria história foi como tirar um peso das costas, a libertação de algo que ela havia guardado por muito tempo. A vida inteira ela teve vergonha de dizer às pessoas que o pai estava preso, me explicou. Quando mais jovem, escondia o fato dos professores e amigos, pois não queria ser julgada nem rotulada por seu modelo de família ou por aquilo que estava vivendo. Quando entrou para a faculdade, logo começou a trabalhar no meio de um bando de gente aparentemente chique na Casa Branca. Sentiu então que os riscos pareciam maiores, bem como o abismo entre as circunstâncias da sua infância e o lugar onde estava agora. Como explicar de maneira casual para a pessoa sentada ao seu lado no avião presidencial que, quando criança, você só via seu pai nos dias de visita a um presídio federal?

Para ela, deixar essa parte da própria história de fora tinha se tornado tanto um hábito quanto uma estratégia. Apesar disso, dava trabalho viver contornando o assunto para evitar qualquer tipo de conversa que convergisse para sua infância.

Ao longo dos anos, ela se condicionara a agir de modo defensivo e cauteloso, como se vestisse uma camada extra de armadura. Chynna convivia em silêncio com o temor de que achassem que ela era uma fraude. Coisa que não era, claro.

Nesse dia, na minha sala, não consegui de todo tranquilizar Chynna de que a sua história para mim não representava absolutamente problema algum. Eu me sentia grata por saber. Se isso fazia alguma diferença para mim, era no sentido de aprofundar meu respeito por ela, de me permitir entender melhor a moça extraordinariamente competente sentada na minha frente. O fato de ela ter conseguido lidar com o estresse de ter um dos pais na prisão quando criança era prova de sua resiliência, independência e capacidade de persistir. Ajudava a entender como ela se tornara tão exímia na resolução de problemas e em questões de logística: tinha aprendido a pensar depressa em níveis distintos desde muito pequena. Sua dificuldade em saber o que fazer com aquela parte da própria história talvez explicasse também por que ela sempre fora um dos integrantes mais calados do nosso gabinete. Eu agora não estava olhando só para uma parte daquela pessoa que respeitava, mas para toda ela, ou, em todo caso, para uma parte maior do que antes. Estava vendo alguém cuja história tinha muitos capítulos.

Eu sabia que Chynna fora criada em Miami por uma mãe decidida, que havia assumido sozinha a educação da filha e trabalhava de madrugada para poder estar em casa com a menina depois da escola. Sabia também que tinha incentivado Chynna a agarrar todas as oportunidades. Encontrei Doris algumas vezes ao longo dos anos, e vira em primeira mão o orgulho que ela sentia da filha. A trajetória de Chynna, sua carreira, sua inteligência e maturidade eram uma vitória. Seus sucessos eram em parte uma prova do investimento e do trabalho duro da mãe.

Eu também entendia, por causa da minha própria criação, o quanto esse tipo de apoio às vezes pode se traduzir em uma pressão extra, mesmo não sendo essa a intenção das pessoas que nos amam. Quando se é a primeira geração na família a desbravar um território — a primeira a sair do bairro, a primeira a cursar faculdade, a primeira a ter casa própria ou conquistar qualquer tipo de estabilidade, por menor que seja —, o orgulho e as expectativas dos que vieram antes são companheiros constantes. Afinal, todos indicaram o caminho até o topo da montanha e confiaram que você chegaria lá, mesmo que eles não tenham conseguido.

Por mais maravilhoso que seja, isso também se torna um fardo a mais, algo precioso que não podemos nos dar ao luxo de tratar como se não fosse nada. Você sai de casa sabendo que carrega uma bandeja na qual estão depositadas as esperanças e os sacrifícios dos outros. E então passa a tentar equilibrar essa bandeja na corda bamba tentando lidar com ambientes de estudos e trabalho nos quais é visto ou vista como diferente, onde o seu pertencimento nunca está garantido.

No meio de todo esse esforço e de toda essa precariedade, é perdoável não querer arriscar mais ainda compartilhando uma parte grande da própria história pessoal. Pode-se perdoar a introspecção, a cautela, as camadas de armadura. Aquela pessoa na realidade está tentando não perder o foco, manter o equilíbrio e não cair.

Hoje em dia, Chynna relata que essa conversa ajudou a destravar algo dentro dela, permitindo que se livrasse de parte do medo e deixasse para trás a sensação de ser uma impostora na própria vida profissional. Na segurança de nosso relacionamento próximo, na confiança que havíamos construído ao longo do tempo, ela decidira tirar do cofre uma determinada parte de si mesma e expô-la, uma parte da sua história que sempre a tinha feito se sentir vulnerável, um pedaço do seu *apesar*.

Reconheço que me contar isso tenha parecido arriscado para ela, embora nós duas tivéssemos uma relação muito mais próxima e íntima do que a maioria das pessoas tem com seus chefes. E reconheço também que, em muitos ambientes de trabalho, ou para um recém-chegado no cargo, ou ainda se Chynna fosse a única mulher ou preta no nosso time, esse risco teria parecido maior ainda. O que escolhemos compartilhar em ambientes profissionais, o que mostramos de nós mesmos e em que momento, não é apenas pessoal, mas também inerentemente complexo, com frequência uma questão delicada de momento certo, circunstância certa e julgamento cuidadoso. É preciso sempre atentar para o que está em jogo e quem está ali para receber nossa verdade. Não existe uma única regra geral que possa ser aplicada sempre.

Nos próximos capítulos, vamos conversar mais sobre as questões de *quando* e *como* nos abrirmos sobre quem somos de modo autêntico e eficaz. Mas quero começar explicando *por que* acho importante procurarmos oportunidades de ficar mais à vontade com nós mesmos e nossas histórias e, igualmente importante, de criar espaço e aceitação para as histórias dos outros, seja no trabalho ou na vida pessoal, ou, num mundo ideal, em ambos.

Em um nível muito básico, pode ser um alívio correr um risco calculado e deixar algo sair do cofre, liberando-se da obrigação de manter algo escondido ou de tentar compensar pelo que nos torna diferentes de nossos pares. Muitas vezes isso significa que estamos começando a integrar as partes excluídas de nós mesmos ao nosso conceito mais amplo de valor próprio. É uma forma de encontrar nossa própria luz, o que com frequência também ajudará os outros a vê-la. Em alguns casos, pode ser uma jornada bastante individual, feita com a ajuda de um terapeuta e compartilhada apenas nos relacionamentos mais seguros. Às vezes levamos anos para chegar ao momento e ao conjunto de circunstâncias certos. Muitos de nós esperam tempo demais para começar a tentar conhecer ou dar voz às próprias histórias. O que mais importa é encontrar modos de examinar o que existe dentro do cofre e pensar se está sendo bom ou não guardar isso lá dentro.

Chynna diz que, depois de me contar mais sobre a sua infância e perceber que aquilo não mudava em nada a consideração que eu tinha por ela, começou a se sentir mais confiante e à vontade para falar sobre essa parte da própria história com outras pessoas da sua vida. Graças a isso, passou a sentir um pouco menos de medo e a se sentir mais confiante e à vontade de modo geral. Ela também começou a entender quanto da sua energia fora direcionada, mesmo que inconscientemente, para esconder aquilo.

Chynna passara anos vivendo com medo de ser julgada por algo que estava inteiramente fora do seu controle, e que é também bastante comum no nosso país. Por trabalhar no ar rarefeito da Casa Branca, ela partiu do princípio de que ter um dos pais na cadeia a transformava em um tipo de "única". Dificilmente seria o caso. Segundo as estatísticas governamentais, mais de cinco milhões de crianças nos Estados Unidos já tiveram um dos pais na cadeia em algum momento;[2] isso representa 7% de todos os jovens. Fica claro que Chynna decerto estava menos sozinha do que pensava. Mas é claro que ninguém falava no assunto. E por que falaria? Muitas vezes — e com razão, considerando a cultura de julgamento na qual vivemos — acreditamos que é mais seguro manter nossas vulnerabilidades bem trancadas.

Isso significa que muitos de nós pensamos ser um "único" quando talvez não sejamos. Nossos cofres podem nos isolar dos outros, exacerbando a dor da invisibilidade. E essa é uma vida dura de se levar. O quanto guardamos lá, escondido e protegido por sentimentos instintivos de vergonha ou medo, pode contribuir para uma sensação mais generalizada de não termos lugar ou importância, de que a nossa verdade nunca vai se encaixar de modo confortável na realidade do mundo em que vivemos. Ao manter nossas vulnerabilidades privadas, perdemos a oportunidade de saber quem mais está por aí na mesma situação. Se nos abríssemos, talvez encontrássemos alguém que nos entendesse, ou talvez pudéssemos ajudar outra pessoa que vive a mesma dor.

Cerca de um ano depois de nossa primeira conversa, Chynna participou como convidada de uma série de podcasts que eu apresentava no Spotify, em um episódio que discutia relacionamentos entre mentores e mentorados. Durante a conversa, ela falou sobre ter crescido com um pai presidiário e disse ter aprendido a se livrar da vergonha que sempre associara a essa parte da sua história. Com o tempo, passou a ver essa situação como uma experiência que a tinha ajudado a se tornar a pessoa de sucesso que é hoje.

Ao dar visibilidade a sua história, Chynna acabou fazendo algo não só por si mesma, mas pelos outros. Imediatamente depois de o episódio ser lançado, começaram a chover mensagens de todos os cantos do país, um coro lindo e animado de pessoas querendo interagir com o que ela havia revelado. Muitas lhe agradeceram pelo que tinha dito. Homens e mulheres de todas as idades, e até crianças, escreveram dizendo entender exatamente os sentimentos que ela havia descrito; eles próprios precisaram lidar com o estresse de ter alguém próximo na cadeia e de entender como compartilhar essa história, como incorporá-la à própria trajetória.

O fato de Chynna não se expressar com vergonha, mas sim com dignidade e orgulho de si mesma foi especialmente importante. Aquela parte da história dela também pertencia aos que nos escreveram. Sob alguns aspectos, ela ajudou todo mundo, criando um campo mais amplo na qual todos puderam se sentir visíveis e seguros do seu pertencimento. Pensar que uma menininha tinha visto por dentro a sala de visitas familiares de um presídio federal e também a Casa Branca significava alguma coisa para essas pessoas.

Quando alguém resolve levantar a cortina para revelar aquilo que é percebido como uma parte imperfeita da sua história, em uma circunstância ou condição que poderia tradicionalmente ser vista como fraqueza, está muitas vezes revelando o código-fonte da sua constância e da sua força. E, como já vimos muitas vezes na nossa história, a força de uma alma determinada pode se tornar a força de muitos. Pensei nisso quando tive o privilégio de estar presente no palanque da posse em 20 de janeiro de 2021, quando uma jovem escritora chamada Amanda Gorman se aproximou do microfone usando um alegre sobretudo amarelo e eletrizou uma plateia de milhões de pessoas recitando um poema perfeitamente sintonizado com um dos momentos mais difíceis e complicados da história recente.

Apenas duas semanas antes, atiçada pelo presidente que deixava o cargo, uma turba de cerca de 2 mil pessoas tinha invadido o Capitólio dos Estados Unidos numa tentativa de impedir o Congresso de confirmar a vitória de Joe Biden nas urnas. Janelas foram quebradas, portas derrubadas, policiais atacados e feridos e gabinetes do Senado invadidos, aterrorizando os líderes do nosso país e pondo em risco a própria democracia. Barack e eu assistimos chocados às imagens ao vivo do noticiário. Os acontecimentos desse dia me abalaram profundamente. Eu já tinha entendido que nosso país estava lidando com um nível tóxico de discórdia política, mas ver essa retórica se transformar em violência inconsequente e raivosa com o objetivo de derrubar uma eleição foi devastador. Um presidente americano encorajando um cerco ao seu próprio governo talvez tenha sido a coisa mais assustadora que já presenciei.

Como cidadãos, nem sempre tínhamos concordado com as pessoas que elegemos para tomar as decisões. Como americanos, porém, historicamente confiávamos na entidade maior da democracia, um conjunto de ideais no qual tínhamos depositado nossa fé. Como primeira-dama, eu havia conhecido dezenas de servidores públicos zelosos e sensíveis, pessoas que tinham dedicado a vida ao serviço público. Muitas haviam contribuído ao longo de vários governos, independentemente do partido que estivesse no comando. Tinha visto a mesma coisa no governo estadual de Illinois durante o período em que Barack trabalhara no legislativo de lá, e no nível municipal, quando eu mesma trabalhara no gabinete do prefeito em Chicago. Líderes iam e vinham, ganhavam e perdiam eleições, mas o governo em si, uma democracia pacífica e participativa baseada no conceito de eleições livres, esse sempre permanecia, e seguia funcionando como uma roda girando de modo vagaroso e constante. Nada nela era perfeito, mas era esse o pacto da nossa federação, dos nossos Estados Unidos. Era o que nos libertava e nos mantinha livres.

Embora a ordem tenha sido eventualmente restaurada e os líderes do Congresso tenham conseguido ratificar a eleição naquela mesma noite, o estrago feito em 6 de janeiro era incomensurável; foi como se a psique da nação tivesse se rasgado. A dor era palpável, o trauma real. A tensão permaneceu elevada até o dia da posse. O FBI emitiu um boletim alertando para o risco de mais violência e pôs todos os cinquenta estados em alerta. Muito sinceramente, eu tive medo do que poderia acontecer.

Parecia claro, porém, que havia uma escolha a ser feita entre o medo e a fé, não só para nós que estaríamos presentes no palanque da posse para presenciar o juramento de um presidente recém-eleito, mas para os cidadãos de modo mais geral. Que tipo de posição tomaríamos? Mesmo com o zumbido de incerteza ao fundo, será que compareceríamos para defender nossa própria democracia? Conseguiríamos nos manter calmos e decididos? Quatro anos antes, eu participara desse mesmo rito para um presidente cuja candidatura não tinha apoiado e em cuja liderança não confiava. Não estava feliz, mas mesmo assim compareci para defender e prestigiar o processo como um todo, para ajudar a reforçar uma crença mais nobre. Posses nada mais são do que isto: a renovação ritualística de um compromisso com nossos ideais, um chamado para se adaptar à escolha do nosso eleitor e seguir em frente.

Dessa vez o que estava em jogo parecia mais importante do que nunca. Será que conseguiríamos silenciar o ruído de fundo e evocar a nossa confiança?

Semanas antes, com a ajuda da minha consultora de estilo de longa data Meredith Koop, eu tinha escolhido a roupa para a posse, ao mesmo tempo confortável e prática: um sobretudo de lã cor de ameixa por cima de um suéter de gola alta e calça no mesmo tom, tudo realçado por um largo cinto dourado. Escolhi um par de botas de salto quadrado e luvas pretas. Fui de máscara (claro) e não levei bolsa. Barack e eu tínhamos recebido vários briefings da segurança antes do evento, e saímos para o Capitólio nesse dia razoavelmente tranquilos quanto à nossa integridade. Por precaução, eu disse a Chynna para ficar em casa; ela normalmente teria me acompanhado e ficado esperando numa antessala no backstage durante a cerimônia.

Segurei a mão de Barack e subi no palanque da posse tentando transmitir a coragem que parecia adequada à ocasião. Quando nos sentamos, fiz o que tinha feito em três posses sucessivas antes daquela: inspirei fundo e mentalizei calma.

Juro que dava para sentir tudo no ar do National Mall naquela manhã: a tensão e a determinação, o anseio profundo por mudança, a ansiedade gerada pela pandemia, o espectro da violência que tivéramos de suportar no Capitólio, as preocupações mais amplas sobre para onde estávamos rumando, o sol de um novo dia. Estava tudo ali, implícito, contraditório e um pouco perturbador. Outra vez, nos reuníamos em nome da história. O processo democrático nos oferecia mais uma chance de contar a história dos Estados Unidos, de deixar a roda girar. Mas ninguém ainda tinha verbalizado esse fato para transformá-lo em verdade.

Até uma mulher se levantar e recitar seu poema.

A fala de Amanda Gorman nesse dia foi efervescente. Sua voz era puro poder. Com dons de oratória raros para qualquer pessoa, mais ainda para uma jovem de 22 anos, ela usou suas palavras nesse dia para dar esperança a uma nação triste e enlutada. *Não desistam*, dizia-nos seu poema. *Continuem tentando*.

Eis uma parte do poema, o último grito de união. Como toda poesia, vale a pena ler em voz alta:

Deixemos então um país melhor do que recebemos.
A cada respiração de nosso peito castigado,
Transformaremos esse mundo ferido em um mundo de assombro.

Viremos dos morros tingidos de ouro do Oeste!
Viremos do Nordeste ventoso, onde nossos antepassados fizeram pela
[primeira vez a revolução!
Viremos das cidades rodeadas de lagos dos estados do Meio-Oeste!
Viremos do Sul calcinado de sol!

Vamos reconstruir, reconciliar e resgatar...

Seu poema contava outra vez a história da nossa nação num momento em que precisávamos nos lembrar da nossa resiliência. Com seus versos, ela conseguiu acalmar muitos nervos. Acho que, para muitos de nós, Amanda Gorman conseguiu mudar o clima, e quase por milagre dissipar uma boa parte do medo daquele dia, inspirando não só esperança, mas coragem.

Só soube mais tarde que ela tinha crescido com um distúrbio de processamento auditivo, e consequentemente passara a maior parte da vida lutando contra um defeito de fala. Ao longo da vida, tivera uma dificuldade especial para pronunciar o som da letra r. Foi só por volta dos vinte anos que ela finalmente conseguiu pronunciar corretamente o próprio sobrenome.

Talvez agora você queira voltar e reler o trecho acima, prestando atenção em cada r. Vamos ver que tipo de assombro isso lhe causa.

Pouco depois da posse, quando tive a oportunidade de entrevistar Gorman, ela me explicou que tinha passado a ver sua dificuldade de fala menos como uma deficiência e mais como algo pelo qual ela, no fim das contas, se sentia grata. Os desafios que enfrentou durante anos para pronunciar palavras tinham sido duros, com certeza, mas também a tinham levado a se aprofundar na prática de explorar e experimentar os sons e a linguagem, primeiro na infância, depois na adolescência, e agora como uma jovem e corajosa poeta. Esse esforço para superar a dificuldade a obrigara a descobrir novas habilidades em si mesma.

"Por muito tempo considerei isso uma fraqueza", disse ela. "Agora realmente vejo como uma força."[3] Ela havia transformado o que parecia uma vulnerabilidade num trunfo singular, algo poderoso e útil. O distúrbio do qual sofrera a vida inteira, que a tornava diferente das outras crianças na escola e que a maioria via como uma desvantagem, também tinha permitido que se tornasse quem era.

O que víramos na sua apresentação tão segura no palanque da posse era uma jovem alcançando um ápice. Mas aquele fora apenas mais um dia na sua vida, uma parte da sua história, e ela queria garantir que os outros tivessem alguma percepção da montanha que ela precisara escalar. Hoje, conhecida e elogiada como um talento brilhante, Gorman se empenha em destacar o fato de seu sucesso não ter sido instantâneo e de, ao longo do caminho, ter se apoiado em outras pessoas: parentes, fonoaudiólogos, professores. "Quero enfatizar que isso demorou uma vida inteira, e que foi preciso toda uma aldeia", me disse. Sua vitória mais visível só aconteceu anos depois de pequenos reveses e progresso gradual. A cada r que conseguia pronunciar, ela dava mais um passo. E a cada novo passo entrava mais em contato com o próprio poder e a própria capacidade. Ela havia conquistado segurança por meio da dicção, e nesse processo encontrado o código-fonte da sua força.

Agora que o conhecia, sabia como assumi-lo plenamente. Ele lhe pertencia, para ter e usar durante toda a vida. E ainda havia muitos ápices que pretendia alcançar.

"Especialmente no caso de meninas pretas, somos tratadas como um raio ou uma pepita rara, não como algo que vai durar", disse ela. "A gente precisa se imbuir da crença de que aquilo que somos e o que viemos fazer aqui vai além desse instante. Estou aprendendo que eu não sou um raio que cai uma vez só. Sou o furacão que acontece todos os anos, sem falta, e podem se preparar para me ver de novo em breve."

Muitas pessoas de sucesso que conheço aprenderam a usar seus *apesares* assim, como uma zona de treinamento. Isso não quer dizer necessariamente que tiveram de superar todos os obstáculos ou que andam por aí vendo arco-íris e unicórnios onde os outros enxergam sistemas, opressão ou muros altos demais para serem escalados. Muitas vezes significa apenas que fizeram exatamente o que o poema de Gorman instava todos nós a fazer: *Não desistam. Continuem tentando.*

À minha volta, vejo pessoas inteligentes e criativas avançando passo a passo rumo a um maior poder e a uma visibilidade maior em muitos casos depois de aprenderem a usar, e não a esconder, aquilo que as distingue das outras. Quando fazemos isso, começamos a reconhecer todas as contradições e influências que nos tornam únicos. Normalizamos a diferença. Revelamos mais partes do imenso mosaico humano. Ajudamos a tornar a história de todo mundo um pouco mais aceitável.

Uma das comediantes de que mais gosto é Ali Wong, um talento ferino, sem papas na língua. Ela chamou minha atenção pela primeira vez em 2016, quando lançou na Netflix um especial de stand-up comedy chamado *Baby Cobra*. Nele, sobe ao palco grávida de sete meses e meio, de vestido curto e justo e óculos vermelhos de armação de chifres, apresentando-se com um aspecto incrível e desafiadoramente feminino ao mesmo tempo em que recita um monólogo cru e sem censura sobre sexo, raça, fertilidade e maternidade.

Ali consegue ser ao mesmo tempo virulenta, sensual e real — e é conduzida, atrapalhada e ao mesmo tempo fica totalmente à vontade com a enorme barriga. Ela se mostra por inteiro, e o efeito é hipnotizante.

Um jornalista da *The New Yorker* certa vez perguntou a Wong o que ela diz para comediantes mais jovens que desejam saber o segredo do sucesso nesse mundo onde, como mulher de origem asiática e mãe de filhos pequenos, ela continua fazendo parte de uma minoria. Wong respondeu que, para ela, o segredo era não ver nenhuma dessas circunstâncias como obstáculos. "Você muda seu ponto de vista e pensa: 'Espere aí: eu sou mulher! E a maioria dos comediantes que faz stand-up é homem'," disse ela. "Sabe o que os comediantes homens não podem fazer? Eles não podem engravidar. Não podem *se apresentar* grávidos. Então a minha atitude é simplesmente *usar* todas essas diferenças."[4]

Nossas diferenças são tesouros, e são também ferramentas úteis, válidas, valiosas. É importante compartilhá-las. Ao reconhecer esse fato, não só dentro de nós mesmos, mas nas pessoas à nossa volta, começamos a reescrever cada vez mais histórias, a mudar os paradigmas de que lugar pertence a quem, criando espaço para mais pessoas. Passo a passo, aos poucos podemos amenizar a solidão do não pertencimento.

O desafio é mudar nossos pontos de vista e celebrar o valor da diferença em nós mesmos e nos outros, vendo-a como motivação para dar um passo à frente e não para trás, para nos levantar em vez de ficar sentados, para dizer mais em vez de menos. O trabalho é imenso e muitas vezes requer coragem. E nunca há qualquer garantia de como será recebido. Mas sempre que alguém consegue, sempre que outra corda bamba é atravessada, vemos mais pontos de vista começando a mudar. Quando uma comediante grávida e de origem asiática faz milhões de pessoas rirem, isso é importante. Quando uma mulher preta de 22 anos se levanta e, quase sozinha, muda o humor de toda uma nação, isso é importante. Quando um muçulmano vira CEO ou uma pessoa trans se torna representante de turma, isso é importante. É importante nos sentirmos seguros o bastante para nos expormos sem vergonha e encontrarmos formas de falar abertamente sobre as experiências que fizeram de nós quem somos. E, como vimos nos últimos anos, é importante termos oportunidades de erguer corajosamente a voz e diminuir o isolamento de outro alguém com palavras tão simples quanto "*me too*".

Todas essas histórias ampliam a visão do que é possível. E também aguçam nossa compreensão dos componentes daquilo que significa ser humano. Por causa delas, de repente há mais coisas para ver. O mundo em que vivemos começa a parecer maior, com mais nuances: um reflexo mais verdadeiro do lugar grande e diverso que de fato é.

Não desistam. Continuem tentando. É um mantra digno, mas eu não posso continuar sem me referir também à desigualdade que essa mensagem contém. O trabalho da visibilidade é difícil, e sua distribuição é desigual. Na verdade, não há nada de justo nisso. Por acaso eu conheço bem as dificuldades da representatividade e os padrões duplos da excelência que tornam mais íngremes as montanhas que tantos de nós estão tentando escalar. A realidade é que a vida exige muito mais daqueles que são marginalizados.

Sendo assim, por favor, não se esqueça disso quando eu lhe disser para ver seus obstáculos como tijolos e suas vulnerabilidades como forças. Eu não falo nada disso de modo casual. Não considero nada disso simples.

Minha própria experiência me mostrou que os riscos são reais e que o trabalho não termina. Não só isso, mas muitos de nós já estamos cansados, cautelosos, temerosos ou tristes, e motivos não faltam. Como mencionei, os obstáculos que é preciso enfrentar muitas vezes foram postos lá de propósito: são minas terrestres escondidas em sistemas e estruturas cujo poder repousa na premissa do pertencimento de alguns, mas não de todos. Isso pode parecer muita coisa a superar, sobretudo se você achar que está fazendo o trabalho sozinho. Mais uma vez, quero relembrar o poder dos pequenos atos, dos pequenos gestos, de pequenas formas de agir. Nem todo mundo vai ser um leão ou um ciclone. Mas isso não significa que o seu trabalho não vai ter importância. Nem que a sua história não deveria ser contada.

A dura verdade é que para muitos de nós haverá decepções. É possível dar tudo de si para chegar a uma posição de visibilidade e algum poder neste mundo, mas mesmo assim sentir o coração pesado com o que encontramos lá. É possível subir até o topo de qualquer montanha que desejemos escalar — um emprego, uma instituição de ensino, uma oportunidade — carregando com nobreza as esperanças e as expectativas daqueles que nos querem bem, repelindo pelo caminho mensagens de vergonha e alteridade, como um super-herói ou uma super-heroína. E quando a escalada termina e enfim chegamos, suando e à beira da exaustão, àquele lugar lá no alto com a linda vista com que sonhamos por tanto tempo, podemos ter uma certeza: encontraremos um ônibus de turismo de luxo com ar-condicionado e um grupo de pessoas que não fizeram trabalho algum, que foram levadas direto para lá por uma estrada exclusiva, com suas toalhas de piquenique já estendidas e a festa já animada.

É uma sensação desmoralizante. Eu já vi e já senti isso na pele.

Haverá momentos, talvez muitos, em que você terá de respirar fundo e se reaprumar do zero outra vez. Talvez olhe em volta e precise lembrar que está mais forte e mais em forma depois de ter concluído a escalada, e por ter carregado esse peso todo nas costas. Pode pensar que o terreno irregular que precisou atravessar aumentou sua agilidade, e talvez essas reflexões lhe tragam algum conforto.

Nem assim é justo.

Mas quem faz o trabalho conquista competências que não podem ser perdidas nem tiradas. Elas são suas, para guardar e usar eternamente. Espero que se lembre disso.

Existe uma derradeira ironia: faça o esforço que fizer, chegue aonde chegar, pode haver pessoas que acusarão você de ter usado atalhos ou de não merecer seu lugar na montanha. Elas terão um arsenal de expressões, *ação afirmativa*, ou *aluno bolsista*, ou *cota de gênero*, ou *vaga de diversidade*, e as usarão como armas de desprezo. A mensagem é profundamente conhecida: *Eu não considero que você tenha direito ao que tem.*

Tudo que posso dizer é: ignore. Não deixe esse veneno entrar.

Eis uma história para refletir: uns vinte anos atrás, executivos da NBC decidiram adaptar uma sitcom britânica de sucesso para a televisão dos Estados Unidos. A rede contratou um grupo de oito roteiristas para começar a trabalhar no projeto. No grupo havia apenas duas pessoas pretas, uma das quais, talvez não por coincidência, era também a única mulher. Uma moça de 24 anos. Aquele era seu primeiro emprego como roteirista de TV, e ela estava paralisada de medo. Não só fazia parte de duas minorias, mas precisava lutar contra uma camada extra de constrangimento, pois fora contratada na esteira de uma iniciativa de diversidade relativamente nova na emissora. Por ter ocupado uma vaga de diversidade, ela temia ser vista menos como um talento e mais como alguém cuja presença era destinada apenas a ticar um determinado quadradinho.

"Por muito tempo realmente senti vergonha", disse essa roteirista mais tarde em uma entrevista. "Ninguém me dizia nada sobre o assunto, mas todo mundo sabia. E eu sabia muito bem que eles sabiam."[5] Ela comparou a sensação a andar com uma marca nas costas, algo que a mantinha do lado de fora.[6]

O nome dessa roteirista era Mindy Kaling. A série era *The Office*. Durante oito temporadas ela foi uma das estrelas do programa. Também escreveu 22 dos episódios, mais do que qualquer outro roteirista da série, e tornou-se a primeira mulher preta a ser indicada para um Emmy na categoria roteiro de comédia.

Kaling hoje fala com frequência e orgulho sobre ter preenchido uma vaga de diversidade. Afirma que essa é uma parte importante da sua história, e que é fundamental os outros saberem como ela chegou profissionalmente onde está. Não é algo a ser guardado no cofre. Segundo ela, foi possível se despir da vergonha e afastar as dúvidas quando ela começou a entender melhor as vantagens de seus colegas sobre ela, as conexões advindas da familiaridade e do privilégio de ser branco e homem em um sistema criado e mantido em grande parte por outros homens brancos. Nas palavras dela: "Levei um tempo para entender que eu havia obtido acesso a algo que outras pessoas tinham por causa de quem conheciam".[7]

Ela poderia ter recuado, mas em vez disso seguiu em frente. Suportou o desconforto de ser uma "única", atirou-se de cabeça no trabalho e, por meio dele, abriu mais espaço para os que vinham depois, acolhendo outros contadores de histórias e outras histórias. Ela literalmente escreveu seu caminho rumo à visibilidade. Desde então, é claro, Kaling se tornou uma potência em sua área, criando, produzindo, escrevendo e estrelando vários programas de televisão e filmes, praticamente todos sobre histórias de mulheres pretas. Com seu trabalho, ela ampliou o leque de pertencimento.

Quando compartilhamos nossas histórias com inteireza e honestidade, muitas vezes descobrimos estar menos sós e mais conectados do que imaginamos. Criamos novas plataformas entre nós. Senti isso de maneira profunda em diferentes momentos da vida, e um dos que mais me ensinaram foram os meses que se seguiram à publicação de *Minha história*. Fiquei assombrada com a quantidade de pessoas que compareciam a meus eventos, ansiosas para se conectar por meio do que tínhamos em comum. Elas vinham com suas histórias. Abriam seu coração. Sabiam o que era ter um pai ou uma mãe com esclerose múltipla. Tinham sofrido abortos, perdido amigos para o câncer. Sabiam o que era se apaixonar por alguém que faz sua vida dar uma guinada numa direção nova e inimaginável.

"A linguagem é um lugar de encontro, não um esconderijo",[8] observou a escritora Jeanette Winterson, e isso se revelou verdadeiro no meu caso. Ao abrir meu cofre e iluminar alguns dos meus momentos de maior vulnerabilidade e perda de controle, acabei descobrindo uma comunidade maior do que jamais conhecera. Sim, a essa altura eu já era "famosa", mas foi diferente. As linhas gerais da minha história já tinham sido contadas várias vezes, por mim e por outros, mas com espaço e energia para escrever um livro e, pela primeira vez em décadas, sem as amarras do mundo político que meu marido habitava; me peguei revelando as partes que até então deixara de fora, os sentimentos e as experiências que eram mais pessoais e tinham menos probabilidade de aparecer em uma página da Wikipédia ou em um perfil de revista. No livro, eu me mostrei de dentro para fora, menos na defensiva do que jamais tinha estado, e fiquei surpresa ao constatar a rapidez com que os outros também baixavam a guarda.

Poucos leitores queriam falar comigo sobre a cor da nossa pele ou o partido político ao qual pertencíamos. Nosso terreno em comum parecia se estender além dessas coisas, quase a ponto de fazê-las encolher, e tampouco era especialmente nobre ou glamoroso. Ninguém me abordava nos eventos literários louco para falar sobre a noite em que tinha usado traje de gala, interagido com um senador ou senadora ou feito um tour pela Casa Branca. Pouca gente ligava para as minhas conquistas profissionais e para outras vitórias.

Nós nos conectávamos, isso sim, em torno de coisas mais simples. Quantos de nós, na infância, batíamos o pé para comer praticamente só manteiga de amendoim, ou tínhamos enfrentado dificuldade para encontrar a carreira certa quando adultos, ou precisado de duas tentativas para passar em alguma prova que nos permitisse exercer uma profissão. Falávamos sobre um cachorro que não conseguia aprender o lugar certo de fazer as necessidades ou um cônjuge com o hábito irritante de nunca chegar na hora. Constatei que o que construía as pontes entre nós eram os pequenos detalhes banais da nossa humanidade, destacando o que nos tornava iguais em vez de o que nos tornava diferentes. Perdi a conta de quantas mulheres me abordaram em cidades do país inteiro, seguraram com força a minha mão, olharam bem nos meus olhos e disseram: "Sabe aquilo que você diz sobre engolir um pote de comida mexicana no seu carro estacionado num centro comercial durante o intervalo de almoço, e que isso conta como 'tempo para mim'? Eu sei *exatamente* como é essa sensação. Minha vida também é assim".

Para cada pequeno ponto de conexão entre nós, eu sentia também as possibilidades de um tipo de compreensão que ia além do que compartilhávamos. Porque a verdade é a seguinte: o que quer que tenhamos em comum, há várias coisas que nos distanciam. Nós somos diferentes. Da mesma forma que você não tem como conhecer os detalhes mais íntimos da minha vida, eu também não tenho como conhecer os seus. Nunca entenderei por completo o que significa ser de Tucson, do Vietnã ou da Síria. Não posso saber exatamente como é a espera para ser convocado pelas forças armadas, cultivar sorgo em Iowa, pilotar um avião ou lutar contra algum vício. Tenho as minhas experiências de ser preta e mulher, mas isso não significa que possa saber o que qualquer outro corpo preto de mulher vivenciou.

Tudo que posso tentar é me aproximar do que torna o outro único, sentir-me ligada pelas pequenas sobreposições entre nós. É assim que funciona a empatia. É assim que a diferença começa a se transformar em união. A empatia preenche as lacunas entre nós, mas sem nunca fechá-las completamente. Somos puxados para dentro da vida dos outros por meio daquilo que eles se sentem seguros e capazes o suficiente para nos mostrar e pela generosidade com que conseguimos acolhê-los. Pedacinho por pedacinho, pessoa por pessoa, começamos a apreender o mundo de modo mais pleno.

Acho que o máximo que podemos fazer, na realidade, é andar até o meio da ponte em direção ao outro e sentir gratidão pelo simples fato de estar lá. Eu costumava pensar nisso à noite, na hora de dormir, deitada ao lado de Sasha e Malia. Ficava olhando as duas pegarem no sono com as bocas entreabertas, o arco de seus peitos pequeninos subindo e descendo sob os lençóis, e era surpreendida pela consciência de que, por mais que tentasse, eu jamais conheceria sequer metade dos seus pensamentos. Cada um de nós está só. É essa a dor de ser humano.

O que devemos um ao outro é a chance de construir todas as pontes possíveis entre nós, mesmo elas sendo feitas de manteiga de amendoim e potes de comida mexicana e só nos levando até a metade do caminho. Não se trata de defender a ideia de que devamos despejar sem qualquer critério todos os nossos segredos. Não significa tampouco fazer algo grande e público, como publicar um livro ou participar de um podcast — não necessariamente. Não se trata da revelação compulsória de cada parcela de angústia pessoal que você carrega, ou de todas as opiniões que tem. Talvez, durante algum tempo, a questão seja apenas de escuta. De se tornar um receptáculo seguro para as histórias dos outros, praticar o sentimento de receber com gentileza a verdade alheia, lembrar-se de proteger a dignidade daqueles que foram corajosos o suficiente para compartilhar de maneira honesta. Ser confiável e tratar com carinho os conhecidos e suas histórias. Guardar confidências, resistir à fofoca. Ler livros escritos por pessoas que pensam diferente, ouvir vozes que não foram ouvidas antes, procurar narrativas novas. Nessas outras pessoas, e junto com elas, é possível que você acabe encontrando mais espaço para si.

Não há como eliminar a dor de ser humano, mas acho que podemos diminuí-la. Esse processo começa quando nos desafiamos a ter menos medo de compartilhar, mais disposição para escutar, quando a inteireza da sua história vem se somar à inteireza da minha. *Eu vejo um pouco de você. Você vê um pouco de mim.* Não podemos conhecer tudo, mas é melhor quando somamos forças.

Todas as vezes que damos as mãos a outra alma e reconhecemos algum pedaço da história que ela está tentando contar, estamos percebendo e afirmando duas verdades ao mesmo tempo: somos sós e, apesar disso, não estamos sozinhos.

A convenção nacional de 2008 do Partido Democrata em Denver.

9. A armadura que usamos

Toda vez que faço um discurso importante, tento decorar todas as palavras muito antes de subir no palco. Passo semanas ensaiando e me preparando, deixando o mínimo possível de espaço para o acaso. A primeira vez que falei ao vivo na televisão, para uma audiência nacional imensa, foi em 2008, quando fiz o discurso do horário nobre na convenção nacional do Partido Democrata, transmitida do Pepsi Center, em Denver. Foi poucos meses antes da eleição, quando Barack e eu ainda estávamos no meio do processo de nos apresentar ao público, e o que aconteceu foi um minidesastre.

Meu irmão Craig fora escolhido para me anteceder no palco naquela noite. Ele fez uma apresentação encantadora, que concluiu pedindo a todos que o ajudassem a acolher no palco "minha irmã caçula e futura primeira-dama do nosso país, Michelle Obama!".

A plateia irrompeu em aplausos quando saí das coxias. Encontrei Craig na metade do caminho até o pódio e lhe dei um abraço, sentindo um frio na barriga, mas sabendo que meu irmão estava ali para me tranquilizar com uma última mensagem de apoio. Então Craig me abraçou, me puxou bem para perto e encostou os lábios na minha orelha para eu conseguir ouvi-lo apesar da música alta e do rugido de uma multidão de mais de 20 mil pessoas. Esperei palavras de estímulo como "Você vai arrasar!" ou "Estou orgulhoso de você, mana!", mas em vez disso ele disse: "O teleprompter da esquerda está *APAGADO*".

Ao soltar o abraço, Craig e eu trocamos sorrisos forçados como quem diz *está tudo ótimo, a gente está ao vivo na TV* antes de nos separarmos. Mas minha cabeça estava a mil enquanto eu ainda tentava processar suas palavras. Segui na direção do pódio acenando para a plateia, sentindo como se flutuasse fora do meu próprio corpo, e o tempo inteiro pensando: *O que foi que ele acabou de dizer?*

Parei em frente ao microfone e me esforcei para me acalmar, usando os aplausos prolongados como uma oportunidade para me situar. Olhei para a esquerda e solucionei o mistério em tempo real.

Um dos dois teleprompters tinha pifado, por causa de algum problema técnico. Isso significava que, toda vez que eu olhasse para o lado esquerdo da arena, não conseguiria ler o texto do meu discurso projetado na tela do equipamento, que estava ali justamente para me ajudar a manter o ritmo e não perder o fio da meada. O monitor estava preto. Ali estava eu, ao vivo na TV, sabendo que teria de falar por dezesseis minutos seguidos. Não havia como chamar um intervalo do programa ou pedir ajuda. Por um segundo, me senti terrivelmente sozinha, e também exposta ao extremo.

Continuei sorrindo. Continuei acenando. Continuei tentando ganhar tempo para acalmar os nervos. A plateia agora estava em pé, e seguia dando vivas e me incentivando. Olhei rapidamente na outra direção para confirmar que pelo menos o teleprompter da direita ainda estava funcionando. *Ufa*, pensei, *pelo menos isso*.

Lembrei também que tinha mais uma ferramenta em que me apoiar, algo conhecido como "monitor de chão", que consistia em uma gigantesca tela digital montada no meio da arena, posicionada ligeiramente acima da plateia e logo abaixo do paredão de câmeras dos canais de notícias que filmavam cada segundo da convenção. Assim como o teleprompter, o monitor de chão faria desfilarem em letras garrafais as palavras do meu discurso, me permitindo olhar diretamente para as câmeras e ao mesmo tempo acompanhar minhas falas. Tínhamos feito um ensaio mais cedo naquele dia, no estádio vazio e cheio de eco, e tudo tinha funcionado com perfeição.

Sabendo que estava na hora de falar, olhei para a frente em busca do reconforto da presença do monitor de chão no meio da arena.

Foi aí que percebi que tínhamos outro problema.

Antes de eu subir ao palco, o Partido Democrata havia distribuído milhares de belos cartazes com meu nome impresso. Um terço da multidão parecia agitar energicamente os cartazes. Talvez para impedir que alguém fosse atingido por um vizinho entusiasmado, eles tinham sido projetados não na horizontal, e sim na vertical. Eram finos e compridos, um retângulo estreito parecido com uma telha, sustentado por um cabo comprido.

O que ninguém previu, porém, foi que quando as pessoas levantassem das cadeiras e suspendessem bem alto os cartazes para demonstrar seu apoio, todas aquelas "telhas" formariam uma imensa cerca ondulante, tão alta e tão densa que praticamente escondia as palavras exibidas no meu monitor de chão. Eu não via praticamente nada.

Uma das maiores lições que a vida me ensinou foi que adaptabilidade e preparação, paradoxalmente, estão ligadas. Para mim, a preparação faz parte da armadura que uso. Eu planejo, ensaio e faço meu dever de casa antes de qualquer coisa que pareça mesmo que remotamente um teste. Isso me ajuda a enfrentar circunstâncias estressantes com mais calma, sabendo que na maior parte das vezes, independentemente do que acontecer, encontrarei algum caminho. Estar organizada e preparada me ajuda a sentir o chão mais firme sob os pés.

Como escrevi em *Minha história*, Craig costumava obrigar nossa família a realizar simulações de incêndio rigorosas e regulares, certificando-se de que nós quatro conhecíamos todas as saídas possíveis do nosso pequeno apartamento, tínhamos ensaiado a abertura de várias janelas, localizado os extintores de incêndio, e, se necessário, seríamos capazes de carregar escada abaixo o corpo enfraquecido de nosso pai. Tudo isso parecia um pouco dramático na época, mas hoje eu entendo por que era importante. Craig tinha um temperamento naturalmente preocupado, e essa era a sua forma de converter as preocupações em algo mais concreto e prático. Ele estava tornando nossa família mais ágil, mostrando-nos cada rota de fuga, cada forma possível de sobreviver a algo difícil. Queria que conhecêssemos todas as nossas alternativas, e também que tivéssemos treinado para usar todas as ferramentas à nossa disposição; assim disporíamos de todo um leque de possibilidades caso algum dia uma tragédia acontecesse. Essa lição me acompanhou. A preparação se torna um anteparo contra o pânico. E o que conduz a pessoa ao desastre é o pânico.

Naquela noite, em Denver, eu me apoiei na única coisa com a qual tinha certeza absoluta de poder contar, algo em que me apoiaria muitas vezes nos oito anos seguintes: minha própria prontidão. Graças a semanas de preparativos cuidadosos, até um pouco ansiosos, eu conseguira me armar contra o pânico. Tinha decorado e ensaiado cada palavra daquele discurso. Sabia de cor. Tinha passado muitas horas redigindo, ensaiando e recitando as palavras até as frases fluírem naturalmente, até a cadência parecer natural e fácil, um reflexo verdadeiro do que eu estava sentindo. Naquele momento de vulnerabilidade e exposição, eu dispunha de uma última forma de proteção: tinha feito a simulação de incêndio. Podia parar de me preocupar com tudo que estava com defeito e tapado e me apoiar no que já existia na minha cabeça e também no meu coração. No fim das contas eu tinha aquilo de que precisava, mesmo com os nervos em frangalhos e dezenas de milhares de pessoas olhando, mesmo com um teleprompter apagado e um monitor de chão escondido por um mar de cartazes se agitando. Passei os dezesseis minutos seguintes falando, e não esqueci uma palavra sequer.

Desde muito pequena, eu gostava da sensação de conquistar alguma coisa, de enfrentar os desafios e estimular a mim mesma para superar o medo. Eu queria ter uma vida grande, apesar de não fazer ideia do que isso significava exatamente, nem de como uma menina do South Side de Chicago faria para chegar lá. Só sabia que eu queria mirar bem alto. Queria me sobressair.

Como muitas crianças, eu tinha fascínio por histórias de pioneiros, exploradores, saltadores de obstáculos e qualquer um que testasse os limites ou operasse na margem do que parecia possível. Na biblioteca, lia sobre Amelia Earhart, Wilma Rudolph e Rosa Parks. Venerava Píppi Meialonga, a menina sueca ruiva da ficção que navegou os sete mares com seu macaco de estimação e uma mala cheia de ouro.

À noite, eu pegava no sono com algumas dessas viagens vivas na cabeça. Queria eu própria ser alguém que forçasse as fronteiras e operasse nas margens do possível, mas era também muito inocente. Mesmo criança, já tinha consciência da contranarrativa vigente para crianças como eu. Já podia sentir a pressão da baixa expectativa, aquela sensação onisciente de que não se esperava que eu, uma menina preta da classe trabalhadora, virasse grande coisa ou fosse muito longe.

Esse sentimento estava presente não só na minha escola, mas na minha cidade, e mais além, no meu país. É uma coisa estranha, mas real, e também, acho eu, bastante comum: ter consciência da própria inteligência e capacidade para alcançar todo tipo de excelência, mesmo sendo criança, mas simultaneamente reconhecer que boa parte do mundo tem uma visão totalmente distinta a seu respeito. É um lugar bem ruim para se começar. Pode gerar certo desespero e exige certo nível de vigilância. Já no primeiro ano do fundamental, minha escola escolhia um punhado de bons alunos e os colocava em "trajetórias de aprendizado", um ensino de alto nível, deixando os outros para trás, investindo menos nos demais, atribuindo-lhes um lugar inferior em um sistema maior. Podíamos ser jovens demais para articular o que acontecia à nossa volta, mas acho que muitos de nós sentíamos. Havia uma consciência de que, se você cometesse um erro sequer, ou se tropeçasse uma única vez, ou se houvesse uma só crise doméstica que causasse distração, na mesma hora, e muitas vezes de modo permanente, poderia ser relegado ao grupo que recebia menos.

Quando se é criança nesse tipo de ambiente, pode-se sentir de modo palpável que suas oportunidades são poucas e desaparecem depressa. O sucesso é como um bote salva-vidas no qual é preciso pular. Buscar a excelência é uma tentativa de não se afogar.

A boa notícia é que, quando somos jovens, a ambição pode ser sedutoramente pura, uma convicção pulsante de que, apesar de tudo, ninguém pode nos deter, e temos tudo de que precisamos. Essa combinação de sonho e ambição é algo que mora dentro de nós, como uma chama. É o que Tiffany, a adolescente sobre quem escrevi anteriormente, queria dizer ao declarar: "Quero dominar o mundo que nem a Beyoncé, *mas ser ainda maior*".

Em determinado momento, porém, a vida inevitavelmente vai complicar qualquer sonho, seja ele o de entrar num determinado ramo profissional, de se apresentar num palco grande ou de realizar alguma mudança social importante. Os limites se fazem ver bem depressa. Obstáculos surgem. Pessoas negativas aparecem. A injustiça atravanca o caminho. Preocupações práticas muitas vezes se impõem. O dinheiro encurta. O tempo fica escasso. As coisas das quais temos que abrir mão se multiplicam, e muitas vezes não há outra saída. Pergunte a qualquer um que tenha conseguido chegar nem que seja a meio caminho de onde quer estar. Em algum momento, chegar aonde se quer ir vai ganhar os contornos de uma luta.

É nessa hora que a agilidade começa realmente a ter importância. É preciso começar a jogar ao mesmo tempo no ataque e na defesa, obrigando-se a avançar ao mesmo tempo em que também se recua para poupar os próprios recursos, avançando em direção aos objetivos sem esgotar por completo a própria força. A situação pode se complicar bem depressa. Será preciso usar uma armadura também. Constatei que, para romper barreiras e derrubar muros, é preciso encontrar e proteger os próprios limites, zelando ao longo do caminho pelo próprio tempo, pela própria energia, pela própria saúde e pelo próprio astral. O mundo se revela repleto de linhas e limites, alguns dos quais é difícil cruzar, alguns dos quais é necessário cruzar, e alguns dos quais é melhor explodir por completo. Muitos de nós passam vidas inteiras tentando distinguir entre as linhas que devemos cruzar e as que não.

A questão é que ninguém sobrevive sem defesas a uma jornada do herói ou da heroína. Para vencer o desafio de conquistar uma vida grande, teremos que defender nossos sonhos e nossa ambição, permanecer firmes sem estar excessivamente em guarda, nos manter flexíveis e com disposição para crescer, permitir que os outros vejam como somos. O importante é aprender a proteger sua chama sem esconder a luz que ela emite.

Uns dois anos atrás, conheci uma moça inteligente e falante chamada Tyne. Ela trabalhava no mercado editorial, e fora com um grupo de colegas ao nosso escritório de Washington conversar sobre minhas ideias para um livro novo.

Durante essa conversa, Tyne mencionou algo que a havia marcado especialmente após ler *Minha história*. Era uma anedota curta na qual eu contava como, em minha primeira visita à Inglaterra como primeira-dama, durante uma recepção no Palácio de Buckingham, senti um instante de calorosa conexão durante uma conversa com a rainha da Inglaterra e, instintivamente, estendi o braço e pus a mão afetuosamente no ombro dela. Sua Majestade, na época com 82 anos, não pareceu nem um pouco incomodada. Na verdade, ela reagiu passando o braço pelas minhas costas. Apesar disso, nosso encontro tinha sido filmado, e na mesma hora provocou um terremoto na imprensa britânica e manchetes pelo mundo afora. "Michelle Obama ousa abraçar a Rainha!" Fui acusada de ser desrespeitosa, uma violadora atrevida do protocolo real, alguém que estava se rebelando contra a ordem estabelecida. Tudo sugeria que eu era uma invasora, indigna das companhias que estava frequentando.

Eu não fazia a menor ideia de que não se devia tocar na rainha da Inglaterra. Tudo que estava tentando fazer, naquele estranho primeiro ano como primeira-dama e naquele estranho ambiente palaciano, era ser eu mesma.

Essa história mal ocupa uma página nas minhas memórias, mas Tyne não conseguira tirá-la da cabeça. Por quê? Porque ela soubera ler nas entrelinhas. Como mulher preta, tinha reconhecido um certo sentimento, algo que ambas compartilhávamos, que é o desafio constante de se sentir à vontade em lugares onde se é minoria.

Para ela, simbolicamente, trabalhar no mercado editorial — área tradicionalmente liderada por pessoas brancas e adaptada às preocupações dessas mesmas pessoas — não era muito diferente de ter sido convidada para uma recepção no Palácio de Buckingham. Nós duas conhecíamos esse desconforto. As linhas estavam por toda parte. Esses lugares estavam cheios de protocolos tácitos e tradições arraigadas, que apresentavam aos recém-chegados uma curva de aprendizagem íngreme, talvez impossível de atravessar, e sem nenhum mapa para servir de guia. Havia diversas indicações sutis para nos lembrar de que não pertencíamos àquele lugar, que nossa presença era experimental, um "quase", condicionado à nossa adesão ao conceito de bom comportamento de outra pessoa. Ninguém precisava dizer nada disso em voz alta, porque a história tinha raízes muito profundas: durante muito tempo, pessoas como nós normalmente teriam sido barradas no portão.

O que aprendi é que não se perde facilmente a noção de ser um forasteiro, mesmo quando se consegue entrar. Existe uma tensão que permanece presente, pegajosa feito uma névoa. É impossível não se perguntar às vezes: *Quando é que isso vai ficar menos difícil?*

Muitos de nós "trocamos de código" para conseguirmos nos virar, e mudamos nosso comportamento, aparência ou modo de falar de modo a nos encaixarmos melhor na cultura do nosso ambiente de trabalho. Como muitas crianças, descobri a necessidade de trocar de código bem cedo na vida, e usei isso como uma ferramenta para me movimentar. Meus pais nos inculcaram a importância do que aprenderam a considerar uma dicção "adequada", instruindo-nos, por exemplo, a dizer *aren't* [contração de *are not*], em vez de *ain't* [contração mais informal, de mesmo significado]. No entanto, quando eu usava essa dicção no meu bairro, na mesma hora era alvo da chacota das outras crianças, que me acusavam de ser "metida" ou de "falar como branca". Como eu não queria ser excluída, ajustava um pouquinho o registro para ficar mais parecida com elas. Depois, em lugares como Princeton e Harvard, me apoiei bastante na minha dicção supostamente metida para me virar, apresentando-me mais como os outros alunos à minha volta na esperança de evitar rótulos.

Com o tempo, fui ficando cada vez mais craque em ler meu entorno, captando pequenas deixas no ambiente. Passei a calcular, de modo quase inconsciente, como mudar meu comportamento para me ajustar ao clima e ao contexto do momento, fosse numa reunião comunitária em South Side frequentada principalmente por afro-americanas da classe operária no período em que trabalhei para a prefeitura de Chicago, fosse numa reunião corporativa cheia de homens brancos ricos, ou eventualmente numa audiência com a rainha da Inglaterra. Me tornei versátil, fluida em meu modo de me comunicar, sentindo que isso me ajudava a me conectar com mais pessoas e me permitia ultrapassar fronteiras de raça, gênero e classe. Nem pensava muito no assunto porque, durante a maior parte da minha vida, tive pouca alternativa senão fazer esses ajustes.

Sob esse aspecto, trocar de código há muito tempo é uma habilidade de sobrevivência para muitas pessoas não brancas. Na medida em que é uma reação a estereótipos negativos, ela pode também funcionar como uma espécie de passaporte: eu a usei como um modo de progredir na vida, atravessar mais fronteiras e adentrar espaços nos quais de outro modo provavelmente não teria me encaixado.

Dito isso, normalizar esse tipo de prática ou considerá-la um caminho sustentável em direção à igualdade tem suas desvantagens. Muita gente reage não só à pressão de precisar se ajustar continuamente, mas também à injustiça inerente a essa premissa, sobretudo quando esses ajustes envolvem esconder ou minimizar a própria identidade racial, étnica ou de gênero para garantir avanços na carreira ou deixar mais à vontade os que não são marginalizados. O que estamos sacrificando? A quem isso serve? Estamos abrindo mão de coisas demais ou negando nossos eus autênticos para sermos aceitos? Isso suscita uma questão importante e mais abrangente sobre inclusão: por que indivíduos isolados deveriam tentar mudar a si mesmos, quando na verdade o que precisa mudar é seu ambiente de trabalho?

O problema é que essas são questões densas e problemas societários complexos, um peso grande demais para carregar, sobretudo quando a maioria de nós, na verdade, está só tentando chegar ao fim de um dia de trabalho. Trocar de código pode ser exaustivo, mas desafiar parcialidades sistêmicas também é, mesmo no caso de coisas supostamente simples como vestir roupas com as quais nos sentimos à vontade ou manter o cabelo natural na hora de ir trabalhar. Em ambos os casos, as escolhas que fazemos podem custar caro.

Nesse dia, em Washington, Tyne comentou que, mesmo depois de anos de carreira e de várias promoções no currículo, ela às vezes ainda tinha dificuldade com aquele sentimento de ser uma forasteira no trabalho, de tentar analisar uma cultura que nem sempre parecia lhe pertencer. Disse que vivia avaliando as fronteiras, sentindo que sua aceitação de alguma forma dependia da sua capacidade de se conformar com as normas alheias, talvez de se apresentar ela própria como menos "outra". Disse ainda que vinha conscientemente tentando trocar menos de código no trabalho, na esperança de conseguir se livrar de parte do próprio estranhamento de ser uma mulher preta num espaço branco. Esperava que passar menos tempo preocupada em não desrespeitar algum código tácito e em vez disso tentar se sentir mais ela mesma talvez a ajudasse profissionalmente. Mas estava pesando os riscos, sabendo que, para alguém como ela, mesmo uma reivindicação simples tinha mais probabilidade de ser considerada excessiva.

"Praticamente todos os dias no trabalho eu me sinto como se precisasse decidir entre abraçar ou não a rainha", ela me disse, com um quê de cansaço e um quê de bom humor.

Pensei muito no comentário de Tyne desde então, impressionada com a potência da metáfora. O que ela descrevia era conhecido, um sentimento com o qual lidei durante boa parte da minha vida profissional. Era parecido com a tensão que muitos dos meus amigos relatavam sentir nos próprios ambientes de trabalho, os desafios que aparecem quando tentamos lidar com um conjunto de linhas invisíveis e entender a diferença entre uma reivindicação e uma reivindicação excessiva.

Como Tyne, eles se pegaram avaliando os riscos e as recompensas de abandonar parte da própria armadura para poderem ser vistos e ouvidos mais plenamente como eles próprios. *De quem são as regras segundo as quais estou jogando? O quão na defensiva eu deveria estar? Qual deveria ser meu nível de assertividade? Ou de autenticidade?* Em muitos casos, eles tentavam entender se poderiam durar em seus empregos, se conseguiriam ou não encontrar fôlego suficiente para progredir e ter sucesso, ou se esconder-se e preocupar-se além da conta acabaria deixando-os desmoralizados e exaustos.

Anos atrás, quando comecei minha carreira em direito societário, conheci algumas mulheres mais graduadas do que eu, as que tinham virado sócias do grande escritório internacional onde trabalhávamos, muitas vezes enfrentando grandes dificuldades. Elas haviam passado anos galgando a hierarquia, lidando com uma estrutura de poder construída, mantida e protegida quase exclusivamente por homens, que remontava até a fundação da empresa por dois veteranos da Guerra de Secessão em 1866. Essas mulheres sempre me receberam bem e me apoiaram, demonstrando um interesse genuíno pelo meu sucesso. Mas não pude deixar de notar que elas tinham a atitude calejada de pioneiras.

A maioria era dura feito pedra, vivia sem tempo e era extremamente rigorosa no trabalho. Pouco falavam da família. Pelo que me lembro, nenhuma jamais saiu apressada para assistir a uma partida esportiva juvenil ou levar um filho ao pediatra. As fronteiras estavam totalmente intactas. Elas usavam sua armadura, e suas vidas pessoais se mantinham escondidas de modo quase milagroso. Havia pouco espaço para qualquer coisa calorosa ou fofa. Pelo contrário: o sucesso delas era quase agressivo. Ao começar no emprego, eu tinha percebido que algumas das minhas superiores pareciam me olhar com certa cautela, perguntando-se: *Será que ela segura o rojão?* Elas estavam discretamente avaliando se as minhas competências jurídicas e o meu nível de comprometimento estavam à altura dos delas, se eu conseguiria acompanhar o ritmo e, com isso, não prejudicar a situação das mulheres da empresa de modo mais geral. Esse, claro, era outro aspecto infeliz de ser uma das "únicas" num castelo que não tinha sido construído para nós. Éramos postas todas no mesmo saco, o que tendia a aumentar a pressão sobre todo mundo. Nossos destinos estavam interligados. *Se você mandar mal, todas nós seremos vistas assim.* Todo mundo sabia o que estava em jogo.

O que essas sócias do escritório de advocacia estavam comunicando, o que na realidade *tinham* que comunicar, era que seus padrões de exigência eram mais altos do que os de qualquer outra pessoa da empresa. Elas tinham feito por merecer, passado pelos portões e entrado no clube. Mesmo assim, era como se sua aceitação fosse para todo o sempre condicional, como se elas precisassem provar eternamente que aquele era o seu lugar.

Como jovem advogada, lembro-me de ler no *The New York Times* sobre uma pesquisa documentando o quanto os advogados de modo geral viviam exaustos e insatisfeitos com seus empregos, em especial as mulheres. Aquilo levantou várias questões incômodas para mim ao refletir sobre tudo o que tinha condicionado à minha carreira então relativamente recente, todos os empréstimos que tinha feito para cursar a faculdade, todas as horas que já tinha trabalhado. Eu precisava pensar no que queria para o meu futuro, em quanta infelicidade estava disposta a aceitar ou a suportar. Que responsabilidade eu tinha de ser um modelo de perfeição? De tentar me destacar profissionalmente só para justificar o fato de ocupar uma vaga que, de outra forma, seria preenchida por um homem? Que tipo de poder eu tinha para mudar uma cultura que operava segundo essas normas? E de quanta energia eu dispunha para aquela luta específica naquela esfera específica?

As mulheres que tinham desbravado a trilha para entrar no mundo do direito societário, em sua maioria, levavam vidas que eu não invejava, fazendo sacrifícios que eu própria não estava certa de estar pronta ou de ser capaz de fazer. Mas o fato de eu conseguir enxergar essas coisas, de estar ali, e de sentir que eu tinha certa liberdade para decidir como queria tocar minha própria vida se devia em grande parte ao trabalho que elas haviam feito, à armadura que elas haviam usado. Aquelas mulheres tinham arcado com a maior parte do ônus de passar na marra por portões anteriormente trancados, de pavimentar a estrada para que uma nova geração pudesse avaliar melhor o cenário, pressionar por mudanças ou recuar, como preferíssemos. Elas tinham construído a plataforma na qual eu agora estava pisando.

É fácil criticar nossos antepassados e suas escolhas, julgá-los por aquilo de que eles abriram mão ou responsabilizá-los pelas mudanças que não conseguiram fazer. A armadura que a geração mais velha usou muitas vezes parece rígida e antiquada aos olhos dos mais jovens, mas é importante considerar o contexto. Hoje em dia, cada vez mais mulheres pretas se sentem livres para usar tranças afro ou dreads nos cabelos no trabalho. Jovens podem exibir mudanças no corpo ou cabelos tingidos sem se sentirem excluídos, e mães dispõem de espaços protegidos para amamentar no trabalho. Todas essas conquistas têm mais do que apenas um pouco a ver com o trabalho feito por pessoas como as sócias mulheres no meu escritório de advocacia. Elas precisaram provar que podiam avançar, de modo que o restante de nós eventualmente precisasse provar no mínimo um pouco menos.

No fim das contas, acabei estabelecendo um limite que funcionava para mim. Assumi um risco, me afastei da prática do direito e passei a procurar locais de trabalho regidos por um tipo diferente de código; empregos que me permitissem, mesmo que de vez em quando, sair mais cedo para recitais de dança e idas ao pediatra. Saí da profissão de advogada sabendo que teria mais paixão e eficiência trabalhando em outro lugar. Mas a mentoria que recebi naquele escritório, em especial das mulheres mais graduadas, me deu algo que acabei precisando levar também para a Casa Branca. Elas me ajudaram a pensar com cuidado em como eu queria escolher meus combates e administrar meus próprios recursos. Elas me ensinaram que, para começar a mudar um paradigma, é preciso ser capaz de se manter imune aos comentários alheios e investir em dobro na disciplina profissional e no trabalho árduo.

Nada disso era ideal, mas era a realidade daquele momento. Era também, sob alguns aspectos, uma continuação do meu aprendizado sobre a vida em qualquer tipo de fronteira; uma confirmação daquilo que eu tinha percebido em Princeton, depois na Escola de Direito de Harvard, não na parte que se aprendia nos livros, mas por meio da experiência de fazer parte de uma dupla minoria, de ser alguém de fora nesses lugares extremamente autocentrados. Era preciso ao mesmo tempo se proteger com uma armadura e ter agilidade. Era preciso resistir para conseguir atravessar.

Acho que quase todo mundo usa no mínimo uma armadura leve no trabalho. E é adequado que seja assim. Sob alguns aspectos, é um dos princípios de ser profissional: levar para o emprego uma versão mais firme, mais forte do seu eu normal. Controlar as próprias vulnerabilidades, deixar grande parte dos seus conflitos em casa. Respeitar as fronteiras e confiar que seus colegas e chefes farão o mesmo. Afinal, você está lá para fazer um trabalho, não necessariamente para construir amizades duradouras ou resolver questões pessoais, nem para resolver as questões pessoais dos outros. Seja como professor no ensino fundamental, administrando uma clínica de saúde, uma fábrica de pizza ou uma empresa de tecnologia, o objetivo é contribuir para a empreitada global, exercitar a disciplina e manter a maior parte dos sentimentos guardada em outro lugar. O trabalho se torna seu foco, sua obrigação. É ele que justifica o seu salário.

No entanto, nenhuma atividade humana é assim tão simples. Nenhuma linha é tão clara o tempo todo. Felizmente em alguns casos, e infelizmente em outros, a pandemia derrubou várias paredes, expondo mais disparidades e verdades entre nós. Ao tentar fazer videoconferências com crianças pequenas se contorcendo no nosso colo tendo como fundo nossas cozinhas meio bagunçadas; enquanto muitos de nós ainda tentam trabalhar apesar de cachorros latindo e colegas de quarto sentados diante de outras telas próximas, vimos as fronteiras se diluírem e a bagunça ganhar terreno, tudo para realçar o que talvez tenha sido sempre verdadeiro: somos pessoas inteiras e impossíveis de conter, com vidas inteiras e impossíveis de conter. Às vezes nossa bagunça vai trabalhar conosco. Nossas vulnerabilidades vêm à tona, nossas preocupações transbordam. Não é fácil fazer caberem num molde nossas próprias personalidades, quanto mais as dos que nos cercam.

Eu me encaixo no meu trabalho? Meu trabalho se encaixa em mim? Que ajustes posso fazer? Que ajustes posso ter a expectativa razoável de que os outros ao meu redor façam? O quão humano ou não humano qualquer um de nós tem permissão para ser? Onde ficam as fronteiras? Com quem eu me conecto? Como consigo dar conta? Essas pareciam ser algumas das questões que Tyne estava ponderando naquele dia.

Sei por experiência que nossa armadura muitas vezes pode nos ser útil; parte dela será sempre necessária. Mas acredito também que em muitos casos ela pode ser contraproducente. Ou no mínimo exaustiva. Experimente andar por aí usando uma armadura muito pesada, sempre na defensiva, sempre pronto para o combate: isso acaba nos atrapalhando, interferindo com nossos movimentos, alterando nossa fluidez e nossa capacidade de progredir no emprego. Quando se está escondido atrás de uma máscara, é possível alienar-se até de si mesmo. Quando alguém está tentando se manter firme e invulnerável, pode deixar de construir relacionamentos profissionais autênticos que o ajudarão a crescer, avançar e usar todas as suas competências. Se você imaginar o pior em relação às pessoas em volta, é mais provável elas imaginarem o pior em relação a você. As escolhas que fazemos têm um custo. A verdade é que, quando passamos tempo demais preocupados com como nos encaixamos e se ali é o nosso lugar, se temos que viver continuamente nos contorcendo, nos ajustando, nos escondendo e nos protegendo no trabalho, corremos o risco de perder oportunidades de sermos vistos como as melhores e mais verdadeiras versões de nós mesmos, como pessoas expressivas, produtivas e cheias de ideias.

São esses o desafio e o peso de se colocar na posição de outro. Muitos de nós despendemos tempo e energia preciosos refletindo sobre essas fronteiras reais, sobre a diferença tão dificilmente definível entre reivindicar e reivindicar além da conta. Precisamos pensar bem nos nossos recursos e em como os gastamos. Sinto segurança para dizer o que penso em uma reunião? Tudo bem apresentar um ponto de vista ou uma solução possível para um problema influenciado pela minha diferença? Será que minha criatividade será vista como insubordinação? Meu ponto de vista será considerado desrespeitoso, ou um desafio inoportuno às normas?

Quando me mudei para Washington, em 2009, eu não sabia muito como funcionava a vida na Casa Branca. Mas sabia bastante sobre como é começar num emprego novo.

Àquela altura já tinha feito isso algumas vezes, e também havia supervisionado vários recém-contratados nos diversos cargos de gerência que ocupara. Por ter trabalhado com direito, administração municipal, terceiro setor e com a área de saúde, eu entendia que não se pode simplesmente entrar de sola num cargo novo e imaginar que ele vá se adequar perfeitamente a você. É preciso pesquisar, parar um pouco e pensar estrategicamente à medida que se vai aprendendo e se adaptando ao novo emprego. Em outras palavras, é preciso encostar na linha antes de pensar em tentar modificar seu traçado.

Já escrevi sobre como ser primeira-dama dos Estados Unidos é uma espécie de não emprego estranho e estranhamente poderoso. Não há salário, nem supervisão, nem manual do funcionário. Certinha desde pequena, eu estava decidida a me sair bem. Chegaria preparada. Quando Barack foi eleito presidente, comecei na mesma hora a tentar aprender o que se esperaria de mim e como eu poderia fazer o melhor trabalho possível ao mesmo tempo em que também tentava pôr nele minhas próprias energias e minha criatividade. E pensei que talvez, se me saísse suficientemente bem, poderia mudar alguns dos paradigmas na forma como as pessoas viam o cargo.

Uma das primeiras coisas que fiz foi pedir à minha nova chefe de gabinete para examinar dia após dia e semana após semana a agenda oficial de minha antecessora, Laura Bush, e fazer uma lista de suas aparições públicas e dos eventos que ela havia organizado. Meu plano era passar o primeiro ano fazendo exatamente tudo que Laura tinha feito, ao mesmo tempo em que amadurecia meu próprio conjunto de prioridades e planos para lançar iniciativas. Enquanto isso, eu não seria pega usando nenhum atalho. Isso era uma espécie de apólice de seguro, uma ferramenta a mais. Como a primeira mulher preta naquele papel, eu tinha consciência da corda bamba na qual estaria me equilibrando. Entendia muito bem que precisaria fazer jus à minha aceitação. Ou seja: eu precisaria turbinar minha excelência. Queria ter certeza absoluta de que as pessoas entenderiam que eu era capaz de executar cada um dos deveres que tinha herdado, de modo que eu não pudesse ser acusada de preguiça ou de desrespeitar o papel.

No fim das contas, muitas das responsabilidades de uma primeira-dama haviam se consolidado ao longo de centenas de anos, tornando-se tradições. Nada estava escrito em lugar nenhum; as expectativas simplesmente vinham com o papel. Esperava-se que eu organizasse uma série de eventos, de jantares com chefes de Estado à caça aos ovos na Páscoa. Esperava-se que eu tomasse chá com as esposas dos dignatários que nos visitassem e que planejasse decorações natalinas anualmente. Fora isso, eu podia escolher causas que quisesse apoiar e questões que estivesse interessada em abordar.

O que eu não estava exatamente esperando eram algumas das expectativas mais sutis, menos alardeadas que pareciam acompanhar a função. Por exemplo, quando estávamos nos preparando para o dia do juramento de Barack, fui informada de que as quatro primeiras-damas antes de mim tinham usado bolsas chiques fabricadas pelo mesmo designer de Nova York no dia da posse. Fiquei sabendo que outro estilista emblemático, Oscar de la Renta, gostava de dizer que tinha vestido todas as primeiras-damas desde Betty Ford, sugerindo que ele me vestiria também. Ninguém estava insistindo para eu fazer nenhuma dessas mesmas escolhas, não exatamente, mas as pressuposições pairavam no ar.

Quando Barack e eu nos mudamos para uma residência histórica e passamos a ocupar aqueles papéis também históricos, havia uma sensação de que as coisas sempre tinham sido feitas de um certo jeito. De que até mesmo algumas pequenas tradições eram uma forma de homenagem, um estilo refinado de continuidade transmitido de uma época a outra. Qualquer decisão de não acatá-las parecia embutir em si um quê de insolência. E quem foi criado preto no nosso país conhece os perigos associados a um rótulo de insolente.

Não usei uma bolsa da marca estipulada no dia da posse, e esperei seis anos para vestir qualquer coisa assinada por Oscar de la Renta, preferindo, em vez disso, usar minha plataforma para ajudar a mostrar o talento de estilistas sub-representados. Foram decisões que me senti segura para tomar, linhas que fiquei feliz em traçar, em parte porque tinham a ver com a minha própria aparência, com o que eu punha no meu próprio corpo. Mesmo assim, continuei a tomar cuidado com minha imagem, minhas palavras, meus planos e meus projetos. Tomava cuidado com cada escolha que fazia, consciente dos riscos de julgarem que eu estava exagerando. O simples fato de termos chegado à Casa Branca já parecia radical para algumas pessoas, como se tivessem virado a ordem estabelecida de ponta-cabeça. Sabíamos que, se quiséssemos avançar, precisaríamos ser prudentes em relação a como conquistávamos e como usávamos nossa credibilidade.

A herança de Barack por acaso incluiu duas guerras complicadas no exterior e uma recessão econômica nascente que se agravava a cada semana. O time de comunicação da Ala Oeste deixou muito claro que o sucesso dele estava vinculado, pelo menos em parte, ao meu. (*Se você mandar mal, todos nós seremos vistos assim.*) Qualquer gafe minha, qualquer pisada de bola, qualquer declaração ou movimento profissional que fosse criticado tinha potencial para prejudicar o índice de aprovação de Barack, o que, por sua vez, poderia diminuir sua influência junto ao legislativo e frustrar suas tentativas de aprovar leis importantes no Congresso. Isso, é claro, se traduziria na perda da chance de ser reeleito, o que, por sua vez, custaria o emprego de muita gente no governo. Não só isso: eu tinha consciência também de que, se o primeiro presidente não branco fracassasse ou tivesse um desempenho ruim, isso poderia fechar e trancar a porta para futuros candidatos não brancos.

Eu vivia com esses alertas ecoando na cabeça. Eles soavam toda vez que eu falava com um jornalista, toda vez que lançava uma nova iniciativa como primeira-dama. Estavam comigo toda vez que eu me apresentava diante de uma plateia e via o mar de câmeras de celular, todas aquelas centenas de falsos espelhinhos erguidos, o registro de todas aquelas impressões individuais.

No entanto, se eu me preocupasse demais com essas coisas, sabia que nunca conseguiria ser eu mesma. Era preciso estabelecer uma fronteira entre as preocupações dos outros e as minhas. Eu precisava confiar nos meus instintos, me manter centrada e evitar prestar tanta atenção antes de fazer qualquer coisa a ponto de parecer demasiado rígida, demasiado protegida por uma armadura de ansiedade ou defesa. Eu vivia segundo o código que tinha aprendido na casa da Euclid Avenue, aquele em que a preparação e a adaptabilidade prevaleciam sobre o medo.

Durante esse tempo todo, porém, tive de lutar com outro rótulo, ainda mais insidioso e do qual eu não parecia conseguir me livrar.

Estar com crianças é o melhor antídoto que já encontrei para o desafio de enfrentar a injustiça, o medo ou a tristeza.

10. Sair por cima

Quando Barack se candidatou à presidência, recebi uma lição rápida e dolorosa sobre como os estereótipos se reorganizam para compor uma certa forma de "verdade". Quanto mais eu fazia campanha para ele em público, e quanto mais influente me tornava, mais começava a ver meus gestos manipulados e mal interpretados, minhas palavras distorcidas e minhas expressões faciais transformadas em caricaturas. Minha fé arrebatada na candidatura do meu marido, a crença de que ele tinha algo a oferecer ao nosso país, foi mais de uma vez retratada como uma espécie de fúria deselegante.

A julgar por algumas imagens e alegações veiculadas pela direita, eu era um verdadeiro monstro cuspidor de fogo. Vivia sempre com o cenho franzido, eternamente fervendo de raiva. Infelizmente, essa narrativa se encaixava em uma percepção mais ampla e arraigada, documentada por estudos recentes de pesquisadores sobre o mercado de trabalho:[9] se uma mulher preta expressa qualquer sentimento parecido com raiva, é mais provável que as pessoas considerem isso um traço de caráter geral, não algo ligado a algum tipo de incitação, o que naturalmente torna mais fácil marginalizar e descartar a questão. Qualquer coisa que façamos, qualquer ação nossa pode ser vista como ultrapassar uma linha. Na verdade, você pode ser desprezada como alguém que simplesmente passa a vida do lado errado da linha. Quando esse rótulo é fixado, todos os contextos se apagam: *Mulher preta raivosa! É só isso que você é!*

É como a palavra "gueto" empregada para se referir a um bairro. Trata-se de um modo rápido e eficiente de desconsiderar alguma coisa, um viés codificado que alerta os outros para manterem distância, para recuarem assustados e buscarem outro lugar para investir. Ele ignora nossas riquezas, nossa energia, nossa singularidade e nosso potencial e nos expulsa para as margens. E o que acontece se a opressão dessas margens nos deixa com raiva? O que acontece se o fato de morar num bairro onde não há investimento faz com que nos comportemos como alguém que realmente está limitado e desesperado? Bem, o que acontece é que nosso comportamento só confirma e intensifica o estereótipo, limitando-nos ainda mais, deslegitimando o que possamos ter a dizer em relação a qualquer aspecto da situação. Podemos acabar sem voz e menosprezados, manifestando na nossa vida os fracassos que alguém nos imputou.

É uma sensação terrível. E eu entendo essa sensação.

Por mais calma que eu me mantivesse, e por maior que fosse minha dedicação ao trabalho de primeira-dama, parecia quase impossível desfazer a impressão que tinham de mim como uma pessoa agressiva, raivosa e, portanto, indigna de respeito. Em 2010, quando comecei a falar publicamente sobre a epidemia de obesidade infantil em nosso país e a defender mudanças relativamente simples para oferecer opções de alimentação mais saudáveis nas escolas, um grupo proeminente de comentaristas conservadores usou o velho estereótipo para me atacar. Eles me pintaram como uma destruidora que estava pisando onde não devia, brandindo os punhos cerrados decidida a arruinar a felicidade das crianças e a meter o bedelho em decisões que não cabiam a mim. Sugeriram que eu mandaria prender as pessoas por comerem batata frita. A partir daí, foi fácil estimular as teorias conspiratórias. "Se deixarmos o governo ditar nossa dieta, qual vai ser o próximo passo?", esbravejou um comentarista da Fox News. "Eles vão começar a decidir com quem vamos nos casar e onde vamos trabalhar?"[10]

Nada disso era verdade, claro. Mas quando se espalham mentiras com base em estereótipos profundamente enraizados, fica bem mais fácil perpetuá-las. E desfazer um estereótipo é um trabalho difícil e tedioso. Logo percebi que havia armadilhas por toda parte. Se eu tentasse uma abordagem incisiva e falasse sobre ele numa entrevista amigável e alto astral (nesse caso concedida a Gayle King no programa *CBS This Morning*, em 2012), seria recebida com reações como uma manchete de primeira página do *New York Post*: "'Michelle está furiosa!' A primeira-dama: 'Eu NÃO sou uma mulher preta raivosa'".[11]

Eu podia ficar brava por ser vista como brava o tempo todo? Com certeza podia, mas a quem isso ajudaria? O quão poderosa eu poderia me tornar se fizesse isso?

Não: o que eu precisava fazer era sair por cima.

De todas as perguntas que me fazem, há uma mais frequente e mais previsível do que as outras. Quase toda vez que dou uma entrevista ou que me sento com um novo grupo de pessoas, é praticamente certo que alguém vai fazê-la e os outros vão chegar mais perto para ouvir a resposta.

O que significa realmente *sair por cima*?

Eu poderia passar anos respondendo a essa pergunta. Então tentarei respondê-la aqui.

A primeira vez que pronunciei em público as palavras "Quando eles jogam baixo, nós saímos por cima" foi num discurso na convenção nacional do Partido Democrata em 2016, na Filadélfia. Hillary Clinton estava concorrendo à presidência, assim como Donald Trump. Minha tarefa era unir os eleitores democratas lembrando a importância de continuarem comprometidos e de fazerem todo o possível para eleger seu candidato, inclusive comparecer às urnas no dia da eleição. Como de costume, falei sobre como as questões atuais tinham relevância para mim, por ser mãe de duas filhas, e como as escolhas que Barack e eu fazíamos eram sempre norteadas pelos princípios que desejávamos que elas valorizassem.

Para dizer a verdade, eu não fazia ideia de que a expressão "sair por cima" ficaria atrelada a mim por muitos anos depois disso, tornando-se praticamente sinônimo do meu nome. Eu estava apenas compartilhando um bordão simples da minha família, um lembrete prático que Barack e eu usávamos sempre para nos lembrarmos de preservar nossa integridade quando víamos outras pessoas perderem a delas. "Sair por cima" era um jeito de descrever a escolha de tentar com mais afinco e pensar mais. Era uma simplificação de nossos ideais, uma sopa com muitos ingredientes, tudo que tínhamos selecionado dentre tudo o que aprendemos em casa e que, ao longo do tempo, vinha fervilhando e se entranhando em nós: *dizer a verdade, fazer o melhor possível para ajudar os outros, não perder de vista o contexto, manter-se firme*. Essa tem sido basicamente a nossa receita para sobreviver.

Em nosso íntimo, Barack e eu renovamos muitas vezes nosso compromisso com a ideia de sair por cima, principalmente ao atravessar campanhas marcadas por golpes duros e batalhas políticas e os desafios da vida pública. Invocamos essa ideia toda vez que nos sentimos postos à prova, como um chamado para nos acalmarmos diante de um desafio moral. O que fazer quando os outros mostram seu pior lado? Como reagir ao se sentir atacado? Às vezes é muito fácil saber e as respostas parecem inteiramente claras, mas em outros momentos as circunstâncias podem ser mais ambíguas, e o caminho certo talvez exija mais reflexão.

Sair por cima é como traçar uma linha na areia, uma fronteira que podemos tornar visível e então nos deter e examinar. De que lado dessa linha eu quero estar? Ela é um lembrete para parar e refletir, um apelo a reagir tanto com o coração quanto com a cabeça. Na minha opinião, sair por cima é *sempre* um teste. Foi por esse motivo que me senti impelida a mencionar essa ideia na convenção de 2016, na frente de todas aquelas pessoas: como nação, estávamos sendo testados. Estávamos diante de um desafio moral. Estávamos sendo convocados a reagir. Certamente não era a primeira vez, e dificilmente seria a última.

No entanto, o problema de um bordão simples é que ele pode ser mais fácil de lembrar e repetir (ou de gravar numa caneca ou camiseta, numa bolsa, num boné de beisebol, num conjunto de lápis nº 2, numa garrafinha de água de aço inox, numa calça legging, num pingente de colar ou numa tapeçaria de parede; todos objetos que podem ser encontrados à venda na internet) do que de ser praticado de maneira ativa e cotidiana.

Não se deixar abalar pelas coisas pequenas? Manter a calma e seguir em frente?

Claro, sim, amém para tudo isso. Mas agora me diga *como*.

Hoje em dia, quando as pessoas me pedem para explicar o que significa sair por cima, eu às vezes percebo uma pergunta levemente menos educada a reboque, matizada por um ceticismo natural, um sentimento gerado pelo cansaço e que surge quando nossos esforços parecem inúteis e os testes a que somos submetidos nunca terminam:

Mas espere aí, você tem acompanhado as notícias ultimamente? As coisas podem piorar muito mais? Onde está a energia para lutar?

Depois de George Floyd morrer sufocado pelo joelho de um policial numa esquina em Mineápolis, em maio de 2020, muita gente me escreveu perguntando se sair por cima era de fato a reação correta. Depois de o prédio do Capitólio ser saqueado, depois de autoridades republicanas continuarem a defender alegações falsas e nocivas relacionadas ao nosso processo eleitoral, as pessoas se fizeram perguntas parecidas. As provocações não cessam. Vimos mais de um milhão de norte-americanos morrerem numa pandemia que acentua todas as disparidades da nossa cultura. Vimos tropas russas massacrarem civis na Ucrânia. No Afeganistão, o talibã impediu as meninas de frequentarem a escola. Nos Estados Unidos, nossos próprios líderes votaram para criminalizar o aborto enquanto comunidades inteiras são rotineiramente devastadas pela violência armada e pelos crimes de ódio. Direitos das pessoas trans, dos gays, direitos eleitorais, direitos das mulheres: tudo isso continua sob ataque. Sempre que há outra injustiça, outra rodada de brutalidade, outro incidente envolvendo uma liderança fracassada, corrupção ou violação de direitos; recebo cartas e e-mails fazendo essa mesma pergunta de maneiras diferentes.

Nós ainda devemos sair por cima?

Tá, mas e agora?

Minha resposta é sim. Ainda sim. Precisamos continuar tentando sair por cima. Precisamos aderir a essa ideia e renovar nosso compromisso com ela. Agir com integridade é importante. Será importante para sempre. É uma ferramenta.

Ao mesmo tempo, quero ser bem clara: sair por cima é algo que se faz, mais do que apenas se sente. Não é um chamado a ser complacente e ficar esperando a mudança acontecer, nem a ficar sentado nas arquibancadas enquanto outros lutam. Não é aceitar as condições da opressão nem permitir que a crueldade e o poder permaneçam impunes. O conceito de sair por cima não deveria levantar nenhuma dúvida em relação a *se* somos obrigados a lutar por mais igualdade, decência e justiça neste mundo; o importante é *como* lutamos, *como* tentamos solucionar os problemas com os quais nos deparamos e *como* conseguimos segurar as pontas por tempo suficiente para sermos eficazes em vez de nos exaurirmos. Alguns consideram isso um meio-termo injusto e ineficaz, uma extensão da política da respeitabilidade, na qual nos conformamos em vez de desafiar as regras só para poder seguir em frente. *Por que precisamos ser tão sensatos o tempo todo?* É isso que as pessoas se perguntam sem trégua, e com razão.

Entendo que alguns pensem que a sensatez não deixa espaço para a raiva. Entendo a percepção de que sair por cima significa de alguma forma se distanciar e permanecer insensível a tudo que de outra forma poderia causar revolta e constituir uma provocação.

Mas não é isso, de jeito nenhum.

Na primeira vez em que eu disse essas palavras no palanque da convenção na Filadélfia, em 2016, eu não estava nem distante nem insensível. Na verdade, estava bastante abalada. Àquela altura, autoridades ligadas ao partido Republicano já vinham me provocando regularmente até o limite, destilando seu fel. Estava cansada depois de oito anos vendo o trabalho do meu marido ser minado e seu caráter atacado, inclusive por meio de tentativas fanáticas de questionar sua cidadania. (Era o mesmo refrão outra vez: *Eu não considero que você tenha o direito de ter o que tem.*) E estava zangada com o fato de o principal instigador desse fanatismo estar em campanha para virar presidente.

Mas onde residia meu verdadeiro poder? Eu sabia que não era na minha mágoa nem na minha raiva, pelo menos em seus formatos crus ou sem filtro. Meu poder estava no direcionamento que eu podia dar à minha mágoa e à minha raiva, no destino que escolhesse para elas. Dependia de eu conseguir ou não transformar esses sentimentos crus em algo mais difícil para os outros descartarem, e essa era uma mensagem clara, um chamado para agir e um resultado pelo qual eu estava disposta a trabalhar.

Para mim, isso é sair por cima. Consiste em pegar um sentimento abstrato e geralmente desagradável e trabalhar para convertê-lo em um plano de ação possível, ignorar o que é cru e seguir na direção de uma solução maior.

Quero deixar claro que isso é um processo, e nem sempre um processo rápido. Pode demandar tempo e paciência. Tudo bem passar um tempo com raiva, vivermos agitados por causa da injustiça ou da tristeza, ou expressarmos a dor que sentimos. Tudo bem nos permitirmos o espaço necessário para nos recuperarmos ou nos curarmos. Para mim, sair por cima em geral envolve fazer uma pausa antes de reagir. É uma forma de autocontrole, uma linha traçada entre nossos melhores e nossos piores impulsos. Sair por cima é resistir à tentação de participar da fúria rasa e do desprezo corrosivo, e em vez disso entender como reagir com uma voz clara a qualquer coisa rasa e corrosiva à sua volta. É o que acontece quando esperamos uma reação amadurecer até virar uma resposta.

Porque a questão é a seguinte: emoções não são planos. Elas não resolvem problemas nem corrigem erros. Você pode senti-las, inevitavelmente *vai* senti-las, mas cuidado para não se deixar guiar por elas. A raiva pode ser um para-brisa sujo. A mágoa é como um volante quebrado. A decepção vai apenas viajar no banco de trás, de cara amarrada e sem serventia. Se algo construtivo não for feito com essas emoções, elas levarão você direto para dentro de uma vala.

Meu poder sempre dependeu da minha capacidade de me manter fora da vala.

Quando as pessoas me perguntam sobre sair por cima, explico que para mim isso tem a ver com fazer o necessário para que seu trabalho tenha importância e sua voz seja ouvida, apesar de todos os pesares. Ajuda se nos mantivermos ágeis e nos adaptarmos à mudança quando ela vem. Constatei que tudo isso se torna mais possível quando estamos preparados, quando praticamos com um conjunto completo de ferramentas. Sair por cima tampouco tem a ver somente com o que acontece num único dia ou num único mês dentro de um único ciclo eleitoral. É algo que acontece ao longo de uma vida inteira, de uma geração. Sair por cima é algo que se demonstra, um compromisso com explicar a nossos filhos, amigos, colegas e comunidade o que significa viver com amor e agir com decência. Porque no fim das contas, pelo menos na minha experiência, o que oferecemos aos outros, seja esperança ou ódio, só vai gerar mais do mesmo.

Mas não se engane: sair por cima dá trabalho, muitas vezes árduo, muitas vezes tedioso, muitas vezes complicado e muitas vezes dolorido. Será preciso desconsiderar aqueles que odeiam e aqueles que duvidam. Será preciso construir alguns muros entre você e aqueles que prefeririam ver seu fracasso. E será preciso continuar o trabalho quando outros em volta puderem já ter se cansado ou ficado cínicos e desistido. O falecido líder de direitos civis John Lewis tentou nos lembrar disso. "Liberdade não é uma condição; é uma ação", escreveu ele certa vez. "Não é uma espécie de jardim encantado no alto de um planalto distante, onde podemos enfim sentar e descansar."[12]

Vivemos numa época em que reagir se tornou quase fácil demais, prático demais. A raiva se alastra com facilidade e, com ela, a mágoa, a decepção e o pânico. A informação e a desinformação parecem fluir igualmente. Nossos polegares digitando rápido em nossos celulares nos criam problemas e se tornam vetores fáceis da nossa fúria. Podemos escrever algumas palavras raivosas e lançá-las como se fossem foguetes na estratosfera digital, sem nunca saber exatamente onde chegarão ou como ou quem essas palavras atingirão. E sim, nossa raiva muitas vezes se justifica, e nosso desespero também. Mas a questão é: o que faremos com eles? Podemos atrelá-los à disciplina de modo a produzir algo mais duradouro do que ruído? Hoje em dia, a complacência usa muitas vezes a máscara da praticidade: podemos clicar em "curtir" ou num botão de repostar, depois nos congratularmos por termos agido ou por sermos ativistas após três segundos de esforço. Tornamo-nos especialistas em produzir ruído e aplaudir uns aos outros por isso, mas às vezes nos esquecemos de fazer o trabalho. Com um investimento de três segundos você pode deixar uma impressão, mas não está produzindo mudança.

Estamos reagindo ou respondendo? Vale a pena pensar nisso de vez em quando. É uma pergunta que faço a mim mesma antes de postar qualquer coisa nas redes sociais ou de fazer qualquer tipo de comentário público. Estou sendo impulsiva apenas para me sentir melhor? Atrelei meus sentimentos a algo concreto e acionável ou estou apenas sendo levada por eles? Estou pronta para fazer o trabalho real necessário para promover a mudança?

Para mim, o processo de escrita pode ser uma ferramenta incrivelmente útil quando se trata de sair por cima. É um meio que me permite navegar entre as minhas emoções e filtrá-las criando algo útil. Durante a campanha de Barack e nos anos que passei na Casa Branca, tive a sorte de trabalhar com redatores talentosos, que se sentavam comigo e me deixavam despejar verbalmente meu cérebro dentro do deles, tomando notas enquanto eu expressava meus sentimentos mais viscerais e me ajudando a dar sentido a meus pensamentos e a começar a formatá-los em um discurso.

Dizer o que penso em voz alta a um ouvinte de confiança sempre me incentivou a testar minhas ideias à luz do dia. Isso me permite desembalar minha ira e minhas preocupações, e começar a buscar um raciocínio mais abrangente. Sou capaz de separar o que é produtivo do que não é, e o resultado é um conjunto mais elevado de verdades para mim mesma. Aprendi que meus primeiros pensamentos raramente têm muito valor; eles são apenas o ponto de partida para podermos avançar. Depois de ver tudo no papel, sigo refinando, revisando e repensando, até encontrar meu caminho rumo a algo que tenha um verdadeiro propósito. Meu processo de escrita se tornou uma das ferramentas mais poderosas da minha vida.

Aquele primeiro discurso na convenção de 2008 em Denver marcou para mim uma espécie de começo, a rampa de acesso à minha vida como primeira-dama, e o que fiz em 2016 deixou em mim a sensação de uma rampa de saída, o começo do fim.

Eu tinha minhas palavras, minha mensagem, meu núcleo de sentimentos. Estava tudo decorado e treinado, pronto dentro da minha cabeça. No entanto, mais uma vez as coisas saíram ligeiramente dos trilhos. Não foi um teleprompter quebrado, mas sim uma épica tempestade de verão que por acaso estacionou sobre a Filadélfia no exato instante em que meu avião iniciava a aproximação.

Eu estava viajando com alguns integrantes do meu gabinete, e meu discurso na convenção estava marcado para começar dali a uma hora. De repente começou uma turbulência que nos chacoalhou nos assentos. A voz do piloto da Força Aérea ecoou no sistema de som mandando todo mundo apertar os cintos. Ele disse algo sobre talvez precisar desviar nosso pouso para Delaware por causa do mau tempo à frente. Os membros da minha equipe logo deram início a uma rodada de conversas em tom de pânico sobre como lidar com o atraso: eu era a principal oradora daquela noite na convenção, a âncora em torno da qual toda a agenda do horário nobre tinha sido montada.

A turbulência na verdade foi só um aperitivo: cerca de um minuto depois, o avião se inclinou com força para um dos lados, como se tivesse levado um peteleco de um imenso monstro noturno, flutuando em algum lugar lá fora no meio da chuva torrencial. Por um ou dois segundos, foi como se estivéssemos despencando, de lado e para baixo, inteiramente descontrolados. À minha volta, as pessoas começaram a gritar e soluçar, enquanto os raios iluminavam o céu do lado de fora das janelas e o avião avançava por entre as nuvens como uma furadeira. Eu podia distinguir as débeis luzes de uma cidade lá embaixo. Não estava pensando se ia morrer. Só queria fazer aquele discurso.

Àquela altura, já fazia quase oito anos desde que eu me tornara primeira-dama. Já tinha me sentado à cabeceira de militares tentando se curar de ferimentos de guerra devastadores. Tinha chorado junto com uma mãe cuja filha de quinze anos morrera baleada num parque de Chicago, no caminho da escola para casa. Tinha entrado na cela minúscula em que Nelson Mandela havia passado a maior parte de seus 27 anos de encarceramento sozinho, mas mesmo assim encontrado forças para seguir em frente. Tínhamos comemorado a aprovação da Lei de Atendimento Acessível, a ratificação da igualdade no casamento pela Suprema Corte e dezenas de outras vitórias pequenas e grandes. E eu tinha entrado no Salão Oval e dado um abraço em Barack, ambos sem palavras e devastados, no dia em que um atirador matara vinte alunos do ensino fundamental em Connecticut.

Várias vezes eu tinha ficado espantada, comovida e abalada por eventos no mundo em que vivíamos. Havia sido puxada para baixo pela função que exercia, depois guindada para o alto. Tinha sido exposta a todos os ângulos possíveis da condição humana, ou assim me parecia, atingida por ondas alternadas de alegria e angústia, lembrada a cada instante que pouca coisa era previsível, e que para cada um ou dois passos que dávamos para a frente haveria inevitavelmente algo que abriria feridas e faria todos nós recuarmos.

Quase nenhum dia se passava sem que eu pensasse no meu pai e na doença que lentamente lhe roubara a força e a mobilidade. Pensava também na paciência e na elegância que ele havia demonstrado ao lidar com seus obstáculos emocionais e físicos: o modo como continuara presente para a família, renovando praticamente a cada dia seu conceito de esperança e a fé na possibilidade de poder avançar. Ele tinha me dado o mapa do que significava "sair por cima". Eu entendia o que nós, como nação, estávamos enfrentando em 2016, a disputa de mais uma eleição e uma escolha que parecia mais difícil do que qualquer coisa que eu já tivesse encontrado. Sentada naquele avião, eu estava agitada. Preocupada. E também vestia minha armadura. Sabia que, se algo fosse capaz de desviar meu curso àquela altura, teria de ser bem maior do que uma nuvem de instabilidade no céu da Filadélfia.

Nós conseguimos pousar. Conseguimos chegar ao centro de convenções. Sem perder tempo, pus meu vestido, meus sapatos de salto, passei meu batom e subi naquele palco. Mobilizei minha calma, chequei os teleprompters e o monitor de chão, sorri e acenei para a plateia, e então comecei a falar.

É estranho dizer que, depois de ter feito isso uma ou duas vezes, você começa a se sentir à vontade para se apresentar diante de uma plateia do tamanho de um estádio, mas é a verdade. Ou talvez, para ser mais exata, você apenas se acostume um pouco mais com o desconforto que isso causa. Seu medo se torna confortável. O estímulo da adrenalina que chacoalha os nervos, todas as incertezas envolvidas no ato de encarar uma plateia ao vivo e agitada, tudo isso passa a ter menos impacto do que antes. A sensação geral é mais de excitação do que de medo. Principalmente quando há algo que realmente queremos comunicar.

O discurso daquela noite na Filadélfia não foi menos sincero do que o primeiro que fiz em Denver, tantos anos antes. A diferença era que nós em breve sairíamos da Casa Branca. Independentemente do que acontecesse naquela convenção ou no pleito a seguir, independentemente de quem se tornasse presidente, minha família iria embora dali a cerca de seis meses e teria férias. De uma forma ou de outra, toda aquela empreitada presidencial estaria encerrada para nós.

Naquela noite eu estava sentindo muitas coisas, mas tentei canalizar todos esses sentimentos em um plano. Lembrei às pessoas que nenhuma conclusão era inevitável. Disse que não podíamos nos dar ao luxo de ficar cansados, frustrados ou cínicos em relação à eleição iminente. Tínhamos de tomar a decisão de sair por cima. E teríamos de conquistar a vitória batendo em portas para conseguir cada voto. Concluí meu discurso dizendo: "Então, mãos à obra".

Em seguida voltei para o aeroporto e tornei a embarcar no mesmo avião, que decolou em direção ao céu ainda agitado.

O que eu disse naquela noite pode ter ajudado a incluir a expressão: "Quando eles jogam baixo, nós saímos por cima" no *Zeitgeist* mais geral, mas no fim das contas o restante do meu discurso não surtiu efeito. Independentemente de quem tenha ouvido o chamado, muitos de nós esqueceram de fazer o trabalho. Mais de noventa milhões de eleitores ficaram em casa no dia da eleição em 2016. E por causa disso fomos direto para a vala. Vivemos com esses resultados por quatro anos. Estamos vivendo com eles até hoje.

Como nos aprumarmos em meio a uma tempestade que não dá sinais de arrefecer? Como encontrar estabilidade quando o ar à nossa volta continua revolto e o chão parece se mover constantemente sob nossos pés? Acho que isso começa, em parte, quando conseguimos encontrar um sentido de ação e propósito dentro de um fluxo contínuo, quando nos lembramos de que o poder das pequenas coisas pode ser um poder importante. Ir votar é importante. Ajudar um vizinho é importante. Emprestar nosso tempo e nossa energia para uma causa na qual acreditamos é importante. Dizer alguma coisa quando vemos uma pessoa sendo ofendida ou desumanizada é importante. Demonstrar alegria por outra alma, seja um filho, um colega, ou mesmo alguém com quem cruzamos na rua é importante. Nossas pequenas ações se tornam um instrumento para nossa própria visibilidade, firmeza e senso de conexão. Elas podem ajudar a nos lembrar de que também somos importantes.

Os problemas que nos cercam só estão ficando mais complexos. Precisaremos resgatar nossa confiança nos outros, recuperar parte da nossa fé perdida; tudo aquilo que nos foi tirado nos últimos anos. Nada disso se faz sozinho. Pouca coisa vai acontecer se nos isolarmos dentro de nossos próprios bolsões de semelhança, comungarmos apenas com outros que compartilham exatamente das nossas opiniões, falarmos mais do que escutamos.

Poucos dias antes daquele discurso na Filadélfia, a revista online *Slate* publicou uma matéria com o título "Será 2016 o pior ano da história?", na qual citava como potenciais indícios desde a aparente popularidade de Trump até tiroteios policiais, o vírus zika e o Brexit.[13] O interessante é que ainda não tínhamos sido apresentados a 2017, que, segundo uma pesquisa global da Gallup sobre saúde emocional divulgada pela imprensa, se tornou "O pior ano mundial em pelo menos uma década".[14]

Depois disso, claro, veio um novo ano, depois outro, cada qual marcado por novas crises e novas catástrofes. A revista *Time* declararia 2020 "O pior ano de todos os tempos",[15] embora muitos fossem argumentar que 2021 acabaria não se revelando nem um pouco melhor. A questão é: a incerteza é uma constante; vamos continuar lutando, lidando com o medo e buscando alguma sensação de controle. Tampouco conseguiremos nos situar dentro do momento histórico que ocupamos. Será que as coisas estão numa curva de melhora ou de piora? Para quem? E como podemos medir isso? O que pode ser um dia bom para você pode ser um dia horrível para o seu vizinho. Um país pode prosperar enquanto outro sofre. Alegria e dor muitas vezes convivem bem próximas; até se misturam. A maioria de nós existe no espaço intermediário entre ambas e segue o mais inerente dos impulsos humanos, que é agarrar-se à esperança. *Não desista*, dizemos uns para os outros. *Continue tentando*.

Isso também é importante.

Quando me tornei mãe e comecei a fazer perguntas sobre como criar bem os filhos para minha própria mãe, uma das coisas que ela me disse foi: "Jamais finja que tem todas as respostas. Tudo bem dizer: 'Eu não sei.'".

Comecei este livro descrevendo algumas das perguntas que os outros me fazem. Vou terminá-lo lembrando que na verdade não tenho tantas respostas assim para dar. Acredito que as verdadeiras respostas vêm de diálogos mais demorados, mais profundos: uma conversa que todos tentamos ter juntos.

Não sabemos ao certo o que o futuro reserva, mas acho importante lembrar que também não somos impotentes diante de todas as nossas preocupações. Temos a capacidade de criar propositalmente a mudança, uma mudança que seja uma resposta ao fluxo, mais do que uma simples reação a ele. Podemos agir com base na esperança e não no medo, aliando a raiva à razão. Mas precisaremos renovar muitas vezes nosso conceito do que é possível. Penso na máxima silenciosa do meu pai toda vez que sua bengala falhava e ele se estatelava no chão: *Cair, levantar, seguir em frente.*

Um bordão como "sair por cima" não adianta nada se nos limitarmos a ouvi-lo e repeti-lo. Não podemos nos safar apenas com palavras. Não podemos dizer que estamos tristes, ou com raiva, ou comprometidos ou esperançosos e depois simplesmente nos sentarmos para descansar. Esse é o tipo de lição que seguiremos aprendendo. Como vimos na eleição de 2016, pode ser presunção pressupor que tudo vai se resolver a nosso favor, e perigoso deixar nosso destino inteiramente nas mãos dos outros quando se trata de escolher nossos líderes. Precisamos fazer escolhas esperançosas e estabelecer e restabelecer nosso comprometimento com o trabalho que isso requer. A liberdade, como disse John Lewis, não é um jardim encantado. É um peso de academia que precisamos levantar continuamente.

Às vezes, sair por cima significa que você precisa optar por agir dentro de determinadas margens, mesmo se as próprias margens forem uma provocação. Talvez seja preciso subir até a metade de uma imensa escadaria para poder ser visto e ouvido melhor ao se dirigir às pessoas no salão de baile.

Enquanto estávamos na Casa Branca, eu sabia que precisava manter minha armadura e também aceitar abrir mão de algumas coisas, pois entendia que estava representando mais do que a mim mesma. Precisava me ater ao meu trabalho, aos meus planos, às minhas esperanças; concentrar-me em agir, não em reagir. Ficar na defensiva só faria o tiro sair pela culatra. Eu precisaria trabalhar para construir minha legitimidade e minha credibilidade com certa lentidão, contornando da melhor forma que conseguisse as armadilhas, tentando não cair na vala. Isso envolvia ter uma estratégia e aceitar abrir mão de coisas? Sim, envolvia. Às vezes é preciso limpar o caminho, tanto para poder percorrê-lo quanto para prepará-lo para os outros. Como escrevi anteriormente, é um trabalho com frequência entediante, complicado e dolorido. Mas, na minha experiência, é o que precisa ser feito quando se está tentando desbravar uma nova fronteira.

Existe um tipo de pergunta que ouço de gente jovem, pessoas ao mesmo tempo motivadas e impacientes, fartas do jeito como as coisas estão. Essas perguntas têm a ver com a natureza do ativismo, da resistência e da mudança de modo mais geral: quanto devemos acatar e quanto devemos rejeitar? Devemos derrubar nossos sistemas ou tentar nos manter pacientes e reformá-los de dentro para fora? Somos mais eficazes promovendo agitação nas margens para pedir mudanças ou agindo dentro do mainstream? Em que consiste a verdadeira ousadia? Quando a civilidade se torna uma desculpa para a inação?

Não são perguntas novas. Esse debate não é novo. Cada geração o descobre sozinha. E as respostas não são diretas. É por isso que o debate continua atual, as perguntas continuam em aberto, e se você tiver sorte seus próprios filhos e netos um dia vão querer conversar, ardentes e arrebatados, frustrados, impacientes e prontos para desafiar, questionando as próprias margens que você tentou alargar para eles, fazendo mais uma vez essas mesmas perguntas.

Eu mal tinha completado um ano de idade quando John Lewis e cerca de seiscentos outros defensores dos direitos civis atravessaram marchando a ponte Edmund Pettus em Selma, no Alabama, suportando ataques violentos de segregacionistas das forças de segurança pública enquanto tentavam chamar atenção para a necessidade de proteger o direito ao voto com uma lei federal. Era jovem demais para me lembrar do dia em que, dos degraus em frente ao capitólio estadual em Montgomery, o dr. Martin Luther King Jr. se dirigiu não só às cerca de 25 mil pessoas que tinham acabado de participar do protesto ao lado de Lewis, mas também a um país que enfim prestava atenção na luta. O que o dr. King falou nesse dia, entre outras coisas, foi que a luta estava longe do fim, o destino longe de ter sido alcançado. Ele disse à multidão: "Sei que vocês hoje estão perguntando: quanto tempo vai levar?".[16]

A resposta que ele deu, ao mesmo tempo em que instava as pessoas a se comprometerem com a não violência e a continuarem trabalhando por justiça, ao mesmo tempo em que exortava todos a seguirem praticando tanto a fé quanto o vigor, foi: "Não muito tempo".

Às vezes, quando temos nossos debates sobre a natureza da mudança e do progresso, eu penso que o que estamos discutindo é em grande parte o significado da expressão *não muito tempo*. Será que precisaremos de anos, décadas ou gerações para chegarmos perto da justiça e da paz? Chegaremos lá com passos curtos, passos largos, saltos? Quais são as estratégias necessárias? Do que será preciso abrir mão? Que sacrifícios teremos que fazer? Quanto tempo é *não muito tempo*?

Quando os pais de Barack se casaram em 1961, no Havaí, os casamentos inter-raciais eram considerados ilegais em quase metade do país e proibidos em 22 estados. Só quando eu completei dez anos de idade a lei garantiu às mulheres americanas o direito de solicitar um cartão de crédito sem a permissão do marido. Meu avô cresceu no Sul numa época em que pessoas pretas eram abatidas a tiros pelo simples fato de irem votar. Eu pensava nisso toda vez que saía na sacada da residência oficial da Casa Branca e via minhas duas meninas de pele preta brincando no gramado.

Como primeira-dama preta, eu era uma "única". Isso significava que tinha de ajudar o mundo a se adaptar e se ajustar a mim ao mesmo tempo em que eu própria me adaptava e me ajustava aos meus papéis. Barack estava fazendo algo bem parecido como presidente. Éramos diferentes, sim, mas também na verdade não éramos. Tínhamos de mostrar isso às pessoas um número incontável de vezes e suportar os questionamentos à nossa integridade. Tínhamos de nos manter ágeis e evitar pisar nas armadilhas. Muita gente que eu conheço recebe essa mesma incumbência em suas próprias esferas pessoal e profissional, o desafio concomitante de educar, explicar e representar, mesmo que elas não queiram ou não gostem do trabalho extra. Ele requer paciência, destreza e com frequência um reforço na armadura.

Por mais que a Casa Branca tivesse o aspecto e desse a sensação de ser um palácio, eu continuava sendo eu mesma lá dentro. Fui me sentindo mais confortável naquele espaço, e com o tempo acabei mostrando mais de mim mesma. Se eu gostava de dançar, podia dançar. Se gostava de contar piadas, podia fazer isso também. Conforme fui aprendendo o trabalho, comecei a testar mais os limites, permitindo-me mais ser expressiva e criativa, e vinculando o ofício de primeira-dama de modo mais completo à minha personalidade. Isso queria dizer que eu aparecia na televisão e fazia dancinhas engraçadas com Jimmy Fallon ou flexões de braço com Ellen DeGeneres para promover a iniciativa de saúde Let's Move! [Mexa-se!] das minhas filhas. Podia pular corda e jogar futebol com as crianças no gramado da Casa Branca. Podia entoar um rap com um astro do *Saturday Night Live* para lembrar aos jovens a importância de se formar na faculdade. Meu objetivo era sempre fazer um trabalho sério de um jeito alegre, mostrar às pessoas o que é possível quando escolhemos sair por cima.

A melhor forma de lutar contra um estereótipo feio, pensei, era ser eu mesma e seguir apontando como era errado, mesmo que levasse anos, mesmo que algumas pessoas nunca deixassem de acreditar naquilo. Ao mesmo tempo, continuei insistindo para tentar mudar os sistemas que haviam criado o estereótipo. Eu precisava cultivar meu poder de forma judiciosa e usar minha voz com cuidado, de um modo que, eu esperava, apenas ampliasse as margens para quem quer que viesse a seguir. Sabia que minha chance de sucesso seria maior se meus esforços fossem canalizados para alcançar os objetivos que eu tinha estabelecido para mim mesma como primeira-dama, sem me deixar distrair por aqueles que prefeririam me ver fracassar. Via isso como um desafio, uma espécie de teste moral. Como sempre, eu estava contabilizando cuidadosamente a minha energia, contando cada passo.

A juíza da Suprema Corte Ketanji Brown Jackson conta uma história cheia de significado sobre sua experiência como aluna de graduação em Harvard. Ela havia chegado no campus em 1988 vinda do sul da Flórida, ansiosa para estudar políticas públicas. Adorava teatro e participava animadamente de testes para peças. Entrou também para a Associação de Alunos Negros.

Quando um aluno branco pendurou uma bandeira confederada numa janela do alojamento que dava para um dos pátios do campus, a associação rapidamente organizou uma série de protestos. Jackson fez parte de um grupo de alunos, quase todos pretos, que largaram tudo e começaram a circular abaixo-assinados, distribuir panfletos e ajudar a organizar comícios, o que pressionou a administração da universidade e gerou uma cobertura importante da imprensa em todo o país. A reação foi eficaz, mas a futura juíza da Suprema Corte já era sensata o bastante para reconhecer uma armadilha.

"Enquanto nos ocupávamos fazendo todas aquelas coisas nobres, não estávamos na biblioteca estudando",[17] contou ela mais tarde. Ficar na defensiva era um trabalho que tinha um custo. Aquilo roubou sua energia e os manteve afastados dos ensaios das peças, das salas de estudo e dos eventos sociais. Impediu-os de serem vistos em outros contextos, como pessoas criativas, produtivas e cheias de ideias interessantes. "Lembro-me de pensar no quanto aquilo era injusto conosco", disse ela.

Ela então se deu conta de que aquilo, na verdade, fazia parte do mecanismo mais amplo do fanatismo. Era uma forma de impedir quem era de fora de entrar demais, de expulsar essas pessoas da escada e chutá-las para fora do salão. Aquilo, segundo ela, era "exatamente o que o aluno que tinha pendurado a bandeira queria: que nós ficássemos tão distraídos a ponto de sermos reprovados, reforçando assim o estereótipo de que não conseguíamos dar conta de estudar num lugar como Harvard".

Estar do lado de fora é difícil. Lutar por igualdade e justiça estando do lado de fora é mais difícil ainda. Por isso acredito que precisamos escolher os combates que vamos travar, tomar cuidado com o que sentimos e refletir sobre os objetivos de longo prazo. Os mais eficientes de nós aprendem que isso em si é importante; é uma parte vital de sair por cima.

Sempre converso com jovens em dúvida sobre a melhor forma de gastar sua energia, seu tempo e seus recursos. Eles com frequência estão pressionados, presos entre dois mundos, lutando com uma espécie de culpa dos sobreviventes por terem deixado para trás uma família ou uma comunidade e ido atrás de novos sonhos. Quando começamos a seguir por um caminho, pessoas que nunca nos consideraram diferentes podem começar a pensar assim ou a achar que mudamos. Elas partem do princípio de que, como conseguimos entrar pelo portão, agora devemos morar no palácio. Isso se torna mais uma complexidade para carregar. É mais uma coisa com que precisamos lidar. Mais uma coisa para negociarmos. Podemos conseguir uma bolsa na faculdade e nos tornarmos rapidamente o orgulho da família ou do bairro, mas isso não significa que de uma hora outra tenhamos condições de pagar a conta de luz de um tio ou voltar para casa todo fim de semana para cuidar da avó ou dos irmãos menores. O sucesso traz consigo muitas escolhas difíceis e a necessidade de traçar as linhas que as acompanham, confiando que nosso progresso vai gerar dividendos desde que consigamos nos manter nos trilhos. Basta ficar dizendo o tempo todo a nós mesmos: *não muito tempo*.

Segundo a juíza Jackson, o maior presente que seus pais lhe deram quando criança foi uma espécie de dureza, um tipo obstinado de autoconfiança. Criada com um nome distintamente africano, muitas vezes uma "única" na faculdade, depois ao trabalhar como advogada, ela aprendeu a construir um muro mental entre si e os julgamentos alheios, mantendo-se teimosamente focada nos próprios objetivos, recusando-se a ser retirada dos trilhos pela injustiça ou pela agressão. Creditava seu sucesso a três fatores: trabalho duro, grandes oportunidades e ter o couro grosso. Essa parte do couro grosso significa aprender o que fazer com sua raiva e com sua mágoa, onde guardá-las, como transformá-las em verdadeiro poder. Significa decidir um destino e entender que será preciso algum tempo para chegar lá. "A melhor coisa que vocês podem fazer por si mesmos e pela sua comunidade é manter o foco",[18] disse Jackson num discurso para um grupo de estudantes pretos em 2020.

Sair por cima significa rechaçar o veneno e abraçar o poder. Significa que é preciso ser sábio no uso da sua energia e ser claro em suas convicções. Em algumas situações continua-se avançando, em outras recua-se, sempre reservando oportunidades para descansar e se recuperar. Algo que ajuda é reconhecer que se tem um orçamento limitado; isso vale para todos nós. Quando se trata da nossa atenção, do nosso tempo, da nossa credibilidade, da nossa boa vontade em relação aos outros e da deles em relação a nós, o conjunto de recursos que temos para trabalhar é limitado, mas renovável. Passamos a vida enchendo e esvaziando repetidamente nossos bolsos. Ganhamos, poupamos e gastamos.

"A gente é rico?", perguntou meu irmão certa vez ao meu pai, quando éramos pequenos.

Meu pai apenas riu e respondeu: "Não". Mas, quando recebeu o contracheque seguinte, ele foi ao banco e, em vez de depositar o cheque, sacou o valor em espécie e voltou para casa com uma pilha de notas que espalhou ao pé da cama de modo que Craig e eu pudéssemos ver cada dólar. Para mim parecia haver uma montanha de dinheiro.

Por alguns minutos ficou até parecendo que éramos ricos.

Meu pai então foi buscar a pilha de contas que chegava todo mês. Um por um, foi abrindo os envelopes e nos explicando quanto precisávamos pagar e por quê: tanto pela energia, tanto pela prestação do carro, mais um pouco pelo gás que usávamos para cozinhar e pela comida que enchia nossa geladeira. Ele começou a pôr o valor aproximado de dinheiro devido dentro de cada envelope, ao mesmo tempo que discorria sobre outras despesas que não estavam ali: a gasolina do carro, por exemplo, o aluguel devido mensalmente a tia Robbie, roupas novas para ir à escola, a semana que passávamos em um resort em Michigan todo verão, algumas economias para o futuro.

Conta por conta, ao final sobrou uma única nota de vinte dólares em cima da cama, simbolizando o dinheiro para extras, como sorvete e um filme no drive-in.

Nós não éramos ricos, mas éramos sensatos — era o que nosso pai nos dizia. Éramos cuidadosos. Éramos conscientes. Podíamos ver a beirada do precipício, mas isso não significava que fôssemos algum dia despencar por ela. Ele estava tentando nos mostrar que, se fôssemos espertos em relação ao dinheiro que gastávamos, ficaríamos sempre bem. Tomaríamos sorvete. Iríamos ao cinema. Um dia, faríamos faculdade. Nossa prudência era o que nos permitia fazer tantas coisas.

Levei essa abordagem para meu trabalho como primeira-dama, sempre ciente dos meus recursos, do quanto tinha para dar e do que ainda precisava conquistar. Tentei usar meus esforços de maneira estratégica, me ater a planos viáveis e deixar para os outros as vociferações irrefletidas. Usei a armadura mais saudável que consegui encontrar. Me mantive fisicamente em forma. Me alimentei bem e priorizei meu sono. Cultivei minha felicidade e minha sensação de estabilidade passando tempo com amigos e parentes, recorrendo à força da minha Mesa da Cozinha. Sempre que minha mente temerosa se avultava, eu conversava com ela para acalmá-la. Sempre que sentia minhas emoções se avolumando, quando algo me deixava com raiva, quando eu me sentia frustrada e prestes a explodir, fazia uma pausa para processar esses sentimentos no âmbito privado. Com frequência recorria a minha mãe e aos meus amigos e tentava pensar em planos melhores.

Eu conhecia a minha história. Conhecia a mim mesma. E sabia também que não podia ser tudo para todo mundo. Isso ajudou a me fortalecer para resistir a críticas duras e interpretações equivocadas. Eu entendia minhas prioridades e tinha muitos anos de prática em respeitar limites, o que me ajudou a dizer "não" de maneira clara, porém elegante, a muitos dos pedidos que surgiam. Abracei o poder das pequenas coisas estreitando meu foco, escolhendo trabalhar em algumas questões-chave que fossem importantes para mim ao mesmo tempo que me mantinha dedicada à minha família. E tentei ser gentil comigo mesma, proteger e compartilhar minha luz enquanto tirava forças da luz sem limites irradiada pelos outros, pelas muitas pessoas que encontrei por todo este mundo tão belo e tão falho.

Toda vez que sentia meu nível de estresse subir ou meu cinismo começar a despertar, fazia questão de visitar uma escola ou de convidar um grupo de crianças para ir à Casa Branca, o que na mesma hora restaurava qualquer perspectiva que houvesse se perdido e ajudava a deixar meu propósito claro outra vez. Para mim, as crianças são sempre um lembrete de que nascemos amorosos e com a mente aberta, livres do ódio. É por elas que nos mantemos fortes e tentamos desobstruir o caminho. Ao ver uma criança crescer e se transformar em adulto, entendemos ao mesmo tempo o quão trivial e o quão profundo pode ser esse processo, como ele ocorre ao mesmo tempo devagar e depressa, em passos curtos, mas também em longas passadas. Começamos a entender o significado de *não muito tempo*.

Minhas filhas adoram olhar nossas fotos antigas de família e rir do que veem, não só das imagens delas próprias como bebezinhas fofas ou em festas infantis, mas também das mais antigas. Elas às vezes encontram uma foto minha aos dezessete anos, de cabelo afro e vestida da cabeça aos pés de jeans estilo anos 1980, ou uma de Barack menino, de cara redonda e brincando nas ondas rasas do Havaí, e riem. Ou podem se maravilhar diante de uma foto da minha mãe, com uma aparência jovem e elegante num retrato em tons de sépia do final dos anos 1950. E elas dirão que ainda temos exatamente a mesma cara, achando isso quase um milagre, essa consistência ao longo do tempo.

E o engraçado é que isso ao mesmo tempo é verdade e não é. Nós temos de fato a mesma cara: ali está a mesma curva sempre jovem da bochecha da minha mãe, ou a reconhecível exuberância no sorriso de menino de Barack; mas é claro que somos também diferentes de como éramos antigamente. Nossas

roupas, nossos cabelos, nossa pele lisinha, a qualidade da imagem em si: tudo isso remete aos anos que passaram, às viagens feitas, às perdas e aos ganhos, ao ritmo irrefreável do tempo. É isso que torna as fotos antigas tão divertidas, tão engraçadas de se olhar: elas nos mostram nossa própria consistência. E nos mostram também o quanto nós mudamos.

Algum dia vamos olhar para trás e ver esta época em que estamos hoje. Vamos vê-la a partir de um lugar histórico distinto, de um conjunto de circunstâncias que hoje mal somos capazes de imaginar. Eu me pergunto o que vamos pensar desta nossa época, o que vai parecer reconhecível e o que vai parecer muito antigo. Que histórias serão contadas? Que mudanças teremos alcançado? O que teremos esquecido e o que teremos protegido?

Pode ser difícil falar sobre ideias imbuídas de esperança, coisas como reparação, restauração e reinvenção, em parte porque, diante de tudo que nos causou medo e tristeza nos últimos anos, de todas as formas tangíveis e concretas de sofrimento que experimentamos, elas podem parecer conceitos comparativamente abstratos. Mas o progresso requer criatividade e imaginação. Sempre foi assim. A engenhosidade nasce da ousadia. Precisamos ser capazes de imaginar o que é possível, de criá-lo a partir do desconhecido — do que quer que ainda não exista, do tipo de mundo no qual esperamos viver — para começar a concretizar um plano para chegar lá.

Qualquer sonho latente só desperta quando alguém sente entusiasmo por ele. Quando um professor ou professora diz: *Que bom que você veio à escola hoje*. Ou quando um colega diz: *Que bom que você está dizendo o que pensa*. Ou quando uma parceira ou parceiro de vida diz: *Que bom que depois de tanto tempo você ainda acorda do meu lado*. Podemos nos lembrar de transmitir essas mensagens primeiro. *Que bom que trabalhamos lado a lado. Sinto alegria por quem você é. E também sinto alegria por mim*. É essa a luz que existe dentro de nós, a luz que somos capazes de compartilhar.

Então, que tal sair por cima? Será que ainda conseguimos? Será que ainda devemos? Diante de tudo que há de sombrio, implacável, angustiado e enfurecedor no mundo em que vivemos, será que isso ainda funciona? Aonde a integridade nos levará em tempos difíceis?

Entendo todos os sentimentos à flor da pele que embalam essas perguntas: a raiva e a decepção, a mágoa e o pânico que tantos de nós compreensivelmente sentem. Mas pense na rapidez com que eles podem nos conduzir para a vala.

O que eu quero dizer, o que sempre quero lembrar a você, é: sair por cima é um compromisso de continuar seguindo em frente, compromisso esse que não tem nenhum glamour especial. Ele só funciona quando nós fazemos a nossa parte.

Um lema permanece vazio se tudo que fazemos é repeti-lo e gravá-lo em produtos que podemos vender em uma loja on-line. Precisamos personificá-lo, preenchê-lo com aquilo que somos, inclusive com a nossa frustração e a nossa mágoa. Quando levantamos peso na academia, conseguimos resultados.

O que quero dizer, portanto, é: mantenha o rigor e a fidelidade, a humildade e a empatia. Diga a verdade, dê o melhor de si para ajudar os outros, não perca de vista o panorama geral, entenda a história e o contexto. Cultive a prudência, a firmeza e a indignação.

Mais do que tudo, não se esqueça de fazer a sua parte.

Vou continuar abrindo as cartas que recebo. Vou continuar respondendo a pergunta. E vou continuar dando a mesma resposta quando me perguntarem se sair por cima é importante.

A resposta é sim, sempre sim.

Agradecimentos

Tive a sorte de contar com o apoio de muitas pessoas maravilhosas no processo de criação deste livro. O que quero dizer a cada uma delas, do fundo do coração, é: *Eu sou feliz por ter vocês*.

A Sara Corbett, obrigada por ser minha parceira e amiga de verdade ao longo dos anos. Obrigada pela sua paixão, pelo seu comprometimento e pela sua crença inabalável neste livro. Obrigada por ter mergulhado sem medo e com tanta graça neste trabalho, percorrido o país inteiro comigo e escutado minhas reflexões e ideias. Você escolheu habitar meu cérebro e minha vida com uma escuta atenta e cheia de compaixão, e eu não poderia imaginar escrever este livro com mais ninguém. Você é realmente um presente para mim.

Na Crown, Gillian Blake conduziu com destreza nosso processo a cada passo do caminho: uma editora sábia, incansável e de talento fantástico, que se dedicou inteiramente a tornar este um livro melhor. Maya Millett também emprestou seu grande coração e seu intelecto literário aguçado à edição destas páginas, dando todo tipo de sugestão e incentivo. Juntas, as duas ajudaram a afiar meus pensamentos e organizar minhas ideias, e foram presenças maravilhosas e tranquilizadoras ao longo de alguns meses atribulados. Tenho uma gratidão profunda e verdadeira para com vocês duas, e também para com Daniel Crewe, que do Reino Unido contribuiu com notas editoriais muito úteis.

Parte da diversão de publicar dois livros em quatro anos é que se tem a oportunidade de trabalhar com as mesmas pessoas pela segunda vez, e a vida só melhora: David Drake teve um papel vital ao levar meus dois últimos livros para o mundo. Ele é incansavelmente generoso com seu conhecimento, sua receptividade para pensamentos fora da caixa é revigorante e ele trabalha além do tempo regulamentar para garantir a excelência de tudo. Para todos do meu time, David se tornou um amigo. Da mesma forma, Madison Jacobs foi uma fonte de apoio alegre e incansável para todos nós, envolvida em todos os aspectos da publicação, alguém por quem passamos a ter um amor genuíno.

Sou mais uma vez grata a Chris Brand por seu lindo design de capa e direção criativa, e a Dan Zitt pela produção do audiolivro. Gillian Brassil voltou para prestar assistência de pesquisa e uma exímia verificação de fatos. É um sonho trabalhar com ela: rigorosa e curiosa, tão eficiente quanto animada. Miller Mobley, meu fotógrafo preferido do planeta, clicou as imagens de capa dos meus dois últimos livros. Ele e sua equipe trabalham com uma energia e um profissionalismo gigantescos e sempre me deixam à vontade. Meu respeito e agradecimento a todos vocês.

Continuo me beneficiando dos talentos consideráveis da consultora de estilo Meredith Koop, dona de um olhar perfeito e de um astral maravilhoso. Yene Damtew e Carl Ray estiveram ao meu lado a cada passo desta jornada, contribuindo com arte e calor humano e aumentando minha autoconfiança. Katina Hoyles apoiou a todos nós de incontáveis maneiras. Essas pessoas significam muito mais para mim do que seus cargos dão a entender. Elas ocupam lugares importantes na minha Mesa da Cozinha, e é como se fossem da minha família.

Em nosso escritório de Washington, sou auxiliada por mulheres brilhantes, que diariamente compartilham comigo sua luz e cuja diligência, trabalho duro e otimismo são o combustível de tudo que eu faço. Obrigada a Crystal Carson, Chynna Clayton, Merone Hailemeskel e Alex May Sealey. E, claro, a Melissa Winter: nada é possível sem o seu equilíbrio e a sua liderança estelar. Sou muito, muito grata por ter cada uma de vocês em minha vida.

Na Penguin Random House, sempre me comovo diante da parceria firme com Markus Dohle, cujo entusiasmo e compromisso duradouros com a edição de qualidade são algo notável de se ver. Madeline McIntosh, Nihar Malaviya e Gina Centrello cuidaram deste projeto de modo competente e admirável, agindo com uma elegância constante e seguindo os padrões mais elevados possíveis. Obrigada por tudo que vocês fazem.

Devo muito ao esforçado time de produção da Crown: Sally Franklin, Linnea Knollmueller, Elizabeth Rendfleisch e Mark Birkey, bem como a Denise Cronin por ter ajudado este livro a encontrar seu público no exterior. Michelle Daniel, Janet Renard, Lorie Young, Liz Carbonell e Tricia Wygal contribuíram com copidesque e revisão de primeira linha; Scott Cresswell coproduziu o audiolivro; Jenny Pouech ajudou com a pesquisa de imagens; Michelle Yenchochic e sua equipe na Diversified Reporting forneceram transcrição; e a North Market Street Graphics auxiliou na diagramação. Sou grata a todos e a cada um. Agradecimentos suplementares ao grupo mais amplo de pessoas talentosas na Penguin Random House: Isabela Alcantara, Todd Berman, Kirk Bleemer, Julie Cepler, Daniel Christensen, Amanda D'Acierno, Annette Danek, Michael DeFazio, Benjamin Dreyer, Sue Driskill, Skip Dye, Lisa Feuer, Lance Fitzgerald, Lisa Gonzalez, Carisa Hays, Nicole Hersey, Brianna Kusilek, Cynthia Lasky, Sarah Lehman, Amy Li, Carole Lowenstein, Sue Malone-Barber, Matthew Martin, Lulu Martinez, Annette Melvin, Caitlin Meuser, Seth Morris, Grant Neumann, Ty Novicki, Donna Passannante, Leslie Prives, Aparna Rishi, Kaitlyn Robinson, Linda Schmidt, Matt Schwartz, Susan Seeman, Damian Shand, Stephen Shodin, Penny Simon, Holly Smith, Pat Stango, Anke Steinecke, Kesley Tiffey, Tiana Tolbert, Megan Tripp, Sarah Turbin, Jaci Updike, Valerie Van Delft, Claire von Schilling, Gina Wachtel, Chantelle Walker, Erin Warner, Jessica Wells e Stacey Witcraft.

O tema deste livro nasceu de uma série de mesas-redondas que fiz com diferentes grupos ao longo dos últimos anos, tanto virtual quanto presencialmente, incluindo encontros com jovens mulheres em Chicago, Dallas, Havaí e Londres; de uma conversa memorável com estudantes de 22 universidades diferentes de todo o país; bem como de incontáveis interações com clubes do livro e grupos comunitários durante a turnê do livro *Minha história*. Foram experiências profundas e estimulantes, sempre um lembrete valioso daquilo que é de fato precioso neste mundo. Obrigada a cada uma das pessoas que compartilharam comigo seus pensamentos, suas preocupações e esperanças ao longo do caminho, confiando o suficiente em mim para se mostrarem por inteiro. Sua luz é importante para mim, mais do que vocês imaginam.

A Tyne Turner, Ebony LaDelle, Madhulika Sikka e Jamia Wilson: sou especialmente grata a vocês por contribuírem no início deste processo com suas observações, franqueza e opiniões profundas. Nosso diálogo me ajudou a identificar algumas das ideias centrais deste livro.

Por fim, à minha família e às demais integrantes da minha Mesa da Cozinha: seu amor e sua solidez são incomensuráveis e me mantiveram centrada e esperançosa nestes tempos estranhos e incertos. Obrigada por sempre me ajudarem a chegar lá.

Canais de ajuda

Pode Falar
podefalar.org.br

Acolhe LGBT+
acolhelgbt.org

Para mais informações, veja:

Centro de Valorização da Vida (CVV)
O CVV realiza apoio emocional e prevenção do suicídio, atendendo de forma voluntária todas as pessoas que querem conversar por telefone, e-mail e chat.
www.cvv.org.br
Telefone: 141

Casa 1 — Casa de Cultura e Acolhimento LGBT
www.facebook.com/casaum
Rua Condessa de São Joaquim, 277
São Paulo — SP

Fênix — Associação Pró-Saúde Mental
https://casademaria.org.br/index.php/fenixprosaudemental/
Telefone: (11) 3271-9315

Disque Denúncia de Violência contra Crianças e Adolescentes (Disque Direitos Humanos)
www.disque100.gov.br
Telefone: 100

Notas

1. Alberto Ríos, *Not Go Away Is My Name* (Port Townsend, Wash.: Copper Canyon Press, 2020), 95.

INTRODUÇÃO [pp. 13-26]

1. Barbara Teater, Jill M. Chonody e Katrina Hannan, "Meeting Social Needs and Loneliness in a Time of Social Distancing Under Covid-19: A Comparison Among Young, Middle, and Older Adults", *Journal of Human Behavior in the Social Environment* 31, nº 1-4 (2021): 43-59, doi.org/10.1 080/10911359.2020.1835777; Nicole Racine et al., "Global Prevalence of Depressive and Anxiety Symptoms in Children and Adults During Covid-19: A Meta-Analysis", *JAMA Pediatrics* 175, nº 11 (2021): 1142-50, doi.org/10.1001/jamapediatrics.2021.2482.

2. Imperial College London, Covid-19 Orphanhood Calculator, 2021. Disponível em: <imperialcollegelondon.github.io/orphanhood_calculator/>; Susan D. Hillis et al., "Covid-19-Associated Orphanhood and Caregiver Death in the United States", *Pediatrics* 148, nº 6 (2021): doi .org/10.1542/peds.2021-053760.

PARTE UM [pp. 27-100]

1. Maya Angelou, *Rainbow in the Cloud: The Wisdom and Spirit of Maya Angelou* (New York: Random House, 2014), p. 69.

2. Kostadin Kushlev et al., "Do Happy People Care About Society's Problems?", *Journal of Positive Psychology* 15, nº 4 (2020): 467-77, doi.org/10.1080 /17439760.2019.1639797.

3. Brian Stelter and Oliver Darcy, *Reliable Sources*, 18 jan. 2022. Disponível em: <web.archive.org/web/20220119060200/https://view.newsletters.cnn.com/messages/1642563898451efea85dd752b/raw>.

4. *CBS Sunday Morning*, "Lin-Manuel Miranda Talks Nerves Onstage", 2 dez. 2018. Disponível em: <www.you tube.com/watch?v=G_LzZiVuw0U>.

5. *The Tonight Show Starring Jimmy Fallon*, "Lin-Manuel Miranda Recalls His Nerve-Wracking Hamilton Performance for the Obamas", 24 jun. 2020. Disponível em: <www.youtube.com/watch?v=wWk5U9cKkg8>.

6. "Lin-Manuel Miranda Daydreams, and His Dad Gets Things Done", *Taken for Granted*, 29 jun. 2021. Disponível em: <www.ted.com/podcasts/taken-for-granted-lin-manuel-miranda-daydreams-and-his-dad-gets-things-done-transcript>.

7. *The Oprah Winfrey Show*, "Oprah's Book Club: Toni Morrison", 27 abr. 2000, reexibido em 10 ago. 2019. Disponível em: <www.facebook.com/ownTV/videos/the-oprah-winfrey-show-toni-morrison-special/2099095963727069/>.

8. Clayton R. Cook et al., "Positive Greetings at the Door: Evaluation of a Low-Cost, High--Yield Proactive Classroom Management Strategy", *Journal of Positive Behavior Interventions* 20, nº 3 (2018): 149-59 doi.org /10.1177/1098300717753831.

9. "Toughest Admissions Ever", *Princeton Alumni Weekly*, 20 abr. 1981, p. 9. Disponível em: <books.google.com/books?id=AxNbAAAAYAAJ&pg=RA16-PA9>. "Slight Rise in Admissions", *Princeton Alumni Weekly*, 3 maio 1982, p. 24. Disponível em: <books.google.com/books?id=IhNbAAAAYAAJ&pg=RA 18-PA24>.

10. Ibid.

11. W.E.B. Du Bois, *The Souls of Black Folk*. Nova York: Penguin, 1989, p. 5. [Ed. bras.: *As almas do povo negro*. São Paulo: Veneta, 2021.]

12. Monument Lab, *National Monument Audit*, 2021. Disponível em: <monumentlab.com/audit>.

13. Stacey Abrams, "3 Questions to Ask Yourself About Everything You Do", nov. 2018. Disponível em: <www.ted.com/talks/stacey_abrams_3_questions_to_ask_yourself_about_everything_you_do/transcript>. Jim Galloway, "The Jolt: That Day When Stacey Abrams Was Invited to Zell Miller's House", *The Atlanta Journal-Constitution*, 10 nov. 2017. Disponível em: <www.ajc.com/blog/politics/the-jolt-that-day-when-stacey-abrams-was-invited-zell-miller-house/mBxHu-03q5Wxd4uRmRklGQP/>.

14. Sarah Lyall and Richard Fausset, "Stacey Abrams, a Daughter of the South, Asks Georgia to Change", *The New York Times*, 26 out. 2018. Disponível em: <www.nytimes.com/2018/10/26/us/politics/stacey-abrams-georgia-governor.html>.

15. "Stacey Abrams: How Can Your Response to a Setback Influence Your Future?", *TED Radio Hour*, 2 out. 2020. Disponível em: <www.npr.org/transcripts/919110472>.

PARTE DOIS [pp. 101-75]

1. Gwendolyn Brooks, *Blacks*. Chicago: Third World Press, 1991, p. 496.

2. Daniel A. Cox, "The State of American Friendship: Change, Challenges, and Loss", 8 jun. 2021, Survey Center on American Life. Disponível em: <www.americansurveycenter.org/research/the-state-of-american-friendship-change-challenges-and-loss/>.

3. Vivek H. Murthy, *Together: The Healing Power of Human Connection in a Sometimes Lonely World*. New York: HarperCollins, 2020, p. xviii.

4. Ibid., p. xvii.

5. Munirah Bangee et al., "Loneliness and Attention to Social Threat in Young Adults: Findings from an Eye Tracker Study", *Personality and Individual Differences* 63 (2014): 16-23, doi.org/10.1016/j.paid.2014.01.039.

6. Damaris Graeupner e Alin Coman, "The Dark Side of Meaning-Making: How Social Exclusion Leads to Superstitious Thinking", *Journal of Experimental Social Psychology* 69 (2017): 218-22, doi.org/10.1016/j.jesp.2016.10.003.

7. Tracee Ellis Ross, publicação no Facebook, 27 dez. 2019. Disponível em: <facebook.com/TraceeEllisRossOfficial/posts/10158020718132193>.

8. Julianne Holt-Lunstad, Timothy B. Smith e J. Bradley Layton, "Social Relationships and Mortality Risk: A Meta-Analytic Review", *PLOS Medicine* 7, nº 7 (2010): doi.org/10.1371/journal.pmed.1000316; Faith Ozbay et al., "Social Support and Resilience to Stress", *Psychiatry* 4, nº 5 (2007): pp. 35-40. Disponível em: <www.ncbi.nlm.nih.gov/pmc/articles/PMC2921311/>.

9. Geneviève Gariépy, Helena Honkaniemi e Amélie Quesnel-Vallée, "Social Support and Protection from Depression: Systemic Review of Current Findings in Western Countries", *British Journal of Psychiatry* 209 (2016), pp. 284-93, doi.org/10.1192/bjp.bp.115.169094; Ziggi Ivan Santini et al., "Social Disconnectedness, Perceived Isolation, and Symptoms of Depression and Anxiety Among Older Americans (NSHAP): A Longitudinal Mediation Analysis", *Lancet Public Health* 5, nº 1 (2020): doi.org/10.1016/S2468-2667(19)30230-0; Nicole K. Valtorta et al., "Loneliness and Social Isolation As Risk Factors for Coronary Heart Disease and Stroke: Systematic Review and Meta-Analysis of Longitudinal Observational Studies", *Heart* 102, nº 13 (2016): 1009-16, dx.doi.org/10.1136/heartjnl-2015-308790.

10. Gillian M. Sandstrom e Elizabeth W. Dunn, "Social Interactions and Well-Being: The Surprising Power of Weak Links", *Personality and Social Psychology Bulletin* 40, nº 7 (2014): 910-22, doi.org/10.1177/0146167214529799.

11. Edelman Trust Barometer, "The Trust 10", 2022. Disponível em: <www.edelman.com/sites/g/files/aatuss191/files/2022-01/Trust%2022_Top10.pdf>.

12. Jonathan Haidt, "Why the Past 10 Years of American Life Have Been Uniquely Stupid", *The Atlantic*, 11 abr. 2022. Disponível em: <www.theatlantic.com/magazine/archive/2022/05/social-media-democracy-trust-babel/629369/>.

13. Toni Morrison, *Beloved*. Nova York: Knopf, 1987, pp. 272-73. [Ed. bras.: *Amada*. São Paulo: Companhia das Letras, 2018.]

14. Simone Schnall et al., "Social Support and the Perception of Geographical Slant", *Journal of Experimental Social Psychology* 44, nº 5 (2008): 1246-55, doi.org/10.1016/j.jesp.2008.04.011.

15. Scott Helman, "Holding Down the Obama Family Fort, 'Grandma' Makes the Race Possible", *The Boston Globe*, 30 mar. 2008.

16. Matt Schulz, "U.S. Workers Spend Up to 29% of Their Income, on Average, on Child Care for Kids Younger Than 5", LendingTree, 15 mar. 2022. Disponível em: <www.lendingtree.com/debt-consolidation/child-care-costs-study/>.

PARTE TRÊS [pp. 177-241]

1. *Octavia E. Butler: Telling My Stories*, guia de exposição, Huntington Library, Art Collections and Botanical Gardens, 2017. Disponível em: <media.huntington.org/uploadedfiles/Files/PDFs/Octavia_E_Butler_Gallery-Guide.pdf>.

2. David Murphey e P. Mae Cooper, "Parents Behind Bars: What Happens to Their Children?", *Child Trends*, out. 2015. Disponível em: <www.childtrends.org/wp-content/uploads/2015/10/2015-42ParentsBehindBars.pdf>.

3. "'Unity with Purpose': Amanda Gorman and Michelle Obama Discuss Art, Identity, and Optimism", *Time*, 4 fev. 2021. Disponível em: <time.com/5933596/amanda-gorman-michelle-obama-interview/>.

4. Ariel Levy, "Ali Wong's Radical Raunch", *The New Yorker*, 26 set. 2016. Disponível em: <www.newyorker.com/magazine/2016/10/03/ali-wongs-radical-raunch>.

5. Hadley Freeman, "Mindy Kaling: 'I Was So Embarrassed About Being a Diversity Hire'", *The Guardian*, 31 maio 2019. Disponível em: <www.theguardian.com/film/2019/may/31/mindy-kaling-i-was-so-embarrassed-about-being-a-diversity-hire>.

6. Antonia Blyth, "Mindy Kaling on How 'Late Night' Was Inspired By Her Own 'Diversity Hire' Experience & the Importance of Holding the Door Open for Others", *Deadline*, 18 maio 2019. Disponível em: <deadline.com/2019/05/mindy-kaling-late-night-the-office-disruptors-interview-news-1202610283/>.

7. Hadley Freeman, ibid.

8. Jeanette Winterson, "Shafts of Sunlight", *The Guardian*, 14 nov. 2008. Disponível em: <www.the-guardian.com/books/2008/nov/15/ts-eliot-festival-donmar-jeanette-winterson>.

9. Daphna Motro et al., "Race and Reactions to Women's Expressions of Anger at Work: Examining the Effects of the 'Angry Black Woman' Stereotype", *Journal of Applied Psychology* 107, nº 1 (2021), pp. 142-52, doi.org/10.1037/apl0000884.

10. John Stossel, "Michelle Obama and the Food Police", *Fox Business*, 14 set. 2010. Disponível em: <web.archive.org/web/20101116141323/http://stossel.blogs.foxbusiness.com/2010/09/14/michelle-obama-and-the-food-police/>.

11. *New York Post*, 12 jan. 2012. Disponível em: <nypost.com/cover/post-covers-on-january-12th-2012/>.

12. John Lewis, *Across That Bridge: Life Lessons and a Vision for Change*. Nova York: Hyperion, 2012, p. 8.

13. Rebecca Onion, "Is 2016 the Worst Year in History?", *Slate*, jul. 2016. Disponível em: <www.slate.com/articles/news_and_politics/history/2016/07/is_201...>.

14. Jamie Ducharme, "Gallup: 2017 Was the World's Worst Year in at Least a Decade", *Time*, 12 set. 2018. Disponível em: <time.com/5393646/2017-gallup-global-emotions/>.

15. *Time*, 14 dez. 2020, capa. Disponível em: <time.com/5917394/2020-in-review/>.

16. Martin Luther King Jr., "Our God Is Marching On!" (discurso, Montgomery, Alabama, 25 mar. 1965), American RadioWorks. Disponível em: <americanradioworks.publicradio.org/features/prestapes/mlk_speech.html>.

17. Ketanji Brown Jackson, "Three Qualities for Success in Law and Life: James E. Parson Award Dinner Remarks" (discurso, Chicago, Illinois, 24 fev. 2020). Disponível em: <www.judiciary.senate.gov/imo/media/doc/Jackson%20SJQ%20Attachments%20Final.pdf>.

18. Ibid.

Créditos das imagens

Página 12: Cortesia Acervo da Família Obama-Robinson.
Página 19: Fotos de Isaac Palmisano.
Página 28: Foto de Merone Hailemeskel.
Página 50: Fotos de Pete Souza, cortesia Biblioteca Presidencial Barack Obama.
Página 70, acima: Foto de Chuck Kennedy, cortesia Biblioteca Presidencial Barack Obama.
Página 70, no centro à esquerda: Foto de Amanda Lucidon, cortesia Biblioteca Presidencial Barack Obama.
Página 70, no centro à direita: Foto de Chuck Kennedy, cortesia Biblioteca Presidencial Barack Obama.
Página 70, abaixo: Foto de Samantha Appleton, cortesia Biblioteca Presidencial Barack Obama.
Página 78: Cortesia Acervo da Família Obama-Robinson.
Página 102, acima: Foto de Lawrence Jackson.
Página 102, abaixo: Foto de Jill Vedder.
Página 126: Cortesia Acervo da Família Obama-Robinson.
Página 154: Cortesia Acervo da Família Obama-Robinson.
Página 178: © DOD Photo/Alamy.
Página 200: © Gary Caskey/UPI/Alamy.

Página 218, acima: Foto de Sonya N. Herbert, cortesia Biblioteca Presidencial Barack Obama.

Página 218, no centro: Foto de Lawrence Jackson, cortesia Biblioteca Presidencial Barack Obama.

Página 218, abaixo: Foto de Samantha Appleton, cortesia Biblioteca Presidencial Barack Obama.

Página 239, todas as fotos: Cortesia Acervo da Família Obama-Robinson.

ESTA OBRA FOI COMPOSTA PELA ABREU'S SYSTEM EM INES LIGHT
E IMPRESSA EM OFSETE PELA LIS GRÁFICA SOBRE PAPEL PÓLEN SOFT
DA SUZANO S.A. PARA A EDITORA SCHWARCZ EM NOVEMBRO DE 2022

A marca FSC® é a garantia de que a madeira utilizada na fabricação do papel deste livro provém de florestas que foram gerenciadas de maneira ambientalmente correta, socialmente justa e economicamente viável, além de outras fontes de origem controlada.